柔弱胜刚强

何新讲《老子》

何新 著

华东师范大学出版社

图书在版编目（CIP）数据

柔弱胜刚强：何新讲《老子》/何新著. —上海：
华东师范大学出版社，2019

ISBN 978-7-5675-8930-8

Ⅰ.①柔… Ⅱ.①何… Ⅲ.①道家②《道德经》-研究 Ⅳ.①B223.15

中国版本图书馆 CIP 数据核字（2019）第 032632 号

柔弱胜刚强：何新讲《老子》

著　　者　何　新
项目编辑　乔　健　邱承辉
审读编辑　王　海
装帧设计　吕彦秋

出版发行　华东师范大学出版社
社　　址　上海市中山北路 3663 号　邮编 200062
网　　址　www.ecnupress.com.cn
电　　话　021-60821666　行政传真　021-62572105
客服电话　021-62865537
门市（邮购）电话　021-62869887
地　　址　上海市中山北路 3663 号华东师范大学校内先锋路口
网　　店　http://hdsdcbs.tmall.com

印 刷 者　三河市中晟雅豪印务有限公司
开　　本　710×1000　16 开
印　　张　15
字　　数　230 千字
版　　次　2019 年 5 月第 1 版
印　　次　2019 年 5 月第 1 次
书　　号　ISBN 978-7-5675-8930-8/B.1173
定　　价　39.80 元

出版人　王　焰

（如发现本版图书有印订质量问题，请寄回本社市场部调换或电话 021-62865537 联系）

目 录

中华传统与中国的复兴——何新选集总序

序

卷一 《老子》的智慧

《老子》是哲学之书，是政治之书，也是兵书 / 002

老子考 / 016

老学三论 / 027

老子哲学中的活东西与死东西 / 035

卷二 《老子》详解

一章（050）	二章（053）	三章（055）
四章（057）	五章（058）	六章（060）
七章（060）	八章（061）	九章（062）
十章（063）	十一章（066）	十二章（067）
十三章（068）	十四章（069）	十五章（070）
十六章（073）	十七章（074）	十八章（076）
十九章（077）	二十章（078）	二十一章（080）
二十二章（082）	二十三章（082）	二十四章（083）
二十五章（084）	二十六章（086）	二十七章（087）
二十八章（090）	二十九章（092）	三十章（093）
三十一章（096）	三十二章（098）	三十三章（099）

三十四章（099）	三十五章（101）	三十六章（101）
三十七章（102）	三十八章（103）	三十九章（105）
四十章（108）	四十一章（109）	四十二章（111）
四十三章（113）	四十四章（113）	四十五章（114）
四十六章（114）	四十七章（115）	四十八章（116）
四十九章（117）	五十章（118）	五十一章（119）
五十二章（120）	五十三章（121）	五十四章（123）
五十五章（124）	五十六章（125）	五十七章（126）
五十八章（127）	五十九章（128）	六十章（129）
六十一章（130）	六十二章（131）	六十三章（133）
六十四章（134）	六十五章（135）	六十六章（136）
六十七章（137）	六十八章（138）	六十九章（139）
七十章（141）	七十一章（142）	七十二章（142）
七十三章（143）	七十四章（144）	七十五章（145）
七十六章（146）	七十七章（147）	七十八章（148）
七十九章（149）	八十章（150）	八十一章（151）

卷三　简帛及抄本老子考释

马王堆汉墓帛书《老子》甲、乙本
　　合校及文字复原 / 154

郭店简本《老子》简体复原本 / 164

郭店简本《老子》出版者释文 / 171

郭店楚简老子校释 / 176

英国伦敦大英博物馆藏唐抄本
　　老子《道德经》残卷释文 / 220

参考文献 / 231

中华传统与中国的复兴
——何新选集总序

"推倒一世之智勇,开拓万古之心胸。"

一

面对 21 世纪期待复兴的中国,我们有必要抚今思昔,追溯传统。

华夏民族的先史中曾经有一个超越于考古的神话时代,这个时代就是华族所肇始和华夏文明滥觞的英雄时代。

我们华族的祖神女娲,是蹈火补天的伟大母亲——一位女性的英雄!

华族的诸父祖日神伏羲(羲和)、农神神农(历山氏)、牧神黄帝、雷神炎帝以及火神祝融、水神共工,或创世纪,或创文明,或拓大荒,或开民智,或奋己为天下先,或舍身为万世法!

帝鲧与大禹父死子继,拯黎民于水火。蚩尤、刑天九死不悔,虽失败而壮志不屈,天地为之崩裂!

后羿射日、夸父逐日,体现了对神灵的蔑视;而精卫填海杜宇化鹃,则象征了对宿命的不驯……

中华民族的先古洪荒时代,是群星璀璨的时代,慷慨悲歌的时代,奋进刚毅的时代;是献身者的时代,殉道者的时代,创生英雄和俊杰辈出的时代!

传说华族是龙与凤的传人,而龙凤精神,正是健与美的精神!故"天行健,君子以自强不息!"

二

然而近世以来，疑古、骂古之风盛行，时髦流行之文化却是媚俗娱世、数典忘祖。不肖之辈早已不知我们原是英雄种族的后裔，我们的血脉中奔流着英雄种族的血系，忘记了我们的先祖原具有一个谱系久远的英雄世系。

"中华"得名源自于日华，所谓"重华"，所谓"神华"；华者，日月之光华也！"汉"之得名源自于"天汉"；天汉者，天上之银河也（按：《小雅·大东》："维天有汉。"《毛传》："汉，天河也。"郑玄云："天河谓之天汉。"《晋书·天文志》曰："天汉起东方。"《尔雅》曰："水之在天为汉。"刘邦以"汉"为帝国之名，本义正是上应天汉也）！

故中华者——日华也（太阳也），天汉者——天河也（银河也），日月光华乃是华族先祖赖以得名的天文图腾。

面对未来，世途多艰，多难兴邦！我们今日正需要慎终追远，回溯华夏的先祖曾怎样艰难地"筚路蓝缕，以启山林"——呼唤而重觅一种英雄的精神！

"打开窗子吧……让我们呼吸一下英雄们的气息！"（罗曼·罗兰）

三

华夏文明是人类历史上所产生过的一切文明中，最优秀、最智慧、最具生命力和创造力的一种渊源于远古的文明。

5000年来流传有自的世序、历法、文献记载与近百年来地下出土的文物、文献的惊人之印证和吻合，使人可以确信，夏商周文明绝不是建立在所谓原始巫教（张光直）或野蛮奴隶制（郭沫若）基础上；而是建立在当时举世最为先进的天文历法知识、理性宗教哲学和最发达优越的农业及工艺城邦文明基础之上的。

《易经》、《老子》是中国天人学与哲学之源，《尚书》、《左传》、《国语》、《战国策》是中国政治学之源，《孙子》、《孙膑兵法》是中国兵学之源，《论语》、《孟子》、《礼记》是中国伦理学之源，三部《礼》经是中国制度设计之源，《素问》是中国医学之源，《诗经》、《楚辞》则一向被认为是中国文学之源。

然而，这些经典古书数千年间，仁者见仁，智者见智，实际从未真正透彻明晰地被人读通。而读不懂、读不通这些书，就根本没有资格讲论中国文化。

多年来，我不揣愚陋，一直有夙志于全面地重新解读这一系列古代经典。近年来，我又重新整理过去的研究札记，这些文字实为中年时期（1985—1995 年）之著作，而间有新知，因此对拙著重新做了全面深入的校订，并撰成此套丛书。此套丛书汇聚了我近三十几年间对经学、朴学之研究成果，其中不同于前人之新见异解殊多。这次重新出版，亦是对以往国学研究的一种自我总结，但学无止境，生有涯而知无涯。回忆自 1980 年予在近代史所及考古所的斗室之间开始对经部作探索性研究，于今忽忽竟二十五年矣。当年弱苗，如今壮林。树犹如此，情何以堪？感慨系之耳！是为总序。

何　新

2001 年 5 月 22 日初稿于泸上雨辰斋养庐

2010 年 5 月 22 日再记于京东滨河苑寓中

2019 年记于北京

序

老子的《道德经》，自汉以下失读。德，直也。直者，值也，正也。正者，政也。道者，导也。"道德经"，即"导政经"，由天道而导言政术之经也。

我之此书提供对老子《道德经》文本的一种贯通性诠释。本书初版于2002年。此次新版，内容有所修订，改正了旧版中一些错字。

已经见到对拙著的一些观念及内容的剽袭之作。当代学界无耻，风尚如此，一笑而已。

2006 年 11 月 10 日记于京华九龙居
2008 年 7 月 16 日修订于京华滨河花园

此次重印，补收入马王堆甲、乙本及郭店简本《老子》的释文。正文亦略有修订。

2015 年 12 月记于北京
2018 年 5 月又记

卷一 《老子》的智慧

《老子》是哲学之书,是政治之书,也是兵书

一

"道德经"一名,古无达诂。

道字从首从走。首,甲金文字像人张口叙说,即今语"说"也,首、说一音之转。首古音与道近通。道,端、颠也,头也。道从寸(手、肘)①,滋乳为导。导字像人之初生,首逆出即以手引产之形(《说文》记道之古文为"導"。道、導同源字)。因知"道"之本义,动词也,即导、導,导产之术曰"導"。引产之路曰"道"。又,導之省体即道。导而顺行之,"道"也。

古希腊大哲苏格拉底称自己的哲学方法为"引产术"。老子称自己的哲学为"道(导)"。老子经中多见"玄牝"、"婴儿"、"玄牝之门"及"天下母"之文②。老子认为,顺天而行,犹如引产之术,乃顺势引导之术,故曰导,曰道。战国文字道异体或从行、人作"術",像人行于四达之衢。然而天道或反出,或逆行。故在"道"这一词语的运用中,也综合着矛盾的语义。

德,其字根为"直"。金文作"悳"、"徝"、"徳"。从直,从行(省体作彳)。或从直从心。直者,治也。又,直,正也。直、正二字在上古汉语及文字中音义相通。正直、正视、正行、正心曰德③。又徝即循字,德、循乃同源字。循者,顺也。顺行即正行,即直行。逆行则为悖行,为"不徝"。德之字根为"直",即"正"。"政者,正也"(孔子),正者,纠正也。"正直"乃叠韵双声联绵词。德的本义就是正直。正借为政,直借

为治，即政治，治理。老子之德经，即政治之经，治国之经也。

综上，从中国上古语言及文字之初义析论之，所谓道即导引，顺天道而行乃曰道，曰有道。正行、正心、正直、直行、中正不倚，曰德。道是普遍性无所不贯通的天道，德是人主行事之道，亦是君子自我内在的正直之性德。"夫人事必将与天地相参，然后乃可以成功"。老子书之甲篇"道经"言天道，兼言治心修身之术；乙篇"德经"言政事及施政之术，即治人之道。这是《道德经》一名的正诂。

近人江瑔《读子卮言》中有《论道家为百家所从出》云：

> 上古三代之世，学在官而不在民，草野之民莫由登大雅之堂。唯老子世为史官，得以掌数千年学库之管钥，而司其启闭。故老子一出，遂尽泄天地之秘藏，集古今之大成。学者宗之，天下风靡。道家之学遂普及于民间。道家之徒既众，遂分途而趋。各得其师之一遍，演而为九家之学，而九流之名以兴焉。

司马谈论六家旨归时云：

> 其术以虚无为本，以因循为用，无常势，无常形，故能究万物之情。

二

老子之所谓"道"，并不是一个抽象无实体的虚拟性概念。

道的观念的先型，是商周书中所谓"常"的观念。德的观念的先型，则是"行"与"循"的观念。传说尧舜时代的民谚："日月有常，星辰有行。"（《古谣谚》引帝载）日月之"常"，即"天道"；星辰之行序，即"循"与"天德"。

在汉语中，"道"有四种语义：

> 天道，道理，道路，言说（说道）。

道是道理，是道路，也是秩序。作为哲学本体论的"道"这个概念之发生，首先建立于一个前提，即确信宇宙中的万象虽然是变动不居的，而其运动服从于某种不变的秩序（即所谓"常"，常即不变者）。这种秩序好比一种固定的路径，这路径就是"道"④。

由于万象之运行皆有"道"，且万物莫不服从于恒常不变的秩序（常），因此，道乃是变动不居的大千世界中的不变者。但这个秩序究竟是什么呢？这种秩序又是如何被观察和理解到的呢？

先秦道家所言之道，首先是天道（所谓道教，实际本义正是"天道教"）。战国楚地道家学派著作《鹖冠子·泰鸿》云："日信出信入，南北有极，度之稽也。月信生信死，进退有常，数之稽也。列星不乱其行，代而不干，位之稽也。天明三以定一，则万物莫不至矣。三时生长，一时煞刑，四时而定，天地尽矣。"（此言并见马王堆帛书《经法》）

老子曰："不究于牖，以知天道。"（帛书）"不窥牖，见天道。"⑤（通行本）究，稽，见也，计也。王充《论衡》："夫天道自然也无为……黄老之家论说天道，得其实矣。"天道是指宇宙的秩序，即天体运行的周期性。古天文学认为，日行九道（曰"黄道"），月行九道（曰"白道"），五星运行亦各有其"道"〔曰"黑（青）道"〕。

所谓天道，在古天文学的意义上，主要是指黄道，即日、月、行星在天空中有秩序运行的路径、轨道⑥。由天道的概念，引申而又有"地道"、"人道"（女人的月事周期、人生的成长周期），进而形成了普遍性的"道"的哲学范畴。实际上，反映这种周期性认识的老子哲学之所谓"道"，与印度婆罗门之所谓"梵"，希腊哲学之所谓逻各斯（Logos，即理性），含义都是颇为相近的。

天体运行的周期性、规律性，《易经》称之为天道，天地之道，或"天则"、"天叙（序）"，《尚书·皋陶谟》称为"天秩"。

在天地的整个大自然环境中，有时序季节。天道或天地之道，都是讲天地现象的内在理序与规则，所谓轨道或规道。

三

在大自然中，最直观的周期性首先是每日太阳的东升西落，其次是春夏秋冬。古代历法对"天道"的观察与记录，正是起源于对天文和自然现象周期性及天体运行规律的观察和认知。

太阳是人们所见到的最大最明亮的自然天体。它的一出一落造成了白昼和黑夜的循环交替以及季节的变换。根据太阳在每个朝夕的周期出没规律，人类产生了"日"的周期概念。太阳的朝出夕没，是由于地球的自转。而由于地球公转形成的周期性季节循环，就是"年"。这种周期就是"道"。

月亮是人们见到的仅次于太阳的明亮天体，经过长时期的观察，人们了解了月亮圆缺盈亏及其与太阳分、合关系的周期规律，于是又产生了"月"这个周期性的时间概念。这个周期中也有"道"。

"年"的概念是观察物候的周期建立的。年，季也。季字像人首顶禾之形。收禾之时，曰"季"，曰"年"。收禾每年一次。寒来暑往、草木枯荣、江河之冰封解冻、花开花落、燕去雁来等，根据物候的周期形成了上古的物候历。进而，依据长期"观象于天"（《易经·系辞》），人们逐渐认知天体的周期规律，而发明了观象授时的天文历。

古人认为："天地之道，贞观者也。日月之道，贞明者也。天下之动，贞夫一（理）者也……日往则月来，月往则日来，日月相推而明生焉；寒往则暑来，暑往则寒来，寒暑相推而岁成焉……法象莫大乎天地。"（《易传》）

《周髀算经》记"日复日为一日"，"月与日合为一月"，"日复星为一岁"。小的周期是日、月、年，大的周期就是古人所谓"运"。道是一个动的概念。这种周期律的不变性，就是所谓"命"。正是从这种循环往复、变而不变的大自然周期性中，古人意识到了"天道"的存在。

孔子说："天何言哉？四时行焉，百物生焉。"（《论语·阳货篇》）

形而上者谓之道，形而下者谓之器。（《易经·系辞》）

天地变化，圣人效之；天垂象，见吉凶，圣人象之。（《易经·系辞》）

哀公曰："敢问君子何贵乎天道也？"

孔子对曰："贵其不已。如日月东西相从而不已也，是天道也；不闭其久，是天道也；无为而物成，是天道也；已成而明，是天道也。日月运行未尝闭塞，天地似无为而万物并有，人人皆见，所以人贵天道，法自然。"（《礼记·哀公问》）

阴阳万物，各有纪纲；日月星辰刑德，顺之有德，逆之有殃。圣人能明其刑而虚其乡，从其德而避其衡。（《范子计然·内经》）

《礼记》云："天道垂教，著于阴阳；圣人之德，著于礼乐。"

列星随旋，日月递照，四时代御，阴阳大化，风雨博施；万物各得其和以生，各得其养以成。不见其事而见其功，夫是之谓神；皆知其所以成，莫知其无形，夫是之谓天。(《荀子·天论》)

四

道的实质是自然秩序和自然法。"道法自然"，德则是人事之规范。

《礼记·礼器》："天道至教，圣人至德。"疏云："圣人法天之至极而为德。"马王堆帛书逸书454行："知天道曰圣。"（见第275行）《春秋繁露·深察名号》："天人之际，合而为一……顺而相受，谓之德道。"

"皇天无亲，惟德是辅。"（《尚书·蔡仲之命》）德是人之行为规范，是社会契约。

> 式敷民德，永肩一心。（《尚书·盘庚》）

德即直也。直者，质也。德之本义即质。直中古音通，中即忠也。故德即忠。中者正也。中正即德。德者，循也，循，习也，风俗，习俗也。循即规范。置规范于心谓之习，顺规范而行，即"循"，即有德。反规范而行，则曰"逆"，曰"违"，曰"悖（背）"。逆、违、悖即乱，即"逆德"。私德来自修养，即修德。修德者，修"质"，修"直"，修正也。天之规范曰道，人之规范曰徝（循），在人之心，曰德。

《左传》隐公三年："贱妨贵，少陵长，远间亲，新间旧，小加大，淫破义，所谓六逆也。君义，臣行，父慈，子孝，兄近，弟敬，所谓六顺也。"顺者，循也，循者，德也。

《左传》僖公五年说："失忠与敬，何以事君？"《诗经·邶风·北风》《郑笺》："事君无二志……忠之至。"忠君又往往与忠于国家社稷联系在一起。《左传》昭公元年："将死不忘国，忠也。"襄公十四年："将死不忘社稷，可不谓忠乎？"成公二年："忠，社稷之固也。"文公元年、文公三年把清廉为官、不徇私舞弊、为国举贤等统统称为"忠"。

殷人尚"命"，周人尚"德"。命是必然，德是选择。"德"字在甲骨文中已出现。《尚书·盘庚》中有多处讲到"德"字，"非予自荒兹德"，"予亦不敢动用非德"，"式敷民德，永肩一心"，其意义都是指政德和人的德性。但是，由于殷人尚鬼，并不重视统治者的内在德性，直到认为"我生不有命在天"的殷纣王，经牧野一战而尸分骨裂，"小邦周"的统治者在倒戈军士的欢呼声中把胜利的旗帜插到了朝歌鹿台。

周朝统治者从殷亡周兴的现实变革中认识到，昊天上帝并不将它的钟爱一劳永逸地倾注给某个家族。周公教诫成王说"天棐忱辞"⑦，"天畏棐忱"⑧，"天不可信"⑨，"天难忱斯，不易维王"⑩。表明他已经意识到不能无所作为地单靠天帝的恩赐维持统治。为了使天帝永远将钟爱倾注于周邦，必须以"敬德"讨它的欢心。由此，周公总结历史，提出"德"的概念，视之为决定政治成败的概念，发展为"君德"、"人德"的"德教"。德教的核心是"敬德保民"。德教只施之于君子，"唯君子有备，小人无德"。

通过"敬德保民"，使上天认可和保佑周人的统治权力。周人用"敬德"改造了殷人的"天命"。

五

"德"在周人那里是指贵族统治者的道德规范，但其基础则是一种历史观。

周公认为，有德是取得天帝对地上统治权认可和得到小民拥护的最重要条件。他认为，殷人前期和中期的统治之所以比较稳固，就是因为殷的名王成汤、盘庚、武丁等德行高尚，使远者来、近者悦，上帝赐福，神人共庆。周人能够代殷而王，关键是"丕显文王"，德行淳厚，结果使上帝钟爱，小民敬畏。

> 在昔殷先哲王，迪畏天，显小民，经德秉哲。⑪
> 商实百姓王，人罔不秉德，明恤小臣，屏侯甸，矧咸奔走。⑫
> 惟乃丕显考文王，克明德慎罚，不敢侮鳏寡，庸庸祇祇，威威显民，用肇造我区夏，越我一二邦，以修我西土。⑬
> 天不可信，我道惟宁王德延。⑭
> 惟王其疾敬德，王其德之用，祈天永命。⑮

相反，夏、殷所以丧失政权，主要原因就是夏桀和商纣"失德"，"有殷受天命，惟有历年……不其延，惟不敬厥德，乃早坠厥命"。在周公眼里，有德和天命是联系在一起的，在形式上，天命虽然还是至高无上，但实际上，有德却成为天命的依据和前提。

六

班固认为道家是史官之学。中国上古之史官本起源于天官（天文之官）。史官是天道的观察者，也是人事的记录者。"史"字甲骨文为"叀"，从中、从又。中即钟铎，是报时颁令之器。令即"月令"（《礼记》），今人称作"月历"。又，右手也。史官司天之职，至汉代犹然。《后汉书·百官志》记："太史令一人，六百石。"注曰："掌天时、星历。凡岁将终，奏新年历。凡国祭祀、丧、娶之事，掌奏良日及时节禁忌。凡国有瑞应、灾异，掌记之。"

《史记·太史公自序》称作为史官世家的"司马氏世主天官"。《史记索隐》曰："案此天官，乃谓知天文星历之事为天官。"亦即天文之官。观天象、序历法，并附记人事以测天人之际，这就是作为"天官"的史官之职责。

史官之记事，亦由此而产生。一面观察天道，一面记录人事，正是为了"究天人之际，通古今之变"（太史公言）。

老子也是史官世家。所以老学主言天道，主张顺天道以行人事。"以虚无为本，以因循为用"（司马谈言）。

许多人以为老子之"道术"就是"无为"，即"不为"，这是大谬不然的。鲁迅说："然老子之言亦不纯一，戒多言而时有愤辞，尚无为而仍欲治天下，其'无为'者，以欲'无不为'也。"这是深刻之论。

鲁哀公元年，越将伐吴。范蠡对勾践讲了一篇关于天人关系的大道理，云：

> 持盈者与天，定倾者与人，节事者与地……天道盈而不溢，盛而不骄，劳而不矜其功。夫圣人随时以行，是谓守时。天时不作，弗为人客。人事不起，弗为之始。今君王未盈而溢，未盛而骄，不劳而矜其功，天时不作而先为人客，人事不起而创为之始，此逆于天而不和于人。王若行之，将妨于国家，靡王躬身。

也就是说，天有其道，人必顺天，顺者，循也。循即有德。不顺即逆德，不顺"将妨于国家，靡王躬身"。顺天行道（而不是"替天行道"），这正是先秦道家关于天人关系的精义。

七

老子之道是自然秩序，其"无为"是自由放任主义。老子是中国的自由主义哲学家。道哲学的实质是顺导，是自由主义，即放任"看不见的手"。其控制模型是刺激、回应、调整的自调适目的主义。近代欧洲之自由主义，源于自然秩序这一概念，这一概念初始来自中国，即老子。人为秩序是礼，自然秩序是道，强制秩序是法。魁奈的重农主义，也是以道家法自然的自然主义作为哲学基础的。

毛泽东论老子曰：

> 老子这部书乃是唯心主义的，但包含丰富的辩证法思想。它对春秋战国时期社会大变革的一些现象，特别是战争的规律做了概括和总结，所以它也是一部兵书。⑯

所谓唯心主义，即认为理念是宇宙之本体。老子哲学确实是理念（唯心）主义的。他认为道是本体。而所谓道，是精神的东西，信息的东西（"其中有精，其中有信"）。

贺昌群说：

> 然就实际政治言，老子乃最现实者。"将欲掩之，必固张之"，"将欲谋之，必姑与之"，可谓深观物理，历练人情之意，所以为兵谋权术之宗。曹操、司马懿之政，皆深有会于此旨。

老子与庄子不同。庄子之"无为"就是主张不为，而老子主张无为，则非不为也。对老子来说，"无为"只是术，"无不为"才是目的。

章太炎说："老聃之书，称南面之术也。韩非解喻备矣，未及内心也。"⑰毛泽东说老子书是"兵书"。晚周之际老氏家族中确有武将，老学中亦确有兵学。老子书中反对战争，但同时又在讲斗智，讲战略与谋略，讲政治艺术和用权之术，讲治国、治天下及取天下之术。老子也讲到道德的较量，勇气与力量（强、弱）的较量。道经讲大道，宇宙之通理。德经讲治术，执政治国之术，其中也包括用兵之术。所以，《老子》一书不仅是哲学之书，也是政治之书，是一部广义的兵书。

八

老子之学,源于黄老之术。

黄,即黄帝。黄帝是神,即黄神。黄与光是同源字,二字古音义相通。黄帝即光帝,亦即大光明之神——太阳神。(炎帝也是神,炎的本义是电火,是雷电。炎帝乃是雷电之神和火神)[18]黄帝被认为是天道的主持者。这个伟大称号,在上古史中曾被赋予一些伟大的首领,即作为人祖的黄帝。

老,即老彭。彭祖,乃楚族先祖之一,曾仕商任太史,以高寿著称,入周后曾任柱下史,传说历八百岁[19]。彭祖因其高寿,或称"老氏"[20]。先秦制度世官世守,故老氏之后世,入周仍为太史官。

黄帝之术即天道之术(天文之学),老彭所传之术又有长生之术,即医术及炼气炼形长寿之术(兼饮食益生之术)。因之所谓黄老之术,一是天文之术(黄术,即黄道、天道之术),二是长生不老之术(老彭术)。伊尹称黄尹。李平心说:伊尹即老彭[21]。黄老之术,本乃兰(灵)台太史世习之学,至春秋之际传于楚人老氏之后,如老阳子、老莱子及老聃。再其后之传人则有李耳(太史儋)。

九

老子其人的存在曾被认为是个谜,但综括分析关于老子及其学术各种歧异矛盾的传说,大体可以理出以下一种脉络。

《史记》老子传记谓:

老子者,楚苦县厉乡曲仁里人也[22]。姓李氏,名耳,字聃。周守藏室之史也。

孔子适周,将问礼于老子。老子曰:"子所言者,其人与骨皆已朽矣,独其言在耳。且君子得其时则驾,不得其时则蓬累而行。吾闻之,良贾深藏若虚,君子盛德,容貌若愚。去子之骄气与多欲、态色与淫志,是皆无益于子之身。吾所以告子,若是而已。"

老子修道德,其学以自隐无名为务。居周久之,见周之衰,乃遂去。至关,关令尹喜曰:"子将隐矣,强为我著书。"于是老子乃著书上下篇,言道德之意五千余言而去,莫知其所终。

按《史记·周本纪》记:"幽王二年,西周三川皆震……后幽王得褒姒,爱之……周太史伯阳读史记曰:'周亡矣。'"此预言西周将灭之太史伯阳(伯阳父),似即"见周之衰乃遂去"之老子。老子为尹喜所传之书,即《道德经》。但值得注意者,此书乃有韵之格言歌谣体,显然经过精心编纂和润色。其理论实出自作为史官世家的老彭家族世传之学也。而近年于荆门出土的《老子》古简,则尚保持着较朴素的色彩,其篇幅、内容及体例与今本之《老子》多所不同。由此可知,老学的形成和传承,似乎并非只存在一个单一的系统。

《史记》记:

> 盖老子百有六十余岁,或言二百余岁,以其修道而养寿也。自孔子死之后百二十九年,而史记周太史儋见秦献公曰:"始秦与周合,合五百岁而离,离七十岁而霸王者出焉。"或曰儋即老子,或曰非也,世莫知其然否。老子,隐君子也。

由此可见,到太史公司马迁的时代,关于老子的真相即已为一团迷雾。传承不同,遂有诸多异说。司马迁本着"多闻阙疑"的态度,以周老子即太史伯阳为传主,同时兼记了太史儋的传说。太史儋,即老聃。聃、儋音通,又皆为周之太史,实亦老彭一族之后裔。所以太史公又疑老子(聃)与太史儋实即一人,长寿达二百余岁。后世甚至更有传说老子寿达一千岁者。

老彭至老儋,长寿千岁是不可能的。唯一可能的解释是,老氏之族世为太史(主天道之官),传承在千年以上。则老子并非一人之名。换句话说,所谓"老子"与其认为是一个人,不如认为是一个老氏群体,一个世族,也是一个学派。由此我们也就可以解释《老子》古经何以版本歧出,以及我们现在所见到的战国古竹简本、汉初帛书本以及流传于世的通行本,形态为什么多所不同。

我国台湾学者周次吉说:

> 老子者,学派名也。以其修道而养寿,故曰"老"。其学之者多未之显始名于后也,其偶见其名者,或曰耳,或曰儋、曰商氏、曰莱子云云,亦未详其本也,盖隐君子焉。史公特就较可稽考之李耳,为

本传之骨干,参以文学奇特之笔,见隐逸之士缥缈之致。

此说较之对太史公时代即已缥缈难稽的传说人物老子,根据种种不实之说,而硬要予以考实的一些妄议,应当是更为平实而特具见地的。

十

总之,黄老之学传于上古,至晚周主系传于太史伯阳及老聃(聃、鼍通,即龙也㉓。老子又号称李耳,"李耳"乃是楚方言中老虎之名,龙虎上古本可通名,应即老彭氏世族所宗之图腾)。

老氏世任商周之史官,传习天道、治国及养生之术。至老聃亦尝任史官及兰台之官,或曾为孔子之师,并授天道于孔子。

《老子》一书内容,春秋甚至春秋前已存在,本为史家所辑兵政及养生格言及故谚。至战国后为老氏之徒(老聃、老莱子等)所纂辑扩充㉔,编成一部系统著作。而太史伯阳(又称伯阳父,父者,老也)处周之末世,知天下将大乱而避世出走,至函谷关为尹喜所拘。尹喜可能早闻此书,强命伯阳为之传记,于是传讲其家学秘诀即今本《道德经》。今本《老子》中多战国时观念及语言,因此最后成书,应在战国之际。

《史记·留侯世家》索隐引《诗纬》:"风后,黄帝师,又化为老子,以书授张良。"

关于老子其人及其书,传说中所大略可知可信者似即如此。

老子一族出于商周世袭之史官贵族。老子学说主要是代表世卿世禄的传统贵族思想的。春秋战国之际是中国上古史上一剧烈变迁的时代。这个伟大时代的根本特点,是由血缘氏族("德"治或礼制)组织向政治国家组织("法治"及法制)的过渡㉕。

当此之际,老子学说主张"返朴"与"复古",他既反对孔子的尚"礼"(等级制),亦反对孟子的崇"义"(因时制宜),更反对子产、吴起、商鞅一派法家的变法。

老学对当时权力下移、资源私有化、学术平民化的社会变革之流,在思想领域中是一个保守主义的逆动之流。当时学术领域中的政治斗争,主要集中在平民主义的"尚贤"主张(如墨翟、孟子、屈原)与老子贵族主义的"尊尊亲亲"而尚德（即反对"尚贤"）的两大不同政治主张上。这一点，在老子书中有明显的反映。

十一

《老子》一书，不仅是政治学著作，也是中国的第一部纯哲学著作。什么是哲学？根据希腊哲人的说法，认为哲学是"爱智"、"爱智之术"。但老子似乎却是反对智慧和智性的。老子说：

民之难治，以其智多。故以智治国，国之贼；不以智治国，国之福。（六十五章）

绝圣弃智，民利百倍。（十九章）

圣人之治：虚其心，实其腹，弱其志，强其骨。常使民无知无欲，使夫智者不敢为也。（三章）

这种反智性与反对知识之学说，怎能看作"爱智"或传统意义的哲学呢？然而细考老子书中所言"智"，与今语所言之"智"的语义实不尽相同。老子所反对的"智"，与其说是一般的"知识"和"智慧"（如果彻底反智，那么他就不必著书立说，亦不必研求天道及称引"圣人"了），不如说是有特指的。老子所反对的"智"，相当于今语之所谓"计"（智、计古语相通），即计谋、计算、计策、计较。因此老子反对的，并非一般意义的知识或智慧，而是诡计与诈谋即"智计"（亦即庄子所谓"机心"）。

十二

在希腊哲学中，关于智性与知识的价值问题也曾发生过辩论。

据记载，毕达哥拉斯同费利翁特的僭主雷翁就曾作过一次著名的交谈。后者赞扬毕氏的天资与口才，问他是凭借什么本领而掌握此术。毕达哥拉斯则表示，他拒绝接受"sophos"（智者）的称号，回答说自己并没有这一本领，他并非智者，而只是一个"philosophos"（求知者，哲人）罢了。

雷翁便问："那么一个'philosophos'（哲人）与一个普通人又有什

区别?"毕达哥拉斯答道:"人生好比举行大型竞技(即奥林匹克运动会)。有些人在场中角斗,以争夺桂冠;有些人在场中做生意,以图获利;有人则对喝彩、取胜和求利都不感兴趣,只是单纯在看热闹。在生活中,有人是功名禄位的奴隶,有人是金钱的奴隶。但是,还有一种罕见之人,他们只是宁静恬淡地观察社会和自然。这种人就是追求智慧者(ψтλδαοψοδ,亦即'philosophos'哲人)。"

西塞罗对于这则逸事评论说:

> 哲学家介乎于神与人之间,因此成为谜似的人物——他们向生活大剧场投之以严肃的目光。可以想象得出,当演出结束时,他们会把袍子下摆向右肩一撩,以自由人的王者气度翩然而去。

毋宁说,人格化的老子也正是这样一位人生与历史的冷静观察者。老子的哲学来自于远古中国人对于人生、历史、政治以及知识本身的一种深刻观察和总结。

老子书中主张"绝巧弃知,绝智去辩"。然而极具讽刺意味的是,《老子》一书本身是雄辩的,并且其中充满了启迪人生的伟大智慧。这也正是老子一书所具有的永恒魅力之所在。

2000 年 8 月 20 日记于沪上乐智阁
2003 年 8 月 16 日记于海上养庐
2015 年重记于北京

注释

① 寸者,肘也。以手执物曰"寸"。

② 见《老子》六章、十章、二十章、二十五章。

③ "德"的概念亦有天文含义。古天文学认为,日之所行道曰"黄道"。黄道为天之中道:"日之所行为中道,月、五星皆随之。"(《汉书·天文志》)循中而行,曰"德",失道而行则曰"不道",则预兆有灾殃。

④ 《晋书·律历志》:"以考天路,步验日月。"所言天路,指日、月、五星运行轨

道，亦即天道之本义。

⑤究、窥古音通，《史记·殷本纪》九侯，《史记索隐》作鬼侯。九、鬼古音通。

⑥黄道带包含了太阳的周年路径、月亮的周月路径，以及所有行星周游的路径。

⑦《尚书·大诰》。

⑧⑬《尚书·康诰》。

⑨⑫⑭《尚书·君奭》。

⑩《诗经·大雅·大明》。

⑪《尚书·酒诰》。

⑮《尚书·召诰》。

⑯马叙伦《老子校诂》1974年版前言引。

⑰章太炎《检论》卷三。

⑱详参何新《诸神的起源》，光明日报出版社，1996年第2版。

⑲见《世本》。又见《史记·楚世家》："陆终生子六人……三曰彭祖……楚其后也。"江瑔《读子卮言》："老子者，世为楚子……出古大彭国，为尧时彭祖之后，在殷时之祖父曰篯铿，亦曰彭祖，故老聃亦称老彭。由尧时以迄于东周，皆世为史官。亦皆沿袭老彭之名。"

⑳春秋以前即老氏，亦为楚族先祖。《世本》：颛氏有老童。《风俗通》：老氏，颛顼子老童之后。老童氏世叙天地之重黎氏，丁山说即楚先祖祝融（老童产重黎及吴回，吴回产陆终）。

㉑详参《李平心史论集》第185页，人民出版社，1981年版。

㉒《水经·阴沟水注》："东南至沛，为涡水。"涡水又东经苦县西南，即春秋之相，王莽更为之为赖陵。谷水东经赖乡城南，注入涡水。涡水又北经老子庙东。又屈东经相县故城南，相县虚荒，今属苦县，老子生于曲涡间。赖乡即厉乡。曲涡即汉之曲仁里。《万始统谱》："相，故殷城。"其地在宋陈之间，春秋后并入楚。汉代并入沛。

㉓详见何新《龙：神话与真相》，上海人民出版社，2000年版。又，《史记·老子韩非列传》记孔子言："至于龙，吾不能知其乘风云而上天。吾今日见老子，其犹龙邪！"

㉔老子书中有战国时言，如"万乘之主"（二十六章），"王侯"（三十二、三十七章），"圣人"（即神人、真人，五、二十八章）等。又如"民之饥，以其上食税之多"（七十五章）等。

㉕郑子产铸刑鼎与罗马十二铜表法，就是这种过渡开始的标志。

老子考

《老子》(《道德经》)是早期中国思想史中一部极重要的著作,但其作者在历史上却一直是个谜。本文拟揭开这个谜。

一

《史记》中有老子列传[①],但所记舛讹矛盾,致使后人无法识知"老子"人物的真相。

传中所叙之"老子"涉及至少四人:一是晚周史官李耳(伯阳)。二是周守藏史儋(澹),亦称老聃,孔子曾见之而问礼。三是楚之隐君子老莱子,与孔子同时人,孔子亦曾访问之。四是入秦见献公之周太史儋。太史公云:"或曰儋即老子,或曰非也,世莫知其然否。"

钱穆谓:"秦汉之际言老子,凡有三人,而往往误以为一人。此三人者,一为孔子所见,一为周太史儋,而又一则尚在晚世。而往往误为一人[②]。"其说略是。

但实际上,所谓"老子"在历史中何止仅有三人?

传说老子高寿,或曰数百岁,或曰千岁[③]。长命如此,则究竟是人还是神耶?这种传说之所以产生,其实都是因为不知所谓"老子"实非单一的个人。

至春秋战国之际,据《史记》及诸子书记,当时并世之"老子"至少也有四人,即孔子所求教之周太史老聃、楚之隐士老莱子、东周之最后一位太史儋以及曾与子夏同游之段干木(李)。

他们同属于老氏家族，都以道术知名。因此都有"老子"或"老聃"之称。其实"老聃"并非人名，而是年老而耳朵较大者之通称。按"聃"字之本是耳大者的类称。《说文》："聃，耳曼（漫，大也）也。"聃字之音义与耽同，《说文》："耽，耳大垂也。"聃、耽字义皆为大耳朵，乃同源字也。

聃，字又通作瞻，《说文》："瞻，垂耳也。南方有瞻耳之国（即大耳之国）。"《山海经·大荒北经》记有"儋耳之国"④，郭璞注云："儋耳，其人耳大下儋，垂于肩上。"《后汉书·明帝纪》注："儋耳，南方夷。"（海南古称"儋耳"。）

《山海经》又记有"詹耳"之地，又有"离耳"之地。郭璞注："即詹耳也。"《水经·温水注》："儋耳即离耳。"关于"离"，《初学记》引《韩诗》训曰："离，长貌。"《诗经·湛露》："其实离离。"《毛传》："离，垂也。"离字亦有下垂而大之义，故离耳亦即大耳也。

综上，"耽"、"瞻"、"儋"，并与"聃"字同音同义，皆指大耳朵也。

古人以耳大下垂为寿者之相，至今俗犹然。故高年寿考之老人，概可称"老聃"或"老耽"或"老儋"。汉碑文"老子铭"云："聃然，老旄之貌也。"

据此可知，古人称耳大者曰"聃"或"耽"。实际上，聃、耽即"大耳"二字之合音。凡大耳者，皆可称聃（耽），一如凡高年者，皆可称为"老"。

诸位身份不同的老子，都被称作"老聃"。这种一名多人的复杂现象，使疑古者因之怀疑历史记述的不可信和老子其人的子虚乌有。而另一方面，任何将其中的单一"老子"指实为真老子的尝试，又必然会导致与某些文献记载的抵牾。这也就是老子存在之谜的由来⑤。

二

老氏一族源出老童。老童乃楚之先祖，实即"陆终"的语变，又与重黎氏（童重音转，老黎音转）、祝融氏有关⑥。重黎氏及祝融氏，世代任尧舜时之天官（天文学家、占星家）、司火者（大火之星的观测者及火神祭司）⑦。

老、黎、离诸字音通，音变字又作李。黎、离氏，实起于黄帝之妻嫘母或嫘祖。累罗音通相假，罗、离、厉古字通用，故嫘祖，又写作厉牧、厉母，语变又转作蓐牧、蓐收（收、牧形近相讹）、历首。

《淮南子·主术训》有"商容"。高诱注："商容，殷之贤人，老子师⑧。"《淮南子·缪称训》："老子学商容，见舌而知守柔矣。"高诱注："商容，神人也。商容吐舌示老子，老子知舌柔齿刚。"商容，《山海经》作仲容，朱芳圃谓商容、仲容，皆即祝融⑨。

殷商老族最知名者还有老彭。老彭，即彭祖。《史记·楚世家》："（楚先祖）陆终生子六人……三曰彭祖。"

《论语·述而》"窃比于我老彭"，邢昺疏曰：

> 云"老彭殷贤大夫者"，老彭即《庄子》所谓彭祖也。李云："名铿，尧臣，封于彭城，历虞夏至商，年七百岁，故以久寿见闻。"《世本》云："姓篯名铿，在商为守藏史，在周为柱下史，年八百岁。篯音翦，一云即老子也。"

三

老子字伯阳，见《吕氏春秋·当染》高诱注，《史记·老子韩非列传》亦有此语，后人疑非旧文。《离骚》"朕皇考曰伯庸"，伯庸疑即伯阳之声转，古音阳在段氏第九部，庸在第十部，此二部通转之例甚多。至于"皇考"二字，旧注说是他的父亲，那是不对的（王闿运《楚辞释》）。考、老古字通，有先祖之义。

《史记》梁玉绳注谓："彭祖始见《郑语》、《帝系》、《世本》。彭姓，封于大彭。彭祖名钱，字铿，或曰彭铿。"《郑语》："大彭，豕韦，为商伯矣。"《汉书·古今人表》有老彭，在仲虺（即钟馗原型）后。《吕氏春秋》："商有彭祖，不能为也。"高诱注："彭祖，殷之贤臣，治性清静，不欲于物，盖寿七百岁。《论语》所谓窃比于我老彭是也。"

《论语·述而》集解引包注："老彭，殷贤大夫，好述古事。"《大戴礼记》记孔子之言曰："昔商老彭及仲傀，政之教大夫，官之教士，技之教庶人，扬则抑，抑则扬，缀以德行，不任以言。"

《庄子释文》引《世本》云："彭祖，姓篯，名铿，在商为守藏史，在周为柱下史，年八百岁，一云即老子也⑩。"

彭祖即鼓祖，彭、鼓古字同源。鼓祖，即瞽史之祖。讲史之官古称"瞽史"，瞽史为史官之祖⑪。至西周，瞽史之职仍存（见于《诗经》），是为讲史者。清儒汪中云："古之典籍旧闻，惟在瞽史。"由此可知，老氏一族世官世业。老氏中之重黎一族世主天官，而老彭一族世为史官。而所谓"史官"，在上古的职责是复杂和全面的，他们不仅是占星术士，也是主持重大宗教典礼的司祭、执事，同时又是重大事件的记录者。

四

西周末季，有一位著名的史官"老子"姓李名伯阳。

但向上推考，以伯阳为老子，其传说之源则甚久古。《吕氏春秋·当染》称，"舜染于许由、伯阳"。高诱注云："伯阳盖老子也。舜时师之。"《吕氏春秋·本味》："尧舜得伯阳、续耳然后成。"则号伯阳名老子者，其传说乃与尧舜俱⑫。

宣王时有史伯与郑君论政（《国语·郑语》及《史记·郑世家》）。

伯阳，阳伯也，以邑为氏。《楚语》："颛顼……乃命南正重司天……命火正黎司地。"司天，司天道也，主神。司地，主民政也。黎氏即老氏之先祖。

在西周末年，有一著名之太史官名伯阳父（甫），这位伯阳父也是"老子"。《国语·周语》韦昭疏曰："幽王得褒姒，太史伯阳读史记，曰：周亡矣。""伯阳甫周大夫也。唐固曰：周柱下史老子也。"李伯阳盖周幽王之太史官。《汉书·五行志》服虔注："伯阳，周太史。"幽王二年（公元前780年），三川地震，伯阳父据此预知西周气数已尽，国将亡。

（周）幽王二年，西周三川皆震。伯阳父曰："周将亡矣！夫天地之气，不失其序；若过其序，民乱之也。阳伏而不能出，阴迫而不能蒸，于是有地震。今三川实震，是阳失其所而镇阴也。阳失而在阴，川源必塞；源塞，国必亡。夫水土演而民用也。水土无所演，民乏财用，不亡何待？昔伊、洛竭而夏亡，河竭而商亡。今周德若二代之季矣，其川源又塞，塞必竭。夫国必依山川，山崩川竭，亡之征也。川竭，山必崩。若国亡不过十年，数之纪也。夫天之所弃，不过其纪。是岁也，三川竭，岐山崩。十一年（公元前771年），幽王乃灭，周乃东迁。(《国语·周语》)

五

《史记》谓老子名聃。

《文选·反招隐诗注》引《史记》曰："老子名耳字聃。"又引刘向《列仙传》曰："李耳字伯阳。"

到东周春秋时代，周史官又有一位老子，名李耳字伯阳。此李耳伯阳，即传说中的孔子之师，孔子曾向其请教关于周礼的问题。此人耳大高寿，故亦称"聃"。《文心雕龙·诸子》："伯阳识礼，而仲尼访问，爰序道德，以冠百氏。"

六

老子之族世为史官。商周史官亦主天官，天官称重黎氏。老子李姓，即黎氏之后也。李、黎古音通。

史官主兰台。兰台，又作灵台。灵者，神灵也。灵台，即观天之台、通天之台，汉武帝曾仿古造通天之台，又称"集灵台"，会集神灵之台也。

灵台亦为藏书之地。《周礼·春官》记太史"掌建邦之六典"，小史"掌邦国之志"。太史、小史掌管邦国典志档案，故兰台史，周又称守藏室之史，又称柱下史。柱，主也，社也。《论语》哀公问礼于宰我，"鲁论"作"问主"，"古论"作"问社"。主、社字通用。柱下即社宫之别名。主，宗也，宗、主，皆社之别称。故柱下史，即宗社史。社能藏书，故称"书社"⑬。

守藏史，《庄子·天道》作"徵藏史"。徵者，掌也。古者书藏王官，史官掌之。《吕氏春秋·先识览》谓夏末，太史令终古出其图法而泣之，去夏适商。商末，内史向挚以其图法，去商适周。

《庄子释文》引司马彪曰："徵藏史即典藏史。"典、徵古音同⑭，相通。

《史记·孔子世家》记孔子曾入周，问礼及天道于老子，时在鲁昭公二十四年。注谓老子乃周之守藏史、柱下史。《礼记·曾子问》记孔子曰："昔者吾从老聃助葬于巷党，及堩，日有食之。"

清儒汪中考证说："昭公二十四年夏五月乙未朔，日有食之，恰入食限。"昭公二十四年，孔子时年三十四岁，奉昭公之命入周，观周礼。《礼记·曾子问》所记老子之言行凡四，皆与礼有关。则孔子曾问礼于老子，宜若可信。

《史记·仲尼弟子列传》云："孔子之所严事，于周则老子，于楚则老莱子。"则与孔子并世者，并皆曾与他已交往者，又有两个"老子"，一为东周之太史李耳伯阳老聃，一为楚之老莱子。注云："老莱子亦楚人也。著书十五篇，言道家之用，与孔子同时。"

《庄子·天运》曰："孔子见老聃归，三日不谈。弟子问曰：'夫子见老聃，亦将何规哉？'孔子曰：'吾乃今于是乎见龙。龙，合而成体，散而成章，乘云气而养乎阴阳。予口张而不能嗋，予又何规老聃哉？'"

龙，老氏之图腾也。耳，鲵也。聃音与鼍通。鲵、鼍皆龙种。又"李耳"即"狸儿"，《方言》记楚语称虎为"李耳"（狸儿）。老鲵、老耳、老聃（鼍）则又皆为龙虎之别号。

上古传说中彭祖亦即河伯。黎氏（螭氏）即龙神。故庄子云："老子，龙也。"

七

老莱子，楚之隐君子。成玄英疏《庄子》："老莱子，楚之贤人，隐者也。常隐蒙山。"或曰："老莱子亦楚人也。著书十五篇，言道家之用，与孔子同时。"刘向《别录》云："老莱子古之寿者也。"因其高寿，故也有"老聃"之名。所以，老莱子，是孔子时代之又一位"老子"或"老聃"。

成玄英疏《庄子·外物》："楚王……遣使召（老莱子）为相。其妻采樵归，见门前车有马迹。妻问其故。老莱曰：'楚王召我为相。'妻曰：'受人有者，必为人所制……'妻遂舍而去，老莱随之。夫负妻戴，逃于江南，莫知所之。"

《庄子》记孔子年五十而见老莱子于楚[15]。《庄子·外物》记老莱子教训孔子曰："丘，去汝躬矜与汝容知，斯为君子矣[16]。"

老莱子之得名，因其家居于楚赖乡（又作厉乡）[17]，以邑为号，故时人称"老莱子"，以与其他几位"老子"相区别。

《路史》："老子邑于苦之赖，赖乃莱也，故又曰老莱子。赖或作厉。"

八

《史记》老子传记言："老子修道德，其学以自隐无名为务。居周久之，见周之衰，乃遂去。"

又记："自孔子死之后百一十九年（时秦献公二十一年，魏惠王六年）[18]，而史记周太史儋见秦献公曰：'始秦与周合，合五百岁而离，离七十岁而霸王者出焉。'或曰儋即老子，或曰非也。"

据此，则见周之衰而去周之太史官，应有三人。一为西周之太史伯阳，见三川震而河竭，遂知西周将亡而去。二为春秋孔子所见之东周太史李耳伯阳。三为战国初年西入秦见秦献公之东周太史儋。三人俱曾为周之太史，故皆属于同一世官太史之老氏（李姓）家族。先秦中国命名风俗有父子数代之连名制（后世见不及此，说以同名者皆属一人，遂有长寿八百甚至千年之传说）[19]，又皆长寿，大耳，遂皆称"老子"、"老聃"。

入秦见秦献公之周太史儋，应是老氏史官族中最后一位任周太史的"老子"。从年代及世官世业的传统看，这位周太史儋，乃是孔子所曾受教的那位周太史李耳伯阳老聃的宗子。但正是这位太史儋，才是传世本《道德经》一书的真正作者。

《史记索隐》引李尤《函谷关铭》云："'尹喜要老子，留作二篇。"函谷关在今河南省灵宝县西南，东自崤山，西至潼津，关城在谷中，故名。正自东周至秦所必经也。

守函谷关之关令（吏）名尹喜。传说关尹见老子至关而喜，强老子著书五千言而去。《史记》老子传云："老子……见周之衰，乃遂去。至关，关令尹喜曰：'子将隐矣，强为我著书。'于是老子乃著书上下篇，言道德之意五千余言而去，莫知其所终。"

《史记》老子传将此系于孔子所见之李耳伯阳事下。函谷关地在陕州桃林，正当由东周（洛阳）入秦必经之路。但孔子时代，此关尚未兴建。又，函谷关城所在之崤山，春秋时地属晋国，战国后乃并入秦。

函谷关之建成，据清儒推算在秦献公十年（公元前375年）。上距孔子之卒（公元前479年），已104年矣。以是知，此出函谷关为关尹著《道德经》的老子，不可能是孔子所见之太史伯阳老聃，而只能是战国入秦见献公之太史老儋。

《庄子》记老子有弟子名秦失，"老聃死，秦失吊之"。秦失亦作秦佚。佚、尹音通相假，故钱穆以为秦失即秦尹，亦即（秦）关尹也。

又，关尹，钱穆说即环渊、蜎环、便蜎[20]（郭沫若亦从之）。他是老氏《道德经》一书著成后的第一位读者和传世者。

九

《史记》老子传又云："老子，隐君子也。老子之子名宗，宗为魏将，封于段干。宗子注，注子宫，宫玄孙假，假仕于汉孝文帝。而假之子解为胶西王卬太傅，因家于齐焉。"

据此，老子一族在李宗（段干宗）之后的谱牒流传有序：出于老氏之李宗，因封于魏邑段干，以邑为号而名段干宗。其身后有段干（李）注、段干（李）宫、段干（李）假，段干（李）解。李解在汉武帝时为胶西王刘卬之太傅，则与司马迁为同时代人也。

问题是，段干（李）宗以上的谱系，其与老氏一族关系若何，则不详。段干宗乃魏武侯时人。而当武侯之父魏文侯时，有名士曰段干木。段干木曾从魏文侯游，与子夏、李悝、吴起并知名一时。我窃以为，此段干木即段干李，李耳也。盖李从木得音，李、木古音近通[21]。文侯始封段干木于段干，其子宗，即段干宗，又作段干崇。李宗（段干宗）于魏武侯时为魏将。

《史记·魏世家》记魏安厘王四年，"魏将段干子请予秦南阳以和"。《战国策》记："华阳之战，魏不胜秦。明年，使段干崇割地以讲（和）。"《六国年表》记：秦昭王三十四年，白起破魏华阳军。宗、崇形近，相通。"老子之子李宗"即李耳之子段干崇。华阳之战距孔子卒年已二百一十年。

《庄子·寓言》云："阳子居南之沛，老聃西游于秦，邀于郊，至于梁而遇老子。"所言老子曾至于梁（魏）。此"老子"，或即段干木。

十

至此，困扰学术界多年的老子其人之谜可基本解决。根据历代文献作综合分析，我们可以得出结论：

1. 史传中所谓"老子"，本来并非一人，而是一个老氏史官及天官家族的群体之通名。《老子》一书是多时代、多史官、多政治家之集体创作。

2. "老聃"亦非专名。凡高寿又耳大者，秦汉前语言皆可称之为"老聃"、"老耽"或"老儋"。音转后世变为"老呆"，则今语中仍存。

3. 老氏家族传自楚祖老童、重黎，故老学确为楚学也[22]。

老氏先祖可上溯老童、重黎、祝融、老彭。此族中以善摄生而多高寿者，故称"老聃"。其中多有同名而异时代者，如西周之史伯及太史伯阳父，东周之太史伯阳与战国秦献公时之太史聃（伯阳），又有楚之隐者老莱子，又有仕于魏之李氏（段干木）。其谱系之大略如下，即：

老童→重黎→老彭→（西周太史）史伯→太史→伯阳→老聃（孔子问礼者）→老莱子（老氏庶子，隐者）→段干李（木）→（东周太史儋）→李宗（段干宗）→李注→李宫→李假→李解。

极为重要的一点是，先周时代的父子宗法和前宗法社会，曾存在一种父子连名世官世业的父系继承制度[23]。

《老子》一书，乃老氏天官及史官世传之学。其理论渊源甚为古老，其天道哲学当源自天官重黎，其治国政德之理论当源自史官彭祖。

老子人非一人，其学说虽自有家学渊源，但流传而有异变。《老子》一书较简略而原始的传本即近年出土之郭店楚简本。

刘节云汉代传老子经源出于先秦之"丹书"。他认为《老子》这部书，"不论在内容或形式两方面，都是经过一相当时期长育出来"。

今本老子五千言源于先秦的丹书。而丹书乃是杂抄先秦的诗或格言之书，其中有先秦隐者老聃的话，也有别家的丹书。今本就是根据老聃、庄周一派思想，洗练演绎而成[24]。

战国初叶，太史儋出函谷关入秦见秦献公，以老氏宿学为渊源，乃为关吏尹喜作书五千言，"分上下经以闻"，此即传世今本之《道德经》及汉帛书本之《德道经》（马王堆传本）的原型。

2003 年 8 月于塞上草原

注释

①司马迁原著伯夷列于老子传前，唐开元二十三年，张守节撰《史记正义》奉玄宗命将老子升为卷首。明监本《史记·伯夷列传》标题下有小注曰："《索隐》本，《伯夷列传》第一，老子、庄子、韩非同传第三。《正义》本，老子、庄子居列传之首。"《正义》曰："老子、庄子，开元二十三年，奉敕升为列传首，居伯夷上。"

②钱穆谓：孔子师老子、太史聃（儋何）、战国人太公任。其说牵附，不可信。

③《史记·老子韩非列传》："盖老子百有六十余岁，或言二百余岁，以其修道而养寿也。"

④儋耳，即今之海南岛也。

⑤郭沫若《十批判书》："有人说老子根本是虚构人物，又有人主张老子就是老莱子或者太史儋，至今都还争辩未决。"

⑥祝融亦陆终之语转。以上音变关系，近人考索甚详，可参已故丁山、郭沫若之著作。

⑦《史记》太史公书言司马氏之先亦出重黎氏。

⑧《史记·殷本纪》"封比干之墓，表商容之间"，清宋翔凤云"商容"乃"商颂"及乐官之职而非人名，失古义也。

⑨朱芳圃《中国古代神话考》。

⑩《楚辞·天问》："彭铿斟雉，帝何飨？"王逸注谓："彭祖以雉羹进尧，而尧食之也。"则老彭一族尧时已有。

⑪传说中舜父为瞽叟。瞽叟或即瞽史之祖。《吕氏春秋·古乐》："瞽叟乃拌五弦之瑟，作以为十五弦之瑟，命之曰大章，以祭上帝。舜立，命延，乃拌瞽叟之所为瑟，益之八弦，以为二十三弦之瑟。"瞽叟或即古公（同祖），胡公，彭祖。

⑫宋翔凤《过庭录》谓"许由伯阳"为一人，即伯夷。伯阳音转即伯夷。

⑬春秋时"书社"为行政单位名称。《左传》哀公十五年："自济以西……书社五百。"《晏子·杂下》："昔吾先君桓公以书社五百封管仲。"

⑭小典即小正。夏小典,即夏小正。

⑮魏源曰:"《庄子》称老子居沛。沛者,宋地。而宋国有老氏。然则老子其沛人子姓耶?'子'之转为'李',犹'姒'之转为'弋'欤?"'子''李'叠韵,故相通转。"苦县本属陈,春秋时楚灭陈,而苦又属楚,故云'楚苦县'。"《正义》曰:"厉音赖。《晋太康地记》云:'苦县城东有濑乡祠,老子所生地也。'"按苦县故城在今河南省鹿邑县东十五里。则老子之里居,异说多矣。

⑯《孔丛子·抗志》以孔子为子思(老莱子教子思),则老莱子应略晚于孔子。

⑰《庄子》:孔子南之沛,见老聃。此老聃,老莱子也。《水经注》阴沟水条曰:"东南至沛,为涡水。"涡水又东经苦县西南,即春秋之相,王莽更之为赖陵。又东经赖乡城南,又北经老子庙东,又屈东经相县故城南,相县虚荒,今属苦县。老子生于曲涡间。"厉、赖双声,厉乡即赖乡。曲仁里殆即在曲涡间欤?《后汉书·郡国志》曰:"苦,春秋时曰相。"相亦本属陈,后属楚。相县故城在今鹿邑县东十五里。是苦、相、沛三地,相去本不远矣。

⑱太史公记为一百二十九年,《集解》引徐广曰一百一十九年。据《庄子》及《列子·黄帝》,老子弟子杨朱亦尝居魏。《说苑·理政》:"杨朱见梁王,言治天下如运诸掌。"梁之称王,在魏惠文王时。距孔子之死,已有一百一十八年。

⑲人类学称祖孙连名制度。杨希枚先生曾有详考。

⑳《史记·孟子荀卿列传》:"环渊,楚人,皆学黄老道德之术,因发明序其指意……著上下篇。"或即今本《道德经》上下篇也。本文秉《七发》:"若庄周、魏牟、杨朱、墨翟、便蜎、詹何之伦。"

㉑李、林、木古音并通。《史记·集解》:"段干应是魏邑名也。而《魏世家》有段干木、段干子,《田完世家》有段干朋……本盖因邑为姓。《左传》所谓'邑亦如之'是也。"

㉒《国语·郑语》韦昭注:高辛,帝喾。黎,颛顼之后。颛顼生老童,老童产重、黎及吴回,吴回产陆终,陆终生子六,其季曰连,为芈姓,楚之先祖也。

㉓林耀华《原始社会史》:"父子连名制产生于父系氏族社会。通过一代代口耳相传,明确了世系,巩固了父系继承。"

㉔刘节云:"古人写字用铅丹,写上是白的,过久了,起一种化学作用,变作丹色。所以丹书也称幡簿。《淮南子·俶真训》:'洛出丹书,河出绿图。'吕氏作绿图幡簿。"

老学三论

论"有"与"无"

《道德经》第一章乃老子之本体论。老子认为：虚无为万物之本体，虚无与存有同时并存。"天下万物生于有，有生于无"（第40章）老子的这一本体论思想，自河上公及王弼以来从未能得到历代注家的真正理解。

相似的观点，亦见于古希腊的赫拉克利特、印度的《吠陀经》以及早期佛教思想［顺便指出，我在早年（1981）对老子的研究中，曾将老子思想与希腊的赫拉克利特相比照。这一观点后来为很多人所沿袭。但实际上，二者之间还是具有深刻本体论和方法论的不同。赫拉克利特提出了一个"能量流"（Ever Living Fire "活火"）的重要宇宙概念，赫氏思想更具有科学主义的简明化倾向。这都是老子思想所没有的。但赫氏思想却缺乏老子思想中"道"一元论的系统性，而老子哲学的神秘主义色彩则更具有耐人寻味的深隽性］。

黑格尔《逻辑学》、《小逻辑》的第一章均为"有论"（又译"存在论"）。在这一章里，黑格尔极其深刻地分析了关于"有/无"同一性的命题。我读过国内外许多解读黑格尔"有论"的著作，然而发现并没有人真正懂得黑格尔关于"有与无具有同一性"的命题。而这个命题，又正是老子哲学本体论的第一命题。黑格尔说：

> 有即是无这一命题，从表象或理智性的观点看，似乎是太离奇矛

盾了。甚至也许会以为这说法，简直是开玩笑。要承认这话为真理，实难做到。因为有与无就其直接性看，乃是根本对立的……用不着费好大的机智，就可以取笑"有就是无"这一命题。

例如反对这命题的人可以说，如果"有"与"无"无别，那么，我的房子，我的财产，我所呼吸的空气，我所居的城市、太阳、法律、精神、上帝，不管它们存在（有）或非存在（无）都是一样的了。

黑格尔指出：

> 足以表示有无统一的最接近的例子是变易（Das Werden）。人人都有关于一种变易的表象，甚至都可承认变易是一个表象。而若加以分析，则变易这个表象，包含有"有"的规定，同时也包含与有相反的"无"的规定；而且这两种规定在"变易"这一表象里又是不可分离的。所以，变易就是"有"与"无"的统一。

让我们试举一具体实例，来观察一下关于"有无同一性"这一命题是如何被抽象出来的：例如一个鸡蛋变成一只雏鸡。雏鸡对于鸡蛋，是质相完全不同的另一"他物"（贺麟译作"别物"）。但孵化的过程，也就是鸡蛋自身变异（"自我异化"）的过程。在这一过程中，鸡蛋的质相消失于雏鸡中。试以"有"与"无"这一对范畴对这一过程作概念分析（思辨），如果我们设定鸡蛋为最初的存在物（有），则当此枚鸡蛋存在（有）时，那只将生的雏鸡则尚是一种非存在物（即无）。而当雏鸡诞生之时，那枚鸡蛋则已不复存在——即由"有"而转化为"无"。由此可见，这个过程同时是如下两个过程的对逆发生：

> 鸡蛋变雏鸡——雏鸡消解鸡蛋
> 鸡蛋，由有而无——雏鸡由无而有

即：当雏鸡是"无"时，则鸡蛋是"有"；当雏鸡是"有"时，则鸡蛋是"无"。因此，这个变化过程是一有相（鸡蛋）变为一无相（零），同时又是一无相（雏鸡）变为一有相（壹）。又因此，鸡蛋和雏鸡都是有和无的统一体：在鸡蛋（有）中潜伏着一个尚作为"无"的雏鸡，而在雏鸡中潜伏着一个曾作为"有"的鸡蛋。这就是一种对立面的统一体。

从名相的角度分析，"鸡蛋"是一个名称，而"雏鸡"则是另一个对立的名称。所以老子说："名可名，非常（长）名。"而雏鸡又将变为大鸡，大鸡又将死亡而再成为新物，这就是"道可道，非常（长）道"（此语真正的意义是：导生又有新的导生，所以没有永恒单一的导生）。

作为无相而尚未得到命名，这是万物发生伊始（即"无名，天地之始"）。而第一物种之名，设如"鸡蛋"一名正是"雏鸡"以及此后绳绳万物演变之链的一个初始（即"有名，万物之母"）。理解了以上分析，《老子》之第一章以及黑格尔《逻辑学》的第一章，就丝毫也不难理解了。

这个观点可以泛化（具普遍性）。也就是说，同样的思辨可以应用于分析一切变易的过程，例如一个人的死亡（由有而无）以及诞生（由无而有）。

人们常以为，宇宙中的逍逝者是"时间"，因此有一客观之"时间"之流，或矢量。而处在时流之中的万物本身，是不流变的。有所流变只是偶相。殊不知，宇宙中并不存在所谓"时间"，存在的只是一个永恒的万物自身之流变过程。流失的并不是时间，而是万物本体自身（《庄子》中有此寓言，已达到这一思辨）。

正是这种分析可以引导出这样一个结论：在一切存在物中，都潜伏着作为自我否定（即他物）的对立物。黑格尔说：

> 有过渡到无，无过渡到有，是变易的原则。所以"有"中有"无"，"无"中有"有"；但在"无"中能保持其自身的"有"，乃是变易。
>
> 在变易中，与无为一的"有"及与"有"为一的"无"，都只是消逝着的东西。

事实上摆在我们前面的，就是某物成为另一他物，而另一他物一般地又成为另一物。某物既与另一他物有相对关系，则某物本身也是一与另一物对立之另一物。既然过渡达到之物与过渡之物是完全相同的（因为二者皆具有同一或同样的规定，即同是另一他物），因此可以推知,当某物过渡到另一他物时,只是和它自身在一起罢了。而这种在过渡中、在另一物中达到的自我联系,就是真正的无限,而成为自为存在。

黑格尔又指出:

> 在哲学史上,赫拉克利特的体系约相当于这个阶段的逻辑理念。当赫拉克利特说一切皆在流动时,他已经道出了变易是万有的基本规定。反之,埃利亚学派的人,有如前面所说,则认"有"、认坚硬静止的"有"为唯一的真理。针对着埃利亚学派的原则,赫拉克利特于是进一步说:有比起非有来并不更多一些。

通过以上的示例与分析,这些听起来似若天书的神秘语言,应都可以豁然而解。黑格尔这些话不仅包含了对于作为哲学范畴的"有"与"无"相同一的深刻思辨,而且对于理解老子、赫拉克利特的思想非常重要。

然而事实上,过去从来没有一个黑格尔哲学的研究者能够真正理解和准确地解释黑格尔的上述思想。因而他们也就无法真正理解老子关于有与无即存在与非存在的概念分析。从哲学与宗教理性的历史看,有与无的思辨乃是早期哲学及宗教思辨所普遍关注的一个最重大问题。

实际上,存在与非存在即有相与无相的问题,也就是关于生命与死亡的问题,以及关于存在和生存之意义的问题,印度古经《梨俱吠陀》说:

> 无即非有,有亦非有。
> 死即非有,不死亦无。黑夜白昼,二无迹象。

讲的也正是这个道理。

中古佛教名僧龙树在《中论颂》中说:

> 不生亦不灭,不常亦不断,不一亦不异,不来亦不出。
> 一切实非实,亦实亦非实,非实非非实,是名诸佛法。

这些话听起来神秘无比,其实讲的也不过就是上述有、无均非实相的道理。

在中国思想史上，老子及《易经》经传中最早提出这个问题。而在魏晋玄学和隋唐佛学中，关于有、无问题以及空与不空的名相（关于实体及符号与现象）的问题，曾两度形成哲学与宗教思辨大争论的高潮。

我们还有必要指出的一点是，在现代物理学中，关于古典哲学中所抽象讨论的"有无"变迁问题，已经在关于相变与临界现象的研究中发展成为一个极其重要的学科。物理学之所谓"相"，可对应于黑格尔《逻辑学》之所谓"质"，亦即古典哲学家之所谓"有"。

"相"即一定序态的物理"质"，它潜伏于另一质态中。通过可定量分析的临界条件的参量连续变化（"量变"），达到打破平衡态的临界突变（即相变或质变）。

1969年普利高津将非平衡相变中出现的有序和结构发展为"耗散结构"理论，1977年他由于这一理论而获得诺贝尔化学奖。他后来曾对记者说他的理论受益于中国的老子。这是十分耐人寻味的。

论无为

老子哲学中最具争议性的思想是关于"为无为"，以及"无为无不为"的思想。

"无为"，从表面语义理解之，似乎即什么都不做。问题在于，如果什么都不做，又如何能达到"无不为"，即成就一切的目标呢？

如果我们理解到，老子所谓道的哲学之本质乃是"导"，即引导、循导、顺导，那么就不难理解"无为"何以可以达到"无所不为"。无为的本质是顺于"道"即循导，即顺从万物固有之"道"而导化之。其结果是让"万物芸芸"而"自化"。万物都各循其"道"而自我生化，其结果自然是无所不为。因为万物自身之所为，就是"道"之所为，就是运用"道"的"圣人"之所为。

所以，圣人"无为"，而"无不为"！

18世纪西欧哲学家提出"自然秩序"的理念。18世纪末，法国哲学家、经济学家弗·魁奈通过来华传教士的著作了解了东方老子关于"道"、道法自然的哲学思想。他将这一思想与古代希腊罗马的"自然法"思想相结合，而提出经济中的"自然秩序"观念。这一观念对18世纪西欧哲学经济学影响极大。后来斯密在经济学中根据"自然秩序"提出自然与社会中,特别是经济活动中存在所谓"看不见的手"。

实际上,老子的"道",就是"自然秩序"。所谓"无为无不为",就是"看不见的手"。换句话说,让万物依其本性沿着自己的自然之道去运作和发展,而明智的圣人并不干预其发展,只采摘其果实,这就是"无为"。因此,对老子而言,"什么都不做"的"无为"乃是手段,而并非其所主张的人生之目的。其目的恰恰相反,并非无为,而是有为。不是一般的有为,而是一切皆有为,或有为于一切,此即"无不为"。故"无为"者,无所不为也。

《道经》言:

> 是以圣人处无为之事,行不言之教。万物作而不始,生而不有,为而不恃,功成而弗居。夫唯弗居,是以不去。(第 2 章)

此所述说的,正是"无为无不为"的精要之义。

黑格尔《小逻辑》中有一段精彩的话恰可以为老子这种"无为无不为"思想作一注解。他说:

> 理性何等强大,理性即何等狡猾。理性的狡猾总是在于它的间接活动。这种间接活动让对象按照它们本身的性质互相影响,互相作用。它自己并不直接参与这个过程,但是在这一进程中它贯穿而实现了主体的目的[①]。

这才是理性——"道"之无为无不为的真谛。

"道德"诂义[②]

道德一名,乃中国古代思想中一极重要之范畴。而考其初义,则皆与行路有关。

《说文》:"道,所行道也。"《荀子·王霸》:"道,行也。"《尔雅·释诂》:"道,直也。"《小雅·大东》:"周道如砥。"《毛传》:"道,路也。"道路体现规则、秩序。故"道"引申有秩序、周期、法则之义。《易经·系辞》:"一阴一阳之谓道。"阴而又阳,阳而又阴,即周期与现象之秩序也。

综此,道之本义,道路也。引申之,顺路而行则谓"道",或称"得道"、"有道"("有"初义训取,见《经义述闻》。"有道"即"取道"也)。道之古音与今音不同。古音道是喻准旁纽,幽部叠韵。读如揪,音近猷。《尔雅·释宫》:"猷,行道。"《方言》:"猷,道也。东齐曰裕,或曰猷。"何按:裕,今字作峪,如京西有慕田峪,古道也。《小雅·巧言》:"秩秩大猷,圣人莫之。"《郑笺》:"猷,道也。大道,治国之礼法。"后义乃道作为秩序之引申义也。

道,导也。"一阴一阳之谓道",旧诸说皆莫解。《鹖冠子·王铁》以出入死生为日月之道:"天者诚,其日德也。日诚出诚入,南北有极,故莫弗(拂)以为法则。天者信,其月刑也。月信死信生,终则有始,故莫弗(拂)以为政。"是即其解。

再引申之,万物生灭所循之抽象规律亦称"道"。故庄子言:"道,理也。"(《缮性》)又引老子言:"道者,物之所由也。"(并见《庄子·渔父》)

《韩非子·解老》:"道者,万物之所然,万理之所稽也。"《释名》:"道,导也,所以通导万物也。"

德之本字,在甲骨文中从直从行,与今之"循"字形近(容庚说),"示行而视之之意"(闻一多说)。《庄子·大宗师》:"以德为循",尚存古义。

其后此字之形与义变异甚大。其字本义今存于晚出之"巡"字中(《说文》:巡,视行貌)。而其字形在西周金文中则演变为"德",其义亦大变。又,德古音循,音通于行,通于性。

所最可注意者,是德字中增入"心"符,为甲骨文中所不见也。《左传》桓公二年:"在心为德。"疏:"德是行之未发者也。"又《左传》成公十六年:"德谓人之性行。"《周礼·师氏》注:"德行,内外之称。在心为德,施之为行。"在心为德,则谓德指心念也。马王堆帛书《五行篇》:"仁行于内,谓之德之行。不形于内,谓之行。"《管子·形势》:"德义者,行之美者也。"《四时篇》:"德者,贤人所修。"

综此,德之初义本为巡视或正视而行,逮于周代引申、转义为正直善美心性之称。而此种语义变化,又与商周之际文化宗教思想之激变有关。

"道德"二字连称,经典中最早似仅见于战国末叶之《易经·系辞》:"和顺于道德。"老子书旧虽称《道德经》,但据马王堆帛书本,则又称《德道经》。帛书亦无"道德"合称之文。

要之,"道德"二字,就语源看,皆取义于行路。周代方演而为衡量人事行为之价值观念。故顺行称"有道",逆行则称"无道"。正直之行称"德"、"明德"、"正人",而邪曲之行则称"昏德"、"邪人"或"奸邪"。

注释

①《小逻辑》,1840年柏林版第362页。并参阅马克思《资本论》新版第1卷第203页。

②本文原刊于《中国社会科学院研究生院学报》(1984年)。

老子哲学中的活东西与死东西

引 言

老子的《道德经》（或云《德道经》），是古代道家的一部经典著作，也是早期中国哲学史上罕有的一部关于宇宙本体论的思辨著作。

老子全书，不过区区五千言。而千百年来对老子的研究和解释，则不下百千万言。一想到这一点，足以令后起的研究者却步。试想我们对于老子，是否还能讲出任何新东西呢？尽管考虑到这一点，我还是相信，这一工作有必要从头做一下。对于老子哲学，多年来的许多研究者，都把精力集中于争论一个问题：老子是唯物的还是唯心的？实际上，老子就是老子——远古一位在学术上独树一帜而极具创造性的思想家。说他是唯物的，并不能抬高他。说他是唯心的，亦不能贬低他。真正的研究只应当理解他，这就意味着要揭示出老子哲学的基本原理。事实上，只要能找到这个主要原理，笼罩于老子哲学之上的种种神秘烟雾，就可以烟消云散了。

本文试图揭示老子哲学中起决定作用的这个主要原理，亦即它所谓"玄之又玄，众妙之门"的道——看看它的具体内涵究竟是什么。

老子一书源于口授

正如他的神秘哲学一样，老子其人也是一个谜。关于他的生平，历史上有过太多的说法，现在大致能相信的，只有关于他的这样一些事迹。

老子名聃，春秋末期楚地人，曾在东周宫廷中任守藏史（这个职位是世官世职，即世袭），掌管天文及文书档案。晚年周王室衰弱，乃去官，赴秦国。过函谷关时，为关尹子口述作书，即《道德经》。其后不知所终。

现在所见《道德经》的较早文本，是1973年出土于长沙马王堆汉墓中的两种帛书，即帛书甲本与帛书乙本（1993年在湖北省荆门市郭店村，出土一批竹简，包含《道德经》部分文辞）。就内容看，两种帛书本与原通行于世的西汉河上公本，具有一些重要的差别。即：

1. 传世本老子一书有《道经》、《德经》两部分。在通行本中，《道经》居前，《德经》在后。而帛书本则次序相反，因此被称为《德道经》。

2. 通行传世本分全书为81章，帛书本则不分章。

3. 通行传世本中作为语助词的"兮"字，在帛书本中一律写作"呵"。如"渊兮，似万物之宗"，写作"渊呵，始万物之宗"。

4. 帛书中多用假借字。同时同地出土的甲、乙二本，也常有不同写的借字。如，写"谓"作"胃"，写"其"作"亓"，写"冲"作"中"等。又如河上公本六十一章"常以静胜"一句，在帛书甲本写作"恒以靓胜"，而乙本则写作"恒以静朕"。

由上述差别可以做出两点重要推测：

1. 帛书甲、乙本之间以及它们与传世本存在如此显著的差异说明，直到西汉初年，《道德经》一书尚无统一的定本。

2. "呵"与"兮"相比，似更接近于口语。联系帛书甲、乙本中借代字极多，借音字互不同，并且不分节的事实可以想见，《老子》一书实源自口授的记录。

本文对老子哲学的引证，以通行的河上公本为据，同时参用两种帛书本。

《道德经》与《德道经》

道与德，是老子哲学的一对基本范畴。关于"道"的语词含义，前人诠释甚多，此不赘述。值得一提的是黑格尔的见解。他在讲论老子时指出："道在中文就是道路、方向、事物的进程"，因此也就是"一事物内在的逻辑"。参证于老子所说，"道者，万物之奥"（六十二章），可见他对道的这一理解，是正确的。

德，在古字书中有两种含义：

1. "德，得事宜也。"（《释名》）
2. "德，外得于人，内得于己也。"（《说文》）

也就是说，能抓住事物之根本，从而"外得于人，内得于己"，是谓有"德"。

老子说："孔德之容，惟道是从。"（二十一章）这里指明了德对于道的依存关系——道为本体，德为器用。从老子书中对道与德的论述看，老子所谓道，"天之道"也，是指事物发展、变化、运动的总规律，相当于希腊哲学家赫拉克利特所说的"宇宙中永恒的逻各斯"。而老子所谓德，则是人之道，即人世上祸、福、兴、亡、成、败相互替易变化的规律。如果说《道经》是老子的自然哲学和方法论，那么《德经》就是老子的历史哲学和政治论。

由此也就可以理解《老子》一书为什么有《道德经》与《德道经》两套写本了。看来是这样的：要向老子书中寻求帝王治国之术的汉初政治家，所重视的是《德经》，所以马王堆西汉贵族墓中所掘出的两种帛书均以《德经》居上篇；后世的玄学家们，所更重视的却是老子的形而上理论，所以西汉后期的另一种传本（河上公本）便把《道经》置于上篇了。

《汉书·艺文志》说："道家者流，盖出于史官，历记成败存亡祸福古今之道，然后知秉要执本，清虚以自守，卑弱以自持，此君人南面之术也。"所谓"君人南面之术"，即治国之术，政治哲学。又说："及放者为之，则欲绝去礼学，兼弃仁义，曰独任清虚可以为治。"

在这里班固所说的"君人"与"放者"，看来亦即指政治家与玄学家对老子哲学的两种不同态度。

其实，老子既是一位高深的思辨玄学家，又是一位有权术的政治谋略家。因而在两千年的中国历史上，《道德经》一书既是后来很多思辨玄学理论的发源之地，也是许多政治家、军事家乃至阴谋野心家，从中汲取斗争策略术数权谋的秘本珍籍。其原因，盖于此也。

道的二律背反

老子研究中的一个争论不休的问题，即老子的道究竟是物质实体抑或是精神实体的问题。

然而，若要真正理解老子，没有必要陷入这种经院式的循环辩论中，而应当深入分析"道"的真实意义。如果打破老子思想的神秘外壳，统而观之，那么老子的全部哲学可以提纲挈领地概括为三句话，即：

  太初有道。
  其道一为"变"，二为"反"。
  圣人用之：明道，通变，用反。

老子说："道可道，非常道。名可名，非常名。"（一章）这两句话是《道经》的开篇之首，对于老子全书具有提纲挈领的意义。它以思辨的形式，道出了规定与否定、有限与无限的辩证关系。

斯宾诺莎曾经提出一个著名的命题："规定就是否定。"斯氏的这个命题所提示的是这样一个道理：对于具有无限性的实体来说，在质上对它的每一种确定，都必然意味着对其无限性的限制，因而意味着否定。

斯宾诺莎曾经把无限性比做一个圆环。因为当一个线段构成封闭的圆圈时，是既无起点也无终点，因而在质上是无限的（尽管它在量上是有限的）。而其他任何一种开放区间的线段，则无论在量上可以延展多么长，但在质上总是受到起点和终点的规定，因而是有限的（正是在同样的意义上，黑格尔把"绝对理念"也比作圆圈）。

"道可道，非常道。名可名，非常名"这个命题，与斯宾诺莎的"规定即否定"这个命题具有相同的含义。老子认为，道本身无起点亦无终点，"绳绳不可名"（十四章），是不可规定的无限实体。但另一方面，老子又认为，道也不是栖身于宇宙之外的一个超越物，它存在于宇宙中，存在于事物中。

这里老子实际提出了一种蕴涵矛盾结构的命题，即：
一方面：

  道不可道，不可名。（"道可道，非常道。名可名，非常名。"）（一章）
  道无形，无象。（"是谓无状之状，无象之象。"）（十四章）

另一方面：

　　　　道可道，名可名。（"吾不知其名，字之曰'道'，强为之名曰'大'。"）（二十五章）

　　　　"自古及今，其名不去，以阅众甫。"（二十一章）

　　　　道有形，有象。（"其中有物"，"其中有象"，"其中有精"。）（二十一章）

在这里我们看到了康德所谓"二律背反"，也就是逻辑上的所谓"悖论"。

黑格尔曾指出："东方的哲人每每称神为多名的或无量名的……因为有限的名词概念，不能满足理性的需要。"（《小逻辑》第109页）老子之所以视道为不可道，不可名，其原因也在于此。

老子认为，驾驭着万有而又超越于万有之上的道，乃是万物所从生的本根。"夫物芸芸，各归其根。"（十六章）由这一观点中，他引出反感觉论的认识论。他说："天下有始，以为天下母。既得其母，以知其子。"（五十二章）"不出户，知天下；不窥牖，见天道。其出弥远，其知弥少。是以圣人不行而知，不见而名，不为而成。"（四十七章）

宇宙中的万物纷纷纭纭，而"道"却是它们的总体、本根。由于万物形态及现象的多样性，所以任何感官的把握都只能达到片面的局部。只有理性的思辨才能把握万物的总体实体和本体——道，从而做到"不行而知，不为而成"。

老子贬低感性认识的原因，是因为他从宇宙现象和人世经验的流动不居中，意识到感性认识的表面性、片面性、偶然性、主观性。黑格尔指出：

　　　　对那些断言感官对象的实在具有真理性和确定性的人，他们最好是回到那最低级学派的智慧……因为对于那些了解了这种神秘的人，不仅仅达到了对感官事物的存在的怀疑，而且甚至于对它们的存在感到绝望，他们一方面否定了感官事物，一方面也看见感官事物否定其自身。（《哲学史讲演录》第2卷第241页）

老子正是从对感性事物的这种否定中，走向对感性知识的怀疑和否定。他要求越过感性现象而直接深入到对宇宙实体——道的认识。他认为只有通过对这种普遍规律的认识,才可以推导出对各种特殊事物的先验性的认识。所以老子这种反感觉论的认识论,实质乃是中国古代哲学中一种尚处在萌芽形态的理性主义。

"道"的含义

那么,"道"的具体内容又是什么呢?老子认为,道的法则可以归结为两点:

1. 道者,变也。
2. 变者,反也。

他用这样三个字概括道的内容:"……曰逝,曰远,曰反。"(二十五章)

逝者,消逝。远者,遁远。逝与远,都是指事物之发展变化。反者,物极必反也。

为了真正理解老子,这里有必要研究一下老子哲学中的一对重要范畴——有与无。

老子说:"天下万物生于有,有生于无。"(四十章)

> 常无,欲以观其妙;常有,欲以观其徼(于省吾《诸子新证》)。云:"缴者,归也"。此两者,同出而异名。同谓之玄。玄之又玄,众妙之门。(一章)

应该指出,对"有"与"无"这一对范畴的辩证分析,是哲学史上(希腊、印度、中国)一切早期哲学的出发点。黑格尔的《大逻辑》和《小逻辑》亦都从"有论"开始。

在魏晋时代,玄学家也对这一对范畴甚感兴趣。然而,这一对范畴,却被王弼、何晏等一班玄学家解得玄之又玄,以致完全变成了不知所云的离奇神话。实际上,老子命题所蕴含的道理是简单的。

试考察一个事物在历史进程中的形态变化,即可发现这样的规律:某一事物,起初呈现为一种存在形态,而在后来的发展中,逐渐变为完全不同的另一种新存在形态(例如,一粒微小的树的种子,通过不断的发育变化，最终长成一棵高大的树木）。

如果对事物的这种形态变化作抽象分析，就可以指出这乃是一个二重化的过程：一方面是事物原有的旧形态通过变化过程而消失，即由有转化为无（种子），另一方面是先前潜在的事物新形态，逐渐生成出现，即由无显现为有（大树）。

例如，大树先前是无，在种子的变化中转化为有，种子原来是有，在大树的形成中消失于无（参见列宁《哲学笔记》："正在开始的东西还不存在，它只是走向存在。从非存在到存在，非存在同时也就是存在"）。

由这种分析就不难引出如下的结论：

1. 事物新形态是从"无"中发生的。因此，无是本原。（天下万物生于有，有生于无。　四十章）

2. 事物之旧形态是向"无"转化的，因此，无是归宿。（夫物芸芸，各归其根，归根曰静。　十六章）

这就是老子哲学最基本的原理。实际上，老子关于道的其他一切命题，都或者是导向这个原理的前提，或者是由这个原理中引申出的结论。

老子认为，事物之由不存在（无）走向存在（有），然后，积小而成大，积弱而变强，以至于全盛，最终达到顶点，再一变而为走向反面，终至灭亡而消失。如是生生不已，这就是宇宙中一切事物生生灭灭、存在发展所普遍遵循的永恒之"道"。

在老子书中，以大量的事例，对道的这一原理做了具体生动的说明。他说："物壮则老。"（三十章）"强梁者不得其死。"（四十二章）"天之道，其犹张弓与，高者抑之，下者举之。有余者损之，不足者补之。"（七十七章）"人之生也柔弱，其死也坚强。草木之生也柔脆，其死也枯槁。故坚强者死之徒，柔弱者生之徒。"（七十六章）"有无相生，难易相成，长短相形，高下相倾，音声相和，前后相随。"（二章）"曲则全，枉则直，洼则盈，敝则新，少则得，多则惑。"（二十三章）

老子的治国之术

正是由这一原理出发，老子引出了他的治国平天下之术，也就是他的政治哲学、历史哲学、军事哲学和伦理学。对于老子的这一部分思想，可以归结为六个字，即以反求正之术。用老子自己的话说即"玄德深矣，远矣，与物反矣，然后乃至大顺"（六十五章）。

实际上，老子的逻辑是极其简单的。既然一切事物总是要向相反的方向发展，大者将变为小，强者将变为弱，贵者将变为贱，那么为了使大者常大，强者常强，贵者常贵，就应该反其道而求之：处大而若处小，处强而若处弱，处贵而若处贱，即自觉地、主动地使自己经常处在小、弱、贱的地位上。这样按"道"的规律发展，结果则恰将是相反，即转化为大、强、贵。

故我们可以把老子的这种策略思想概括如下：

以反求正之术

以退为进　以辱为荣　以少为多　以败为胜　以缺为成　以损为益
以愚为智　以冲为盈　以柔为刚　以弱为强　以屈为伸　以掩为张
以后为先　以拙为巧　以废为兴　以下为上　以讷为辩　以予为夺
无为则无不为

唐代以后，有人认为老子书是兵书。老子书中确实包含军事哲学的内容。但这种军事韬略，并不是老子哲学的主干，而只是老子"以反求正"策略思想的副产品。

作为用兵之道，老子主张以不战制战，以退制进，甚至以败制胜。他说："以道佐人主者，不以兵强天下……善者果而已，不敢以取强。"（三十章）"兵者不祥之器……不得已而用之……胜而不美……言以丧礼处之。"（三十一章）"用兵有言：吾不敢为主，而为客，不敢进寸，而退尺。"（六十九章）

但如果根据这些观点，以为老子是反对一切战争的和平主义者，是非攻非胜的失败主义者，那就大错特错了。老子并不反对战争，而是以非战作为作战的战略方法。老子也并非反对胜利，所谓"胜而不美"者，乃是以胜为不胜，从而不断求胜以达常胜之术也。

这种以反求正的策略思想推广于政治斗争，则可以产生一套设阱陷敌、阴谋制人的权谋术数。故老子说："将欲歙之，必固张之；将欲弱之，必固强之；将欲废之，必固举之；将欲夺之，必固与之。是谓微明。"（三十六章）又说："古之善为道者，非以明民，将以愚之。"（六十五章）"绝圣弃智，民利百倍；绝仁弃义，民复孝慈。"（十九章）"是以圣人处上而民不重，处前而民不害。是以天下乐推而不厌。以其不争，故天下莫能与之争。"（六十六章）

这种权谋术略，构成老子政治哲学中阴险的一面，亦成为后世许多政治、阴谋家掌权制敌的法宝。所谓"君王南面之术"者，实即指此。

老子的伦理哲学

还是从"以反求正"的原理出发，老子提出了他的伦理哲学——一种独特的人生价值观点。

第一，老子依据相反者相成的原理，认为人类行为的善与恶、美与丑的观念都不是绝对的，而是相反相成、互为依托的。没有绝对的美，亦没有绝对的善。美和善，是与丑和恶的观念相对比较而存在的。他说："天下皆知美之为美，斯恶已。皆知善之为善，斯不善已。"（二章）又说："唯之与阿，相去几何？善之与恶，相去何若？"（二十章）

第二，由这种善恶相反相成的价值观出发，老子抨击西周晚期儒家的礼义观念，他说："大道废，有仁义；智慧出，有大伪。六亲不和，有孝慈；国家昏乱，有忠臣。"（十八章）"夫礼者忠信之薄，而乱之首。前识者，道之华，而愚之始。"（三十八章）

第三，既然美和善总是相伴着丑和恶，智慧总是相伴着诈伪，礼义总是相伴着堕落，总而言之，既然人类在文明形态上的每一种进步，都总是伴随着道德与淳朴人性的堕落，那么，对人性最根本的改革，就是彻底地放弃对美、善、智慧、礼义道德和社会物质文明的追求，而回归于原始淳朴无知无欲的人性中去。所以老子主张："小国寡民。使有什伯之器而不用，使民重死而不远徙。虽有舟舆，无所乘之。虽有甲兵，无所陈之。使民复结绳而用之。甘其食，美其服，安其居，乐其俗。邻国相望，鸡犬之声相闻，民至老死，不相往来。"（八十章）

后一段话，体现了老子的最高社会理想。这种理想，与儒家的大同理想（《礼记》）是非常不同的。基本上，老子是反对物质文明，反对科技与工艺，甚至反对理性和知识的。他说："为学日益，为道日损。损之又损，以至于无为，无为而无不为。"（四十八章）"圣人处无为之事，行不言之教。万物作而不为始，生而不有，为而不恃，功成而弗居。"（二章）"为无为，事无事，味无味。大小，多少。报怨以德。"（六十三章）"为者败之，执者失之，是以圣人无为故无败，无执故无失。"（六十四章）"是以圣人之治，虚其心，实其腹，弱其志，强其骨。常使民无知无欲，使夫智者不敢为也，为无为，则无不治。"（三章）

应该指出，老子这种社会理想，表面看是一种反人性、反文明、反理性、反道德的荒谬思想。但另一方面，这正是哲学史上对于人类异化所发出的第一次抗议呼声。

根据这种无为而治的人生哲学，老子阐述了他所理想的圣人模式。这种圣人"自知不自见，自爱不自贵"，"不敢为天下先"，"知其白，守其辱"，"专气致柔"——无知无欲无为，如同初生的"婴儿"。

如果把老子的伦理学观点与先秦儒家的伦理学观点作一对比，就会发现这两种价值观念在许多方面是相反的。

儒家主张用世，老子主张避世。儒家主张进取，老子主张无为。儒家主张"爱人"，行仁政，老子主张"绝仁弃义"。儒家重人事，老子尊天道。儒家主张"去私"，老子则主张"成其私"。儒家崇奉西周礼治，主张克己复礼，实际上是以颂古的形式非今，抨击时政，主张改革政治。而老子根本摒弃礼治，认为"礼"是"忠信之薄而乱之首"，主张使社会彻底退返到氏族时代去。

孟子曾这样描述他所理想的政治家形象："居天下之广居，立天下之正位，行天下之大道，得志与民由之，不得志独行其道。富贵不能淫，贫贱不能移，威武不能屈，此之谓大丈夫。"（《孟子·滕文公下》）

而老子所理想的圣人形象却是："微妙玄通，深不可识……豫焉，若冬涉川；犹兮，若畏四邻；俨兮，其若客；涣兮，若冰之将释。敦兮其若朴，旷兮其若谷，混兮其若浊。"（十五章）无棱无角，无欲无争。随器赋形，与物同化。无不变之则，无必循之径。但求遗世独立，何问世之清浊？

老子这种拒绝承担伦理责任的人生哲学有其消极的一面。这种消极方面后来在庄子、列子一派的战国后期道家伦理学中得到更为极致的发挥。这种消极的道家伦理在认识论上发展到彻底的怀疑主义、相对主义，在价值论上则是彻底否定生存的责任和意义。不是使人敢于面对历史、面对社会的挑战，勇敢地承担自己的责任和使命；而是使人缩入个体生存的蜗壳，以个人的生存得失作为人生的最高价值。因此后期道家实际是一种十分自私的存在主义哲学。黑格尔曾批判中世纪基督教的"圣徒"观念说："假如这样的一批人要组成一个国家的话，那么他们的羔羊式的善良，他们那种只知关切自己个人、自己爱护自己、自己永远看到和意识到自己的优点的虚荣心就必须扫除干净。因为那在公众中的生活和为了公众的生活并不需要那种软弱和怯懦的善良，而正需要一种强毅的善良——不要求只关心自己和自己的功罪，而要求关心公众和怎样为公众服务。"

这一批评完全可以用在后期道家身上。人类降生于地球上，是担当着责任和使命的。人应该面对历史，改造世界，力求有所作为，而不是逃避、无为。人应该有勇气坚持自己认为是善的原则，为一种理想做斗争，不论这种斗争使人遇到什么样的痛苦。两千年来，道家哲学中这种逃避人生责任的"无为"哲学，对我们民族的精神、性格和历史发展都造成了有害的影响。不少政治家，由于受这种人生哲学的影响，在所谓"功成身退"、"急流勇退"的借口下，为了全身保家而逃避自己的历史责任。请看一些人生谚语，如：

> 危邦不入，乱邦不居。天下有道则见，无道则隐。
> 勇于敢则杀，勇于不敢则活。
> 刚易折，白易污，巧易拙。
> 事事求全无可乐，人非看破不能闲。
> 红尘白浪两茫茫，忍辱求和是妙方。
> 聪明难，糊涂更难。由聪明而糊涂最难。

诸如此类，所反映的其实正是这种无为与逃世的人生态度。

老子这种无为哲学的消极面，后来与儒家哲学中那种重等级、明尊卑、贵古贱新的哲学相结合，遂成为维系两千年停滞的中国封建制度的两大精神枷锁。如果说，在儒家的人生哲学中，尚包含着积极进取、尊民轻君、正视人生、正视人的社会责任等人道主义成分（事实上，封建时代一切在历史上有所作为的仁人志士，正是接受了这种积极用世思想的陶冶的），那么，作为一种伦理学和人生哲学的老子思想，却是不足取的东西。

结语：时代的产物

黑格尔指出："每个人都是时代的产物，哲学也是这样。哲学是被把握在思想中的它的时代。"老子的哲学，也是他那个时代的产物。春秋时代，乃是古代中国史上一个天旋地转的大时代。在整个中国的土地上，从南到北、从东到西，社会的经济、政治、道德伦理和意识形态，都正在进入一个旧结构解体和新因素重新组合的过程。诸侯起来了，天子失势了。卿大夫起来了，诸侯又没落了。短短二百四十年间，大小战争二百九十七次，弑君三十六，亡国五十一。无数世家公侯，或陵夷废灭，或降在皂隶。而昔日的贱臣庶人，却纷纷登上政治权力的角逐舞台。一切传统的典章制度，都在动摇着、颠倒着、扫荡着。变革的观念深深浸润人心。当时有一位历史学家总结这种历史进程说："社稷无常奉，君臣无常位，自古已然。故诗曰：高岸为谷，深谷为陵。"（《左传》昭公三十二年）

老子的哲学思想，是这个历史时代中的一位贵族知识分子，对于当时正在发生的历史进程所作的哲学概括。也是他对于时代向他的阶级所提出的严峻挑战，所给予的理论回答。如果说，老子以物之必变、必反来概括时代的运动，乃是深刻的，那么，他以为可以以反求正，以无为达有为，以不变之术来抗拒宇宙历史必变之流，则是貌似机智而实则愚蠢的。

作为一个哲学思想体系，老子的思想具有深刻的内在缺陷。老子的逻辑方法是有严重缺陷的。

第一，从老子书中可以看出，他的哲学命题都是作为一种先验的公理，以直言判断的形式独断地给出的。

例如他说："道可道，非常道。"为什么如此？这个命题是如何推知的？老子全然没有说明，在他看来，这个命题乃是公理，是不证自明的。然而，像这种直接给出而未经逻辑论证的思想，只能是真假值尚有待验明的命题，而根本不是逻辑必然的真理。

由于老子哲学缺乏一个严密的逻辑系统，就使老子的许多命题虽然貌似有理，实际却经不起严密的推敲。

例如，老子的全部哲学都是从"反可求正"这一原理出发，认为弱小必能战胜强大，柔弱必能战胜刚强。

但实际上，这个命题却只有在作为或然判断时才有真实性。若作为必然判断，就是很荒谬的。因为虽然世界上凡强大者都曾经过弱小阶段，但却绝非凡弱小者必能发展为强大。

另一方面，何谓"柔弱"、何谓"刚强"，这些概念在老子哲学中都没有严格的定义。诚然新生事物发轫之初常是柔弱的，然而垂死事物在走向灭亡时也是渐趋衰弱的。逻辑的这种不严密，使老子不得不在论述中借助大量的表象和实例，并使他不得不以无内在结构的散文诗的形式表述思想。

因此老子哲学的缺点，并非如有人所说具有过于深奥的思辨性，而恰恰是整体上的缺乏思辨性。那种散文诗的外在形式，也绝非老子哲学的优点，而恰恰暴露了它在逻辑方面的致命弱点。

第二，从内容看，老子哲学所反映的，乃是辩证法的否定一面。马克思曾指出：

> ……辩证法对现存事物的肯定理解中同时包含对现存事物的否定理解，即对现存事物的必然灭亡的理解；辩证法对每一种既成的形式都是从不断的运动中，因而也是从它的暂时性方面去理解。

在这里马克思所指出的，即是历史辩证法的否定特征。

生活于春秋那样一个变动的时代，老子对于历史辩证法的这种否定运动是有着深刻认识的。这一点在他的哲学中可以看得十分明显。

然而老子没有认识到，在历史的辩证否定中，同时发生着社会形态的更新即肯定运动。新的、更高级的社会文明正孕育在旧文明的破坏中。

黑格尔在论述辩证法的这种肯定运动时深刻地说过：

> 为了争取科学的发展……唯一的事就是要认识以下的逻辑命题，即否定的东西也同样是肯定的……它是一个新的概念，但比先行的概

念更高级、更丰富，因为它由于成了先行概念的否定或对立物而变得更丰富了。

然而这一点却恰恰是老子认识不到的。他所看到的只是旧事物、旧制度的崩溃灭亡，却看不到新的社会组织、新生活的强大萌芽。这也正是老子对人生、对历史采取那种极为悲观、消极、无为观点的原因。

悲剧时代产生悲剧的人物，而悲剧的民族总是产生悲剧的时代。一个被动地寻求自我变革的时代是悲剧性的。春秋正是这样一个时代，而老子则又是这个时代的一位悲剧人物。他的哲学充满矛盾。总的来看，在理论上，老子是一个失败者。他的本体论原理是抽象和贫乏的。他的方法论是有缺陷的。而他的社会历史哲学和伦理学，则是反自然和反历史创进之流的。但在思想史的影响上，老子是一个成功者。他的政治哲学及用权之术为历史上许多帝王将相所宗法。他的玄学思辨原理不但影响了中国两千年的自然哲学，而且后来发展成为一种宗教（道教）。他的伦理学至今还可以在现代中国人的某些处世方式中看到痕迹。在几千年的历史中，老子始终被看作是最深奥、最丰富的古代思想家之一。然而，这却正是中国文化史的悲剧。因为只应该是哲学思辨之起点的地方，却被后人看作了终点。老子哲学被看作古代思辨哲学的最高产物，成为后代无数思想家不断追溯的理论源泉。甚至直到现代中国哲学中，我们仍可以看到被不断重复的某些老子哲学命题。

黑格尔曾批评老子以"无"为本体的原理说："在纯粹抽象的本质中，除了只在一个肯定的形式下表示那同一否定外，即毫无表示。假若哲学不能赶超出上面那样的表现，哲学仍是停在初级的阶段。"这一批评是深刻的！

写于1980年夏

此文乃笔者20年前之旧作。原发表于《学习与探索》（1981年第3期），曾收入《何新集》。兹略加修订，附录于此。

卷二

《老子》详解

一 章

道可道,非常道①。名可名,非常名②。无名,天地之始;有名,万物之母③。(故)常无,欲以观其妙④;常有,欲以观其徼⑤。此两者,同出而异名,同谓之玄⑥!玄之又玄,众妙之门⑦。

译文:

凡是可以言说的道理,都不是永恒的道理。凡是可以被命名的名称,都不是永恒的名称。无任何名称,是天地的元始;有最初的命名,是产育万物的母神。(所以)从永恒的虚无,可以观察道的消隐;从永恒的存有,可以观察道的存续。"有"与"无"两者,出自同一根源而名称不同。它们如此玄奥!玄奥啊玄奥,这正是一切神妙的大门。

解说:

通行本《道德经》分上下篇,一到三十七章为上篇,又称为"道经";三十八到八十一章为下篇,称为"德经"。帛书本德经在前,道经在后。

老子所言"道",以及后来道家、道教所言之"道",初义皆非抽象之辞,乃指天道也。即宇宙之道,统率万物之道。道乃是秩序与周期。《古文尚书》:"满招损,谦受益,时(是)乃天道。""天道福善而祸淫。"《易·传》:"天道亏盈而益谦。"《春秋传》:"天道多在西北。"《后汉书·桓谭传》:盖"天道性命,圣人所难言也。自子贡以下,不得而闻。"《左传》昭公十八年:"天道远,人道迩,灶焉知天道?"《老子》:"天道无亲,常与善人。"《国语》:"天道赏善而罚淫。"

名分问题,似为孔子所提出。《论语·子路》:"子路曰:'卫君待子而为政,子将奚先?'子曰:'必也正名乎。'"名,有二义:(1)名号及名分;(2)即概念,名即记号。《论语疏证》引惠子:"大道无形,称器有名。名也者,正形者也。形正由名,则名不可差。"章太炎说:"名家本出孔子正名一语,其后途径各别,遂至南辕北辙。"

老子此论,似为春秋之季正名与名辨思潮的总结。

"眇（妙）"是存在之失灭，即存在的质变、间断和有限性。而"徼"（继）是更生，即新质的再生、连续和无限性。宇宙存有同时是这种有限与无限的统一体。有无，即空间与时间。空间乃是宇宙乃至万物存在的本体。万有存在的绝对抽象，就是空间。时间隐秘于空间之中。空间的本体变异（不是单纯位移）是一个矢向的流程，在抽象意义上即呈现为时间。因此时间统一于空间，空间亦统一于时间，空间是感知的抽象直观形式。时间及时空连续体则是逻辑知性的产物。

一切存在均存在并显现于空间中的形态。空间呈现万有。而一切存在，消磨与消逝于时间之流中（并非有一个时间之流，流逝的是存在本身，只有一个流逝的存在本身，流逝即失灭于无）。康德认为，时空是人类感性的抽象直观形式，这是错的。只有空间是感性的先验形式，而时间则已属于智性。

人类对于有无问题最直观、最直觉的感知，就是关于生与死的问题。所谓"死生亦大矣"。一死一生，乃知有无皆为虚幻。

熊十力《新唯识论》云："故一切物，但有假名，都非实有（不独现前桌子、椅子，乃至日星、大地，都是假名，而无实物。即原子、电子等等，也都不是实在的东西，也只是假名——原注，下同）……大用流行，虽复生灭宛然，而实泊尔空寂……如其执有物界，又从何澈悟一真耶。故知遗相而实相斯存（遗相，谓不计执有实物界或宇宙万象也。实相谓本体），观变而不变可悟（变，用也。不变，德也。诚知用非实有，则无执物之迷，故乃于用而见本体之恒德矣）……夫宇宙万有，本自空无（万有，唯依大用流行之迹象而假设，本无所谓万有故）。哲学家于此，犹多不悟，矧乃欲其了知大用无实，是事诚难（无实二字吃紧。大用流行，刹那刹那，都不暂住。本无形相可求，故非实有。非实有故，即等若空无，故云非不空也。此中理趣深微，读者宜虚怀沉玩）。不了用之无实，即不了神变无方……所以本论从大用之非不空的方面来说，却是即用而见体。因此，在科学上所施设的宇宙万物或外在世界，在玄学上不得不遮拨。同时，玄学也要超过知识而趣归证会。"

注释：

① 《说文》，"道，所行道也"，"一达谓之道"。此句中道字多见，义

各不同。第一个"道",名词,天道,道理。第二个"道",动词,言说。道、兑音通。兑,曰也,说也。第三个"道",名词(义同第一字)。

在汉语中,道有四义:(1)天道,(2)道理,(3)道路,(4)言道(道说)。道之语源,一为动词,引导;二为名词,道路。

"常"字,帛书《老子》甲乙本均作"恒"。恒、常义通。虞翻《易注》:"恒,常也。"常有二义:(1)通尚,上也;(2)通长,不变曰常、经常、恒常、永恒。《左传》昭公二十三年:"社稷无常奉,君臣无常位,自古以然。"服注:"常,久长也。"此二句中"常",亦释作久常。

"非常道"者,"夫物之一存一亡,乍死乍生,初盛而后衰者,不可谓常"(《韩非子·解老》)。

②第一个"名",名词,名称、记号的意思。第二个"名",动词,命名的意思。第三个"名",同第一个"名"。《管子·心术》:"物固有形,形固有名……名者,圣人之所以纪万物也。"《太平广记》卷一七三引东方朔:"夫大为马,小为驹;长为鸡,小为雏;大为牛,小为犊;人生为儿,长为老。岂有定名哉?"名称,即概念。

③万物,诸本均作"天地"。帛书《老子》甲乙本则作"万物"。马叙伦说:"《史记·日者列传》引作'无名者,万物之始也。'王弼注曰:'凡有皆始于无,故未形无名之时,则为万物之始;及其有形有名之时,则长之育之,亭之毒之,为其母也。'"前汉古本及司马迁所见本当作"万物"。母者,孕妇、产妇也。上古汉语,少妇曰女(乳、好),有子曰母。始,即胎,人之初形曰胎。物未成形曰胎,即胚胎。《诗经》"采采苤苢",苤苢亦即胚胎,初芽也。

《文子·道原》:"有名产于无名,无名者,有名之母也。"

无名:未被命名,指无物存在。始,胎也。胚胎,即元始。

有名:有物存在,因而得到命名。名,概念,意念,理念,是万物之母。老子是唯理论者。

此二句意谓:天地初造,万物未成其形,亦无命名;已成形,则始而有名。

④罗振玉说,敦煌三本均无"故"字,景龙本、《永乐大典》王弼本亦无"故"字。王本、傅本、范本均有"故"字,帛书《老子》乙本

(甲本缺）亦有"故"字。

这两句有两种读法：一为"常无欲"、"常有欲"为读，一为"常无"、"常有"为读。古人如王弼、河上公等多以"常无欲"、"常有欲"为读。此乃以庄学解老学，不可据也。自宋以下，司马光、王安石、苏辙，以"常无"、"常有"为读者渐多，如叶梦得、白玉蟾、赵秉文、俞樾、易顺鼎、马叙伦、高亨、朱谦之等。

何按：《老子》之第1章乃老子之"道"本体论。所论皆指道而非指德。故当以"常无"（道动而万物无），"常有"（道动而万物有）为读。"常无欲"、"常有欲"，则言人欲而关乎性德，非言天道也。

常无：永恒存现的虚无。妙，渺也。消失曰渺。

⑤常有：永恒存现的实有。王弼注："徼，归终也。"徼，王弼读此字为极、为究。何按：当读为继，后继也（徼之古音，与继近）。继，接，交接，交替。异本又作皦，读为皎、交，亦有交替相接之意。

⑥玄：深幽曰玄，又，玄即系之本字，系，系连、系统也。玄、幻同源字。幻，幻变也。范应元说："玄者，深远而不可分别之义。"同出：同一根源。异名：不同名称。

⑦妙，音转可读为"秘"，亦读为"美"。众妙之门，即众秘之门及众美之门，赞叹及赞美也。

二　章

天下皆知美之为美，斯恶已；皆知善之为善，斯不善已①。（故）有无相生②，难易相成，长短相形，高下相倾③，音声相和，前后相随④。（恒也。）是以圣人处无为之事，行不言之教⑤。万物作而不始⑥，（生而不有，为而不恃⑦，）功成而弗居⑧。夫唯弗居，是以不去⑨。

译文：

天下人都知道美何以美，也就知道了什么是丑；都知道善何以善，也就知道了什么是恶。（所以）有与无相并而生，难与易互相成就，长与短互相对比，高与低互相映衬，音节与旋律互相配和，前与后互相追随。

（这是永恒之理。）所以圣者做无形迹之事，传言无声的教诲。让万物自行发生而并不创始，（任其生长而并不培育，任其自为而绝不把持，）大功告成而并不占据。正是由于不占有，所以不会丧失。

解说：

此章取"规定即否定"（斯宾诺莎语）之义。设立美，则在其界限之外同时设定了非美。非美即丑恶，善也如此。

注释：

①知，即理智设定之规定也。

斯，此也。帛书已作矣，已、矣古通。

②河上公本、傅本、景龙本、范本等多如王本有"故"字。朱谦之说："敦煌本、遂州碑本、顾欢本无'故'字。"帛书《老子》甲乙本亦无"故"字。

③何按：成读如衬，映衬，对比也。形，王弼本作"较"。倾，诸本均如王本作"倾"，唯帛书《老子》甲乙本作"盈"。高亨说："倾，帛书甲乙本作'盈'，二字古通用。"帛书《老子》甲本注云："盈，通行本作'倾'，盖避汉惠帝刘盈讳改。盈，假为'呈'或'逞'。呈现。"成、形、倾（盈、逞），皆为比较、映衬、对比之义。

④音声相和，音、声古人有区别，音者，言也；声者，颂也。《礼记·乐记》："凡音者，生人心者也，情动于中，故形于声，声成文谓之音。"简单的发音叫音，音的组合而有节奏叫声。声者，绳也，绳绳不绝曰声。

随，追也，缀也。在"前后相随"之后，帛书《老子》甲乙本均有"恒也"二字。

⑤圣人，《老子》中凡三十二见，皆视为圣明至高之人（只有一处言"绝圣弃知"，有所贬责）。《说文》曰"圣，通也"，是圣字之义。《诗经·凯风》曰"圣善"，圣与善并举。又《诗经·小宛》曰"人之齐圣"，圣齐并举。《周礼·大司徒》"六德知、仁、圣、义、中、和"，圣与知仁义中和并举。《逸周书》"温柔圣善曰懿"，圣与温柔善并举。《大戴礼记》："圣，知之华也；知，仁之实也；仁，信之器也；信，义之重也；义，利

之本也。"圣与知信义仁并举。《庄子·在宥》曰:"说仁邪,是乱于德也;说义邪,是悖于理也;说礼邪,是相于技也;说乐邪,是相于淫也;说圣邪,是相于艺也;说知邪,是相于疵也。"圣与仁义礼乐知并举。《吕氏春秋·当务》:"妄意关内中藏,圣也;入先,勇也;出后,义也;知时,智也;分均,仁也。"圣与勇义智仁并举。均视为美德。

圣人亦读为上人,乃是道义的承担者,是老子心目中的理想之王者。善听曰圣,圣人有明察之德。处,执也。今语处理即执理。处无为之事,即行事不露痕迹。行,执行。不言之教,没有语言的教诲。

⑥"万物作":作,长也,生长。"不始",河上公本、景龙本、王弼本作"不辞"。辞,言辞。"万物作而不辞":万物默默地发生。傅本、遂州本、范本等则作"不为始"。帛书《老子》乙本作"弗始"(甲本缺)。

⑦罗振玉说:"敦煌本无此句。"遂州本、帛书《老子》亦无此句。

生而不有:有,读为"育",抚育,培育。让事物自行发展而不作人为的抚育,如拔苗助长之类。

为,作也。"为无为,则无不治。"(三章)为即"为无为"之为,亦即"处无为之事,行不言之教"。

恃,读如持,持据,把持。

⑧功,工也,工作。居,刈也。收割曰刈。收刈有占有之义,故亦曰"居"。居,据有也。

⑨去,丧失。

三 章

不尚贤,使民不争①;不贵难得之货,使民不为盗②;不见可欲,使民心不乱③。是以圣人之治:虚其心,实其腹,弱其志,强其骨④。常使民无知无欲,使夫智者不敢为也⑤。(为无为,)则无不治⑥。

译文:

不崇尚奸诈,使老百姓不竞争;不贵重难得的宝货,使老百姓不做盗贼;不激发人的欲望,使人心不被扰乱。所以圣者的统治之道是:空虚人们的心灵，充实人们的肚子，削弱他们的意志，强健他们的筋骨。永远使百姓无知识无欲望，即使聪明人也不敢有所作为。（有想为者不敢作为，）则天下不会不平治。

解说：

尚贤与不尚贤，是战国之际贵族阶层没落，平民阶层兴起，在用人主张上的一大争论焦点。孔子主张尚贤即贤人政治，择贤而用。老子之政治思想则反映世袭贵族思想，故其反对尚贤。

千古政治中愚民政策，以此为始。但其所愚者，乃平民而非统治天下之贵族精英（圣人、君子）也。美国平民教育制度，今亦如之。其一般民众之普及教育，采取虚智、实腹、弱志、强骨的政策。而另辟设精英教育之一途，选取英才而育以治国。

注释：

①何按：贤，古音通黠、奸，通诈。即狡黠，奸诈。争，斗也，夺也。不尚贤，敦煌本作"不上宝"，贤，宝，富也。古以富为能，故贤引申有能义。

贤者，能也。《墨子·尚贤上》："贤良之士，厚乎德行，辨乎言谈，博乎道术。"

②贵，《国语·晋语七》："贵货而易土。"韦昭注："贵，重也。"

难得之货，即宝货也。货者，商品。强取曰盗。

③傅本、范本、王本作"使民心不乱"。想尔本、河上公本、景龙本作"使心不乱"，无"民"字。帛书《老子》甲乙本作"使民不乱"，无"心"字。欲，愿也。欲，求也。见，现也。

④治，即政治。其，指民众。

⑤王本作"智"，河上公本、傅本、景龙本、范本均作"知"，帛书《老子》乙本亦作"知"（甲本缺）。智、知、智者，古通用。

⑥为无为，无读为不。治，治平、平治、太平也。

景龙本、帛书《老子》乙本无"为无为"三字（甲本缺）。罗振玉云："景龙、敦煌二本无此句。"

四　章

道冲，而用之久不盈①。渊兮，似万物之宗②。湛兮，似或存③。（挫其锐，解其纷，和其光，同其尘④。）吾不知谁之子，象帝之先⑤。

译文：

道看起来很是空洞，但用起来永不穷尽。深远啊，好似万物之总根。神奇啊，似不存在而存在。（挫磨锐气，拆解而分离，收藏光芒，混同于尘土。）我不知道"道"是谁的儿子，但它似乎诞生于天帝之先。

注释：

①"道冲"有三解。（1）冲，穷也。道，似穷。（2）冲读为盅。盅，空也。道似盅（空）。（3）冲，动也。《说文》："冲，涌摇也，读若动。"王弼本作冲，河上公本作盅。《说文》引此句作："道盅而用之（道动而用之）。"

盈，反义为训，读为赢也，匮乏也。

道冲，傅本作"道盅"。俞樾说："《说文·皿部》：'盅，器虚也。老子曰：道盅而用之。''盅'训'虚'，与'盈'正相对。作'冲'者假字也。"盅、冲、钟，均与洞音通，空也。"大盈若冲"（45章），亦空也。空、穷亦通义。

久，河上公本、王本作"或"。傅本、范本作"又"。俞樾说："唐景龙碑作'久不盈'，久而不盈，所以为盅，殊胜今本。河上公注曰：'或，常也。'训'或'为'常'，古无此义，疑河上公本正作'久'也。"

王注："冲而用之，又复不盈，其为无穷亦已极矣。"

何按：俞、王说皆未得其真义。

②何按：渊，源也，即远也，源源不断。旧说为深，《广雅·释诂》："渊，深也。"非确。

宗，总也。本根。《庄子·齐物论》："注焉而不满，酌焉而不竭。"

③湛，读为甚，与神音通。又与深通。湛，久也。久而长存。《说

文》:"湛,没也。"《小尔雅》:"没,无也。"

④这段话亦见于五十六章。马叙伦、高亨等认为是衍文。四个"其"字指代何物,似不明确。若谓道,然道是虚无之体,无锐可挫,无纷可解,无光可和,无尘可同,显然不是指道。

⑤谁之子,谁的儿子。象,旧释为似。象古音豫,可借为"于"。于帝之先,即在天帝之先。先,祖也。

高亨说:"象帝之先,犹言似天帝之祖也。古者祖先亦称曰'先'。《礼记·曲礼》:'士祭其先。'《中庸》:'宗庙之礼,所以祀乎其先也。'《孝经》:'修身慎行,恐辱先也。'皆其证。"说可从。

五　章

天地不仁①,以万物为刍狗②。圣人不仁,以百姓为刍狗。天地之间,其犹橐龠乎③:虚而不屈,动而愈出④。多言数穷⑤,不如守中⑥。

译文:

天地不仁慈,它对待万物如同对待稻草狗。圣人不仁慈,它对待百姓如同对待稻草狗。天地之间,难道不正像皮风箱吗:空虚但并不匮乏,有风涌涌而冒出。多讲话会窘困,不如将一切深藏于心中。

解说:

尼采《权力意志》第760节:"我们要像大自然那样,无所顾忌地去处置大众。"(商务印书馆版第114页)

休谟说:"我们不能从宇宙推证出一个存在物,他具有人那样的道德性质。自然的目的和意向是要保存在繁殖种族,而不在于使他们快乐。在宇宙中悲苦超过了快乐,痛苦的事实证明上帝不仁,又非全能。自然和道德中恶的存在,使我们排除善的全能上帝存在的可能。"休谟上述思想与老子相近。

注释:

①仁,古音偶,即爱也。阮元谓"仁"即相人偶,即二人相偶相依

偎。以音求之，仁、任、妊音义通，即妊之本字，怀孕有身也。引申为爱义。不仁，即不爱，即无爱。天地不仁，谓天地无私爱。

　　儒家伦理重视仁爱。"樊迟问仁，子曰爱人。"（《论语·颜渊》）孟子说："亲亲，仁也。"（《孟子·告子下》）这是说，仁是爱人，是亲亲。老子不主张仁："大道废，有仁义。"（十八章）"绝仁弃义，民复孝慈。"（十九章）"失道而后德，失德而后仁。"（三十八章）又："天道无亲，常与善人。"（七十九章）

　　②刍狗，刍即草之别体，音近而义通。刍狗，草狗也。用草扎的狗，用于祭祀。

　　《庄子·天运》："夫刍狗之未陈也，盛以箧衍，巾以文绣，尸祝齐戒以将之。及其已陈也，行者践其首脊，苏者取而爨之而已。""夫春夏生长亦如刍狗之未陈，秋冬凋落亦如刍狗之已陈，皆时也，岂春夏爱之而秋冬不爱哉！"（范应元）

　　③橐籥（读若驼月）：橐，《墨子·备穴》："具炉橐，橐以牛皮。"即橐囊，排橐，即牛皮气囊，古人冶铁，用以鼓风炽火。籥，即笭，竹吹管。可为乐器，亦可用以吹风炽火。橐、籥，皆助火吹氧具，犹后之风箱。

　　④不屈（读决）：《荀子·王制》："使国家足用，而财物不屈。"杨倞注："屈，竭也。"即穷尽。王弼、顾观本"不屈"作"不掘"。动，涌也。愈，读为跃。

　　⑤多言，想尔本、遂州本、帛书《老子》甲乙本作"多闻"，《文子·道原》引亦作"多闻"。

　　穷，窘也，寡也。多闻与多言通。多闻，失断；多言，失智。数，术也。穷，窘困。《说苑·金人铭》："无多言，多言多败。无多事，多事多患。"

　　⑥守中，守，收也，藏也。中：（1）内。《淮南子·原道训》："以中制外。"高诱注："中，心也。"中即内心。《法言·问神》："言，心声也。"言出心中。守中，即藏守内心。（2）中、盅通，盅，虚也。多家作此解，实牵强也。

六 章

谷神不死①,是谓玄牝②。玄牝之门,是谓天地根。绵绵若存③,用之不勤④。

译文:

月神不死,所以被称作"太阴之母"。阴母之门,是天地化育之根。绵密如长席,永远也不穷尽。

注释:

①谷读如浴。帛书谷作浴。浴、玉音通,玉神即月神也。月神不死,传说月中有不死药及不死桂树。《天问》:"夜光何德,死而又育?"旧注皆以谷神(稷神)求释,或释为"养"(育),穿凿难通。

②牝(读聘),今字作"屄",乃女阴之专名。上古自然神崇拜,想象大自然如人体,亦有器官即"天牝"或"神牝"。《大戴礼记·易本命》:"丘陵为牡,溪谷为牝。"《说文》:"牝,玄母也。"玄,即神也。玄牝即神牝,即大母神。中国神话之大母神亦为月神西王母也。

③绵绵,即绵密也。存,读为荐,编席称荐。

苏辙说:"绵绵,微而不绝也;若存,存而不可见。"不确。

④勤,尽也。《淮南子·原道训》高诱注:"勤,犹尽也。"

七 章

天长地久①。天地所以能长且久者,以其不自生,故能长生②。是以圣人后其身而身先③,外其身而身存。以其无私,故能成其私④。

译文:

天永恒地无垠。天地之所以永恒无垠,因为它们并非只让自我生存,因此才能永恒。所以圣者隐没其身反而更加彰显,置身于其外反而长久存在。由于无私，却能成就自我。

注释：

①河上公本、傅本、景龙本、范本、帛书《老子》甲乙本均如王本作"天长地久"，遂州本作"天地长久"。

②诸本多如王本作"长生"，想尔本、景龙本、遂州本、敦煌本作"长久"。

王夫之云："天地荷载万物，万物由此灭彼生，生生不息，故天地亦长生。若天地无万物而惟天地，则自生亦犹自死矣。"

③后，藏也。先，显也。

④私，遂州本作"尸"。私，又记为"巳"，即男阴也。古以"巳"（私）代称自我。无私即无我。

八　章

上善若水①。水善利万物而不争。处众人之所恶，故几于道②。居善地③，心善渊④。与善仁⑤，言善信⑥，正善治⑦，事善能⑧，动善时⑨。夫唯不争，故无尤⑩。

译文：

最高之善仿佛水。水容纳于一切容器而不争固定之形。能身处人们所厌恶之地，那就接近于懂得"道"了。居处适应于任何地方，心灵沉静有如深渊。交往善于择人，出言善于守信，执政谋求治平，做事善有耐性，举动善择时机。只有从不与人争，所以永无怨恨。

解说：

李贽说："水无形，势随物形而善变。故曰善利万物而不争。众人处上，彼独处下；众人处高，彼独处卑；众人处易，彼独处险；众人处顺，彼或处逆；众人处洁，彼或处秽。所处尽众人之所恶，夫谁与之争乎？"

《庄子·天下》说老子"其动若水"，水无定形，因地而形，遇方而方，遇圆而圆。王安石说："水因地而曲直，故能宗于海；圣人因时而屈伸，故能宗于道。"

注释：

①上善，大善也。善者，喜也。同源字。
《管子·水地》："水者，何也？万物之本原也，诸生之宗室也。"

②几，《尔雅·释诂》："几，近也。"几、近古通用。《庄子·渔父》"几于不免矣"，《吕氏春秋·大乐》"则几于知之矣"，注："几，近之矣。"

③地，低下，天高地下。《荀子·儒效》："至下谓之地。"又《荀子·礼论》："地，下之极也。"居善地，即善处于下。六十六章："江海所以能为百谷王者，以其善下之，故能为百谷王。"

④渊，《广雅·释诂》："渊，深也。"十五章："古之善为道者，微妙玄通，深不可识。"心善渊，《庄子·齐物论》："注焉而不满，酌焉而不竭。"《庄子·在宥》："其居也渊而静。"郭注："静之可使如渊。"《诗经·燕燕》"其心塞渊"，传曰："渊，深也。"

⑤仁，傅本、景龙本作"人"。仁、人通。

⑥信，信义，信守。

⑦正，政也。《论语》："政者，正也。子帅以正，孰敢不正？"《左传》桓公二年："政以正民。"治，治理。

⑧能，读为耐。

⑨时，择时。适合时宜谓之"时"。

⑩唯，绝也。尤，怃也，恨也（并非指忧虑）。

九　章

持而盈之，不如其已①；揣而锐之②，不可长保。金玉满堂，莫之能守③。富贵而骄④，自遗其咎⑤。功遂身退，天之道⑥！

译文：

把持而占有，还不如放弃；锻打使之尖锐，并不能永保锋利。满堂金玉，没有人长久保守。富贵而骄横，自动招来灾祸。功成而身退，这才是顺天之道!

解说：

《荀子·宥坐》："孔子观于鲁桓公之庙，有欹器焉……弟子挹水而注之，中而正，满而覆，虚而欹。孔子喟然而叹曰：'吁！恶有满而不覆者哉！'"

注释：

①成玄英说："持，执也。盈，满也。已，止也。"何按：盈，郭店楚简本作盈，营造，经营，为作也。又，盈、营乃有之转语。有，占有也。《后汉书》载申屠刚《对策》："持满之戒，老氏所慎。"

②揣（读若端），捶也。《集韵》："揣，冶击也。"何按：揣从端音，即今字"锻"。或读为"捶"。孙诒让说："'揣'字盖当读为'捶'……王（弼）注：'既揣末令尖，又锐之令利。'即谓捶锻钩针使之尖锐。《淮南子·道应训》：'大马之捶钩者。'高诱注：'捶，锻击也。'《说文》云：'揣，量也；一曰捶之。'盖'揣'与'捶'声转字通也。"

③莫之能守：即无人能保守。莫，无也。之，代指人。堂，《释文》："本或作室。"室、堂，古音通，其例犹如石、柱，时、旦，是、定。堂、室同义也。

④骄，即高也，引申为骄傲。

⑤咎，《说文》："灾也。"

⑥遂：得也。退：脱也，蜕也。天之道：顺从于天道。句首省"顺"字。

十　章

载营魄抱一，能无离乎①？专气致柔，能婴儿乎②？涤除玄览，能无疵乎③？爱民治国，能无知乎④？天门开阖，能为雌乎⑤？明白四达，能无为乎⑥？（生之畜之，生而不有，为而不恃，长而不宰，是谓玄德⑦。）

译文：

灵魂与形体相合为一，能不分离吗？团缩气息使之身躯轻柔，能像一个婴儿吗？荡除杂虑观见深幽，能够无所遗漏吗？怀爱百姓治理国家，能够不用计谋吗？同天门一张一合，能够像一个母性吗？内心明白而通达，能够无所作为吗？（道产生它，德积蓄它，产生但并不据有，造就但并不把持，扶植而不做主宰，这是自然无为的幽深之德。）

解说：

司马谈说："凡人所生者，神也；所托者，形也。神大用则竭，形大劳则敝，形神离则死。死者不可复生，离者不可复反，故圣人重之。"

注释：

①载，有相反语义。（1）裁也，截也，分也。（2）乘载，合载，合也。此用第二义。

何按：营，云也，通魂。魄，白也，即皮（读如伯）。营魄即魂魄。抱，荷也（傅奕本作"襃"。襃，保持）。

"载营魄抱一"，即合魂、魄二者而为一体。能，能够。离，分离。

河上公注："营魄，魂魄也。"《楚辞·远游》："载营魄而登霞兮。"王逸注："抱我灵魂而上升也。"《左传》昭公七年："子产适晋，赵景子问焉，曰：'伯有犹能为鬼乎？'子产曰：'能，人生始化曰魄，既生魄，阳曰魂。用物精多，则魂魄强，是以有精爽至于神明。匹夫匹妇强死，其魂魄犹能冯依于人，以为淫厉……'"孔颖达疏："魂魄，神灵之名，本从形气而有，形气既殊，魂魄亦异，附形之灵者为魄，附气之神者为魂也。"魂魄，即附形气之灵魂。《左传》昭公二十五年："心之精爽，是谓魂魄。魂魄去之，何以能久？"《庄子·知北游》："已化而生，又化而死……魂魄将往，乃身从之，乃大归乎？"

孙诒让说："自先秦西汉至今，释此书者，咸无异读。惟《册府元龟》载唐玄宗天宝五载诏云：'顷改《道德经》载字为哉，仍隶属上句。'……载、哉古字通，玄宗此读，虽与古绝异，而审文较义，亦尚可通。"

②专，即抟，即团。集聚、收敛也。《管子·内业》："抟气如神，万物备存。"

致柔，使之柔和。又五十五章："心使气曰强。"团气致柔，乃气功内养之道。

朱谦之按：《老子》之"专气"，即《管子·内业》之"抟气"，所谓"抟气如神，万物备存"（尹注"抟谓结聚"）。又曰："此气也，不可止以力。""心静气理，道乃可止。"又《心术篇》与《内业篇》均引："能抟气乎？能一乎？能勿卜筮而知吉凶乎？能止乎？能已乎？能勿求诸人而得之己乎？"此与《庄子·庚桑楚》文同。而此文之前，引"《老子》曰卫生之经"。可见《老子》书中实包含古代医家之言。

又《孟子》"志一则动气"，注："志之所向专一，则气为之动。"

③览，高亨说："帛书甲本作'蓝'，乙本作'监'。览、蓝均当读为监。监是古鉴字，古镜也。"其说是。

《庄子·天道》："圣人之心静乎！天地之鉴也，万物之镜也。"《淮南子·修务训》："执玄鉴之心，照物明白。"

疵，《说文》："疵，病也。"

④诸本作"国"，帛书《老子》乙本亦然，甲本作"邦"。

知，智也。智者，计也，机谋曰计，曰智。罗振玉说："景龙本、御注本、英伦本均作'能无为'。"异本作"无以知"，王本、河上公本作"无知"。

以，用。"能无以知"：意谓能不用（智）计谋吗？

六十五章："民之难治，以其智多。故以智治国，国之贼；不以智治国，国之福。"

⑤阖（读合），通"合"。"为雌"，王本、河上公本作"无雌"。

天门即玄牝之门。雌，女阴也，即玄牝。

王安石注："夫万物由是而出，由是而入，故谓之天门。"参看第28章："知其雄，守其雌，为天下谿。为天下谿，常德不离，复归于婴儿。"

⑥明白四达，范应元说："明白，虚也；四达，通也。"

此句传本各有歧异。罗振玉说："景龙、御注、景福、英伦诸本均作'能无知'。河上本亦作'能无知'。"王弼本"知"作"为"。傅奕本作"无以为"。帛书《老子》乙本作"能毋以知"（甲本缺）。为，读若有。无为，即无有。

⑦四句意并见第五十一章:"道生之,德畜之。"

马叙伦、奚侗以为此二十字与上文不相应,疑第五十一章错简掺入。高亨谓"此处似后人摘录五十一章经文作注语,弄得文意不完备"。此说可信。

十一章

三十辐共一毂,当其无①,有车之用。埏埴以为器②,当其无,有器之用。凿户牖以为室③,当其无,有室之用。故有之以为利,无之以为用。

译文:

三十根辐条拱起一个空壳,正是由于它是空壳,所以才有车的用处。抟和黏土做一个容器,正是由于它中心虚无,才有容器的作用。开辟门窗造一个居室,正是由于中间虚无,才有房屋的作用。总之,事物之所以有用而有利,就是由于利用了虚无。

注释:

①辐,车轮之辐条。三十辐,河上公注:"古者车三十辐,法月数也。"共,拱之本字,环绕。

毂(读谷),即"壳"(读近"空"),载人之车斗也。旧注以为车轮轴,中心辐轃所聚之贯轴木(《说文》:"毂,辐所凑也。"毂轮,即今语轱辘),不确。当,读为顶,用也(今俗语"顶事",即"当事",即可用)。

②埏(读山),《释文》作"挻"。《字林》:"柔也,今字作揉。"《说文》:"挻,长也。从手从延。"王念孙曰:"和也。"河上公曰:"埏,和也,埴,土也。和土以为饮食之器。"

朱骏声《说文通训定声》:"凡柔和之物,引之使长,抟之使短,可析可合,可方可圆,谓之挻。"

埴,黏土。《字林》:"埴,土也。黏土曰埴。"(《一切经音义》引)

③牖,窗。户,门。户牖,门窗。

十二章

五色令人目盲①，五音令人耳聋②，五味令人口爽③，驰骋畋猎令人发狂④，难得之货令人行妨⑤。是以，圣人为腹不为目，故去彼取此⑥。

译文：

色彩缤纷令人眼花，声音喧嚣令人耳聋，五味错乱令人败口，奔驰游猎令人心狂，宝货稀有诱人盗窃。所以，圣者只求饱腹不求悦目，有所放弃从而有所获取。

注释：

①五色，青黄赤白黑。盲，目失明曰盲。

②五音，宫商角徵羽。聋，耳病。

③五味，酸甘苦辛咸。爽，读为丧。

王弼注："爽，差失也。"《广雅·释诂》："爽，败也。"口丧，即败口，今语坏胃口。《战国策》苏秦语："舌敝（败）耳聋，不见成功。"

奚侗曰：《广雅·释诂》三："爽，败也。"《楚辞·招魂》"厉而不爽些"，王注："楚人名羹败曰爽。"古尝以爽为口病专名，如《列子·仲尼》："口将爽者，先辨淄渑。"《庄子·天地》："五味浊口。"《淮南子·精神训》："五味乱口，使口爽伤。"疑"爽"乃"丧"之借用字，由丧亡意引申为败为伤。于省吾曰："爽"、"丧"二字，音义古并通。

④驰骋，纵马疾驰。罗振玉曰："景龙、景福、敦煌乙、丙、御注诸本均作'田'。"《说文》段注："'田'即'畋'字。"《易师》"田有禽"，注："猎也。"

畋，打猎。《庄子·天地》曰："且夫失性有五：一曰五色乱目，使目不明；二曰五声乱耳，使耳不聪；三曰五臭薰鼻，困惾中颡；四曰五味浊口，使口厉爽；五曰趣舍滑心，使性飞扬。此五者，皆生之害也。"《淮南子·精神训》曰："五色乱目，使目不明；五声哗耳，使耳不聪；五味乱口，使口爽伤；趣舍滑心，使行飞扬。此四者，天下之所养性也，然皆人累也。"

狂，《左传》昭公二十三年："幼而狂。"杜预注："狂，无常也。"
狂，与忯、慌语通，意为心迷而慌乱也。

⑤妨，通傍。傍，邪也。邪道曰傍道。行邪，指行窃。旧注如马其昶曰："'行妨'，妨农事也。"谬。

⑥腹，肚腹。目，耳目。此指务实（腹）不务虚（目）。

十三章

宠辱若惊，贵大患若身①。何谓宠辱若惊？宠为上，辱为下，得之若惊，失之若惊，是谓宠辱若惊②。何谓贵大患若身？吾所以有大患者，为吾有身。及吾无身③，吾有何患！故贵以身为天下，若可寄天下；爱以身为天下④，若可托天下。

译文：

爱和恨使人困扰，人们把祸害当作自身。人为什么会被爱与恨所困扰？追求爱，躲避恨，得到它困扰，失去它也困扰，所以说爱与恨都使人困扰。什么叫把大害当作自身？为什么我们会有忧患呢，因为我们爱顾自我。如果我们没有自我，我们还有什么忧患！所以，难能的是化自我于天下，那就可以寄托于天下；真正善爱自我是以自身化及天下，那才可以将自我托付于全天下。

注释：

①宠，爱也，拢也。拢，络也，联也，爱也。辱，耻也，污也，憎也。辱即耻，亦有憎义。

"惊"借为"警"。《易》"震惊百里"，郑注："惊之言警戒也。"身，即自身，自我也。

②何为宠辱若惊，若惊，罗振玉说："河上、景龙、御注、景福、敦煌诸本，均无此二字。"顾欢本、范本亦无"若惊"二字。王本、傅本、帛书《老子》甲乙本均有"若惊"二字。

河上公本、景龙本作"辱为下"。景福本、陈景元本作"宠为上，辱为下"。王本、傅本、范本作"宠为下",帛书《老子》甲乙本作"宠之为下"。从下文可知作"宠为下"为好。

得之若惊,河上公注:"得宠荣惊者,处高位如临深危也,贵不敢骄,富不敢奢。"

失之若惊,河上公注:"失者,失宠受辱也;惊者,恐祸重来也。"

③及吾无身,王引之《经传释词》:"及,犹若也。"

④爱以身为天下:以,用也。

十四章

视之不见,名曰夷。听之不闻,名曰希①。搏之不得,名曰微②。此三者不可致诘③,故混而为一。其上不皦,其下不昧④。绳绳不可名⑤,复归于无物。是谓无状之状,无象之象,是谓惚恍⑥。迎之不见其首,随之不见其后。执古之道,以御今之有⑦。能知古始,是谓道纪⑧。

译文:

看见又看不见,名叫"夷"(隐)。听到了又听不到,名叫"希"(暗)。捉住了却捉不到,名叫"微"(无)。这三者难以穷究,却浑然一体。它出现也不明亮,消失也不暗昧。绵绵不断不可名状,来来去去归于虚无。所以它是无形状之形状,无现象之现象,它的名称就是"恍惚"。迎上去见不到它的头,追上去见不到它的尾。人只能从它的过去,而把握它的现有。必须了解古初的历史,这也就是道运行的标记。

注释:

①何按:夷,古音晻,暗也,隐也,无象也。希,古读如"喑",即哑也,失声也。

②搏,河上公本、景龙本作"挦"。《说文》:"搏,索持也。"段玉裁注:"索持,谓摸索而持之。"

微,无也,无形。又夷、微、希,皆有渺小之义。希,悄也。夷,沫也。微,渺也。

③诘（读结），究也。致诘，即今语计较、计极、追究。

④敦煌本作"皎"。诸本皆作"皦"。当作皎，明亮也，即显现。"其"字，指道。上，出也；下，去也。昧，暗昧。

李约注："凡物皆上明而下暗，道高而无上故不皎，卑而无下故不昧。"

⑤绳绳，诸本均如王本作"绳绳"。帛书《老子》甲乙本作"寻寻"，绳、寻古通。

⑥无状之状，没有形态的形态。无象之象，没有实相的物象。

惚恍，傅本、范本作"芴芒"，河上公本、景福本作"忽恍"。古时可通用，音相通。

⑦"古"，帛书《老子》甲乙本作"今"。

御，驾驭。

有，刘师培说："按'有'疑'域'字之假字也。'有'通作'或'，'或'即古之'域'字。《诗经·商颂·玄鸟》：'奄有九有。'《毛传》：'九有，九州也。'又：'正域彼四方。'《毛传》：'域，有也。'《国语·楚语》：'共工氏之伯九有也。'韦注：'有，域也。'此文'有'字与'九有'之'有'同。'有'即'域'，'域'即二十五章'域中有四大'之'域'也。'御今之有'，犹言御今之天下国家也。《礼记·中庸》：'生乎今之世，反古之道。'此文'今之有'与'今之世'义同。"

⑧能，河上公本、景福本、帛书《老子》甲乙本作"以"。裴学海说："以，犹能也。"

道纪：道之纲纪、纲领。

范应元说："能知自古生物之始，此乃常道之纲纪，执古之道以御今，如网有纲纪而不紊也。"

十五章

古之善为道者，微妙玄通，深不可识①。夫唯不可识，故强为之容②：豫焉，若冬涉川；犹兮，若畏四邻；俨兮，其若客；涣兮，若冰之将释。敦兮其若朴，旷兮其若谷，混兮其若浊③。孰能浊以静之而徐清?孰能安以动之而徐生④?保此道者不欲盈。夫唯不盈,故能蔽而新成⑤。

译文:

古代善于运用天道的人,见解微妙而能洞察幽隐,其心灵深不可测。由于深不可测,所以只能勉强为之做个形容:他谨慎小心,仿佛在严冬跋涉冰河;他犹犹豫豫,仿佛提防所有的邻人;他庄重严肃,仿佛在做客;他涣漫无形,仿佛一块涣解的冰。敦厚像一块顽石,空旷像一条山谷,混沌像一道浊流。谁能由混浊中静静地得到澄清?谁能由安详中运动而徐徐地化生?保持这种道术的人不会自满。正由于不自满,所以能从陈旧中创新。

注释:

①为,运用。道,河上公本、景龙本、范本如王本作"士",傅本、高翻本、帛书《老子》乙本作"道"(甲本缺)。马叙伦说:"《后汉书·党锢传》注引作'道'。"朱谦之说:"此句与六十五章'古之善为道者'意同,与下文'保此道者'句遥应。"

玄者,黑暗也。玄通,暗洞,隧道,秘洞。通,洞也。有洞曰通。玄通,即神通。识,知也。

②"容"下,傅本、帛书《老子》甲乙本均有"曰"字,它本皆无。容,貌也,本字"荣",木华曰荣,借义描画也。

易顺鼎曰:《文选·魏都赋》张载注引《老子》曰:"古之士,微妙玄通,深不可识。夫唯不可识,故强为之颂。"作"颂"者古字,作"容"者今字。强为之容,犹云强为之描写。

③王本作"焉",诸本均不作"焉"。

兮读近希,古读近哦,乃复音"希哦"。相当于现代汉语中的"呀啊"。帛书《老子》凡"兮"均作"呵"。

犹豫,《礼记·曲礼上》:"决嫌疑,定犹豫。"孔颖达疏:《说文》云:"犹,兽名。""豫,亦是兽名。""此二兽皆进退多疑,人多疑或者似之,故谓之犹豫。"

朱谦之说:"叶梦得《岩下放言上》曰:'先事而戒谓之豫,后事而戒谓之犹。犹豫本二兽名。古语因物取义，往往便以其物名之，后世沿习，但知其义，不知其物，遂妄为穿凿，未有不误者。'今按《尔雅·释兽》'犹如麂，善登木'，《释文》引《尸子》：'犹，五尺大犬也。'《说文·犬部》：'犹，玃属。一曰：陇西谓犬子为猷。'又《颜氏家训·书证篇》：'犹，兽名也，既闻人声，乃豫缘木，如此上下，故称犹豫。'《汉书·高后纪》'计犹豫未有所决'，师古曰：'犹，兽名也。《尔雅》曰："犹如麂，善登木。"此兽性多疑虑，常居山中，忽闻有声，即恐有人且来害之，每豫上树，久之无人，然后敢下，须臾又上，如此非一，故不决者称犹豫焉。一曰：陇西俗谓犬子为犹。犬随人行，每豫在前，待人不得，又来迎候，故云犹豫也。''犹豫'又说作'犹与'。《史记·吕后本纪》'犹与未决'，《史记索隐》：'犹，猿类也，卬鼻长尾，性多疑。'《汉书·霍光传》'不忍犹与'，注：'犹与，不决也。'又作'尤豫'。《后汉书·窦武传》注：'尤豫，不定也。'又高诱注《吕氏春秋》作'由与'。王念孙《读书杂志》卷四谓：'犹豫双声字，犹《楚辞》之言夷犹耳，非谓兽畏人而豫上树，亦非谓犬子豫在人前。'二说均可通，王说为胜。此云若冬涉川者怯寒，若畏四邻者惧敌，犹兮与兮，迟回不进，盖因物而状其容如此。"

俨，即严，庄严。《尔雅·释诂》："俨，敬也。"

客，王本作"容"，范本亦然。河上公本、傅本、景龙本、帛书《老子》甲乙本均作"客"。

魏源说："俨若客，不敢肆也。此三者（指'犹'、'豫'、'俨'）皆有道者不敢为天下先。"

涣，化也。化解曰涣，又曰涣散。释，解。《说文》："释，解也。"古音解，今语泄。《文子·上仁》引此作"涣兮其若冰之液"。液、解语通。

敦，敦厚。朴，《说文》："朴，木素也。"白木曰朴。

旷，空阔。谷，山谷。

混，混沌。

诸本"浊"以下或有"止"字，或有"久"字，或有"澄"字，河上公本、景龙本、帛书《老子》如王本均无。

④此二句诸本多异。帛书本无"孰能"二字。

以，王引之说："以，犹而也。"帛书《老子》甲乙本正作"而"，"浊而静之"。徐,舒也,慢也。

吴澄说:"浊者,动之时也;动继以静,则徐徐而清矣……安者,静之时也;静继以动,则徐徐而生矣。安谓安静,生谓活动,盖惟浊故清,惟静故动。"

静,读若定,淀,沉淀也。

⑤河上公本如王本作"蔽",傅本、范本作"敝",景龙本作"弊",字古通,读为败。破败也。

十六章

致虚极,守静笃。万物并作,吾以观复①。夫物芸芸②,各归其根。归根曰静,是谓复命。复命曰常③,知常曰明。不知常,妄作凶。知常容④,容乃公,公乃王⑤。王乃天,天乃道,道乃久,没身不殆⑥。

译文:

进入虚无之境,安守于深静厚重。让万物自由动作,我只观察它们的归复。万物品类芸芸,但总要落叶归根。归了根就会安静,这就叫回复其宿命。守命叫作恒常,识知这种恒常就是聪明。不能识知永恒之道,胡乱作为就会遭遇凶险。识知恒常之道者是宽容的,宽容就会公平,公平才能做王者。王者顺于天,天顺于道,顺于道则能长久,就永远不会失败。

解说:

河上公注:"得道之人,捐情去欲,五内清静,至于虚极。"

苏辙:"虚极静笃,以观万物之变,然后不为变之所乱,知凡作之未有不复者也。"

《吕氏春秋·贵公》:"无偏无党,王道荡荡……天下非一人之天下也,天下之天下也。阴阳之和,不长一类;甘露时雨,不私一物;万民之主,不阿一人。"

注释:

①致,河上公本、景福本、帛书《老子》甲乙本作"至",致、至通。

笃（音赌），敦也。《礼记·儒行》："笃行而不倦。"孔颖达疏："笃，犹纯也。又有纯一之行而行之不疲倦也。"静笃，静纯。笃，亦有屡义，屡，反复也。

复，《尔雅·释言》："复，返也。"

②芸芸，或作"云云"，或作"员员"，众多貌。

③常，常道，不变曰常。

④《说文》："思，容也。"《法苑》："视曰明，介曰聪，思曰容。"《春秋繁露》："思曰容，容者言无不容……则圣能施设，事各得其宜也。"《汉书·五行志》："容，宽也。"孔子曰："居上不宽……吾何以观之哉？"

何按：知常容，王弼注："无所不包通也。"说不确。

⑤公乃王，大公无私，为天下王。《荀子·正论》："天下归之之谓王。"六十六章："江海所以能为百谷王者，以其善下之，故能为百谷王。"

《吕氏春秋·去私》："天无私覆也，地无私载也，日月无私烛也，四时无私行也，行其德而万物得遂长焉。"

⑥《国语·晋语》："韩厥必不没矣。"韦昭注："没，终也。"

十七章

太上，不知有之①，其次亲之，其次誉之②，其次畏之，其次侮之③。信不足焉，有不信焉④。悠兮其贵言！功成事遂，百姓皆谓"我自然"⑤。

译文：

最高的统治之道，是使老百姓不觉察其存在，其次是让人民爱他，再次是让人民赞美他，再其次是让人民畏惧他，再其次是让人民轻侮他。诚信是靠不住的，总难免有人失信啊。悠然而慎于出言！一切举措的成功，要让百姓感到仿佛出于自然和自愿。

注释：

①蒋锡昌说："'太上'者，古有此语，乃最上或最好之意。《魏策》：

'故为王计，太上伐秦，其次宾秦，其次坚约而详讲，与国无相离也。'谓最好伐秦也。襄二十四年：'太上有立德，其次有立功，其次有立言。'谓最上有立德者也。《吕氏春秋·禁塞》：'凡救守者，太上以说，其次以兵。'谓救守者最好以说也。"

不，河上公本、傅本、景龙本、范本等作"下"。帛书《老子》甲乙本亦作"下"。下，指百姓。

②河上公本、范本作"其次，亲之誉之"，景龙本作"其次，亲之豫之"，帛书《老子》甲乙本作"其次，亲誉之"。傅本作"其次，亲之；其次，誉之"。誉，赞誉。

③景龙本、范本、《大典》王本作"其次，畏之侮之"，河上公本、傅本作"其次，畏之；其次，侮之"。畏，惧怕。侮，轻慢。

④王本、范本作"信不足焉，有不信焉"。想尔本、景龙本作"信不足，有不信"。傅本作"信不足，焉有不信"。帛书《老子》甲乙本亦无下"焉"，甲本上"焉"作"案"，乙本作"安"。焉、案、安古通用，与傅本同。

王念孙说："按无下'焉'者是也。'信不足'为句，'焉有不信'为句。焉，于是也。言信不足，于是有不信也。《吕氏春秋·季春》注曰：'焉，犹于是也。'……后人不晓'焉'字之义，而误'信不足焉'为一句，故又加'焉'字于下句之末，与以上句相对，而不知其谬也。"

马叙伦说："王说是也。王弼注曰：'信不足焉，则有不信。'然王不明'焉'字之义，故增'则'字解之；然王本无下'焉'字，可证也。"何按：说非是。"焉"读为"也"。句意为：诚信不足也，所以得不到信任也。

⑤悠，王本作"悠"，帛书《老子》乙本（甲本缺）作"猷"（犹），景龙本作"由"，《释文》："孙登、张凭、杜弼俱作'由'。"犹、猷、由、悠，古通假。

其，指"太上"。贵，重。我，百姓自称。即我自然，我自愿。五十七章："我无为，而民自化；我好静，而民自正；我无事，而民自富；我无欲，而民自朴。"太上"处无为之事，行不言之教"。

十八章

大道废，有仁义①；慧智出，有大伪②。六亲不和，有孝慈③；国家昏乱④，有忠臣。

译文：

自然之大道废失了，于是要讲仁义；由于有了智慧，所以才有大的诈伪。正是由于六亲间的不和睦，才需要推崇孝道；正是由于国政混乱，所以才需要有忠臣。

解说：

"慧智出，有大伪"，随着智慧的出现，也就有了机巧、欺骗、奸诈的大伪。

《墨子·鲁问》："国家昏乱，则语之尚贤、尚同。国家贫，则语之节用、节葬。国家喜音耽湎，则语之非乐、非命。国家淫僻无礼，则语之尊天、事鬼。国家务夺侵凌，则语之兼爱、非攻。"

注释：

①"樊迟问仁。子曰：'爱人。'"（《伦语·颜渊》）仁，就是爱人。"义者，宜也。"（《礼记·中庸》）"义者，谓各处其宜也。"（《管子·心术》）。何按：义者，仪也。仪者，表也。尺度，名分。

②河上公本、景龙本作"智慧"，范本作"知惠"，傅本作"慧知"，帛书《老子》乙本作"知慧"。慧者，儇也，今语人聪明，坏也。巧诈曰儇，曰坏。

③六亲，王弼注："六亲：父子、兄弟、夫妇也。"称六戚，《吕氏春秋·论人》："何谓六戚？父母、兄弟、妻子。"

慈，爱子。爱子之情曰慈。孝慈，李道纯本、《大典》王本作"孝子"。马叙伦说："作孝子是，与忠臣对文。"

何按：马说是。慈、兹、子三字，古音义可相通。

④昏乱，即混乱，祸乱也。

十九章

绝圣弃智①,民利百倍;绝仁弃义,民复孝慈;绝巧弃利,盗贼无有。此三者以为文②,不足,故令有所属:见素抱朴③,少私寡欲,绝学无忧④。

译文:

放弃聪明和智慧,百姓福利会增加百倍;放弃讲仁和义,让百姓回到孝顺与慈爱;放弃追逐巧利,盗贼就会消失。以上三点写成文字,还不够,让我再嘱告人们:要坚守于朴素,减少私心与欲望,放弃游学从而减少困扰。

解说:

老子反对开发心计,"人多伎巧,奇物滋起"(五十七章)。

"子曰:'质胜文则野,文胜质则史。文质彬彬,然后君子。'"(《论语·雍也》)文质彬彬,亦美也。

注释:

①《尚书·洪范》:"睿作圣。"孔安国传:"于事无不通谓之圣。"

智,读作计。计较、计谋、计伪。抽象知识曰智,有实用目的之智曰计。计者,心术也。智者,哲也。

②此三者,想尔本、帛书《老子》甲乙本作"此三言"。诸本多作"此三者"。三者,指圣智、仁义、巧利。

文,美也。《广雅·释诂》:"文,饰也。"文即是美,文、美古音通,为同源词也。

③属,读为主也,或读为"嘱"。素,丝不染色为素。朴,木未加工为朴。见,显现。

④绝学无忧,此句诸本或断为下章首句。蒋锡昌说:"此句自文意求之,应属上章,乃'绝圣弃智……绝仁弃义……绝巧弃利'一段文字之总结也。晁公武《郡斋读书志》谓唐张君相《三十家老子注》以'绝学无

忧'一句，附'绝圣弃知'章末，以'唯之与阿'别为一章，与诸本不同，当从之。后归有光、姚鼐亦以此句属上章，是也。"马叙伦、高亨皆主此说，可从。

二十章

唯之与阿，相去几何①？善之与恶，相去何若②？人之所畏，不可不畏！荒兮其未央哉③！众人熙熙，如享太牢，如春登台④。我独泊兮其未兆，如婴儿之未孩⑤。累累兮⑥，若无所归。众人皆有余，而我独若遗。我愚人之心也哉？沌沌兮！俗人昭昭，我独昏昏⑦；俗人察察，我独闷闷⑧。澹兮其若海，飂兮若无止⑨。众人皆有以，而我独顽且鄙⑩。我独异于人，而贵食母⑪。

译文：

顺从与违逆，相去有多远？善美与丑恶，相去又多远？众人所畏惧的，我们不能不畏惧！荒唐啊看不到止境！世人都在嬉乐，好像在分享祭品，好像春日登临社坛。我则惧怕那些未出现的预兆，好像未出生的婴孩。惶惶啊，仿佛找不到归宿。众人都满足，而我却像有所遗失。难道我的心灵很痴傻吗？混沌啊！世俗之人都聪明，只有我糊涂；世俗之人都明察，只有我昏昧。飘飘荡荡有如沧海，如疾风飘扬而没有归宿。众人都有图谋，只有我冥顽不化。我处处与人不同，只贵于保养我的元气。

注释：

①唯，《说文》："唯，诺也。"唯，此当读作"违"，不从。阿，呵也，承诺。

②河上公本、景龙本、范本"善"作"美"。傅本、帛书《老子》甲乙本均作"美"。美、善义通。

王本作"若何"，诸本多作"何若"。

③荒，景龙本作"忙"，遂州本作"茫"，均有渺茫之义。

朱谦之按：广明本、室町本作"荒"，碑本作"忙"，"忙"与"茫"

同，实"芒"字，"芒"借为"荒"，即今"茫"字。《诗经·长发》"洪水茫茫"，《玄鸟》"宅殷土芒芒"，注："大貌。"《左传》襄公四年"芒芒禹迹"，注："远貌。"《淮南子·俶真训》"其道芒芒昧昧然"，注："广大之貌。"《叹逝赋》"何视天之芒芒"，注："犹梦梦也。"《庄子·大宗师》"芒然彷徨乎尘垢之外"，《释文》："无系之貌。"遂州碑作"莽"，盖以草深曰莽，与"忙"同有苍茫荒远之义。《小尔雅·广诂》："莽，大也。"《吕氏春秋·知接》"何以为之莽莽也"，注："长大貌。"《庄子·逍遥游》"适莽苍者"，崔注："草野之色。"忙、荒义相近。

央，《广雅·释诂》："央，尽也。"

成玄英说："'莽'是渺莽，叹其久远；'央'是尽义，嗟其未息。"

④熙熙，即嘻嘻，笑言也。

享，通"飨"，享受。

太牢，祭礼时，献神之牛羊豕三牲。

如春登台，帛书《老子》甲乙本作"而春登台"。范本等作"如登春台"。春台，即桑台、阳台，社宫春社也。

⑤泊，怕也。御注此句作"我独怕其未兆"，河上公本作"我独怕兮其未兆"。傅奕本"泊"作"魄"。怕，惧也。帛书作"我博焉未兆"，"我泊焉未兆"。博、泊皆其借。兆，征兆。

孩，傅本、范本、帛书《老子》甲乙本作"咳"。《说文》："咳，小儿笑也。"又："孩，古文咳，从子。"

未孩，尚未会笑，言其无情感、无知识。

⑥累累，河上公本、景龙本、御注本等作"乘乘"，乃"乖乖"之讹。遂州本、顾欢本作"魁"。傅本作"儽儽"。

累，《广雅·释训》："疲也。"《史记·孔子世家》："累累若丧家之狗。""累累"叠韵双声，乃古语常用之联绵词，转语即傀儡、块磊、廓落，又转落魄，郁郁不得志之貌也。

⑦遗，失也。愚，无知曰愚。沌沌，异本作"纯纯"。毕沅曰：王弼同河上公作"纯"。即蠢蠢，乃混沌之转语。昭，照、照亮。昏，晦也，昧暗曰昏。

⑧察，读为喳，语声。喳喳，切切多语也。闷闷，无言也。

⑨澹，傅本、景龙本作"淡"，河上本作"忽"。

海，御注本作"晦"。

澹（淡），《广雅·释诂》："澹，静也。"《楚辞·九叹·愍命》："心溶溶其不可量兮，情澹澹其若渊。"王逸注："澹澹，不动貌也。"何按：不确，澹澹，即荡荡，波涛起伏貌。

飂（liáo），飘也。河上公本、景龙本作"漂"，御注本、庆阳本作"寂"，帛书《老子》甲乙本作"恍"。

⑩有以，有为。以，为也。以，他本作"似"，帛书《老子》甲乙本作"以"。俞樾说："'似'当读为'以'，古似、以通用。"裴学海说："以，犹且也。"

《广雅·释诂》："顽，愚也。"

⑪母，乳也。《说文》："母，一曰象乳子也。"段玉裁注："《广韵》引《仓颉篇》云：'其中有两点者，象人乳形。'"《礼记·内则》有"大夫之子有食母"句，焦弘据此说："食音嗣，食母，乳母也。"

二十一章

孔德之容，惟道是从①。道之为物，惟恍惟惚②。惚兮恍兮，其中有象；恍兮惚兮，其中有物。窈兮冥兮③，其中有精④，其精甚真，其中有信。自古及今，其名不去，以阅众甫⑤。吾何以知众甫之然哉？以此。

译文：

大德的用处，只有跟从于道。道这种东西，恍恍惚惚。但虽然恍惚，其中却有现象；虽然恍惚，其中却有事物。昏昏暗暗，其中却有精神，这精神是真实的，其中有信息。从古代到今天，它的名称不变，却观照着万物。我怎样认知万物的必然呢？就是根据道。

解说：

古人甚重精神。"凡物之精，化则为生……流于天地之间，谓之鬼神，藏于胸中，谓之圣人。"(《管子·内业》)"精气为物，游魂为变，是故知鬼神之情状。"(《易经·系辞》)"凡治气养心之术……莫慎一好。好一则博，博则精，精则神，神则化。是以君子务结心乎一也。"(《韩诗外传》卷二)"真者，精诚之至也。不精不诚，不能动人。故强哭者，虽悲不哀；强怒者，虽严不威；强亲者，虽笑不和。真悲无声而哀，真怒未发而威，真亲未笑而知。真在内者，神动于外，是所以贵真也。"(《庄子·大宗师》)

注释：

①孔，河上公注："孔，大也。"容，貌也。

是，读为而。大德之形，唯道而从。

②恍惚即荒茫。荒茫，大而无当之状也。《礼记·中庸》："天地之道可一言而尽也，其为物不贰，则其生物不测。"

③傅本、范本作"幽兮冥兮"，楼正本作"杳兮冥"。窈、幽、杳，三字音近，古通用。

④精即精气。"精也者，气之精者也。"(《管子·内业》)又，精即情。高亨《老子正诂》："精，疑当读为'情'。《庄子·大宗师》：'夫道有情有信，无为无形，可传而不可受，可得而不可见。'庄子'有信'即此章下文之'有信'，则庄之'有情'，则此章之'有精'矣。精、情古通用。"又，精即精微。"夫精，小之微也。"(《庄子·秋水》)高延第、马其昶、张默生等主此说。或说，精即生命力。陈荣捷、林语堂英译为"life force"。高亨《老子注译》又释"精"为精神。

于省吾说："信当读为神，信、伸、神古通用。其精甚真，其中有神，专承'精'字而申述之。言精既甚真，故精之中有神也。自信、神之通假不明，世人遂不知老子言精言神之义矣。"

⑤阅，成玄英说："阅，览也。"

众甫，想尔本、遂州本"众"作"终"，众、终古通用。帛书《老子》甲乙本"甫"作"父"，甫、父古通用。

河上公注："甫，始也。"王弼注："众甫，物之始也。"

何按：甫，读为物，音近相假。众甫即万物也。

二十二章

企者不立，跨者不行①；自见者不明，自是者不彰，自伐者无功，自矜者不长②。其在道也，曰馀食赘行③。物或恶之，故有道者不处。

译文：

跂脚站立不住，跨脚走不得路；只看自己的人眼光不明亮，自以为是的人不会强大，自夸的人得不到承认，自我满足的人不会长进。这些对于道来说，是剩饭废物。鬼神也会憎恶，所以有道的人不会以此自处。

解说：

从二十二章到二十四章，帛书《老子》甲乙本的顺序与诸本不同："企者不立"章乃传世本二十四章，"曲则全"章乃传世本二十二章，"希言自然"章乃传世本二十三章。今依帛书顺序，以"企者不立"章为二十二章，"曲则全"章为二十三章，"希言自然"章为二十四章。这一顺序的优点是符合老子的逻辑顺序。

注释：

①企，跂起脚尖。《说文》："企，举踵也。"

跨，跨越。《说文》段玉裁注："谓大其两股间以有所越也。"

②见，显露。彰，显明。伐，夸耀。矜（音今），自大。

③在，河上公本、范本作"于"。《法言·问道》："则不赘亏矣。"司马光注："有余曰赘。"

易顺鼎说："'行'疑通作'形'。'赘'可言形，不可言行也。《列子·汤问》：'太形、王屋二山'，张湛注：'形当作行'，是古书'行'、'形'有通用者。"赘形，即赘疣。

二十三章

曲则全，枉则直，洼则盈，敝则新，少则得，多则惑①。是以圣人抱一为天下式②。不自见故明，不自是故彰，不自伐故有功，不自矜故长。夫唯不争③，故天下莫能与之争。古之所谓"曲则全"者，岂虚言哉？故诚全而归之④。

译文：

曲线能成为圆，弯曲能成为直，凹陷能成为满盈，破旧能成为崭新，少取反而多得，贪多则会迷惑。所以圣人只抱持一个原则作为天下人的法式。不注视自身才能明察万物，不自以为是才能明见是非，不自我夸耀才能得到成功，不自我封闭才能有所进取。正由于不与人争，所以天下无人能与他争。古人常说委曲求全这个道理，难道是空话吗？这是真理啊。

注释：

①曲，《礼记·中庸》："其次致曲。"朱熹注："曲，一偏也。"《庄子·天下》："人皆求福，己独曲全，曰苟免于咎。"

直，诸本多作"正"，河上公本、御注本如王本作"直"，《淮南子·道应训》引亦作"直"。《广雅·释诂》："直，正也。"

洼，低下也。朱谦之引彭耜释：洼，陷也。地洼则小满，喻谦德常盈。枉，弯也，弯曲。《易经·系辞》："尺蠖之屈，以求信（伸）也。龙蛇之蛰，以存身也。"

惑，迷乱。

②式，即尺，尺度，法式，标准。一，建也，乾也。大直之木曰建，即极木也。抱一，古无轻唇音，抱应读为法。法一，法于一。

③争，比竞曰争。

④严可均本作"故成全"，诸本作"诚全"。义以严本为优。

二十四章

希言，自然①。故飘风不终朝，骤雨不终日②。孰为此者③？天地。天地尚不能久，而况于人乎！故从事于道者同于道，德者同于德，失者同于失。同于德者，道亦德之；同于失者，道亦失之④。（信不足焉，有不信焉⑤。)

译文：

　　少说话，听从于自然。狂飙不会刮一整天，暴雨不会下一整天。风雨来自于谁？天地。天地都不能令其长久，何况人事呢！所以顺从于道的归同于道，追随于德的归同于德，追随于亡失的则必会亡失。归化于德的，他的道就是德；追随于亡失的，他的道也就是亡失。(诚信是靠不住的，总难免有人失信)

注释：

　　①希言，罕言，少言。少言而任其自然。希，少也，今字作稀。希、小一音之转，小、鲜皆有少意。

　　自然：自，自在；然，顺从。

　　②飘风，狂风。骤雨，帛书作聚雨。聚雨，即骤雨，暴雨。

　　③孰，读为谁。

　　④此段诸本不同。河上公本："故从事于道者，(道者)同于道，德者同于德，失者同于失；同于道者，道亦乐得之；同于德者，德亦乐得之；同于失者，失亦乐得之。"较为通俗。异本或作："故从事而道者，道德之。同于德者，德德之。同于失者，道失之。"

　　《淮南子·道应训》引作："从事于道者同于道。"

　　⑤马叙伦、奚侗说：此句已见十七章，这里重出，盖错简所致，且与上文不相应，当删。何按：其说是。帛书《老子》甲乙本均无此句。

二十五章

　　有物混成①，先天地生。寂兮寥兮，独立而不改②，周行而不殆③，可以为天地母④。吾不知其名，字之曰"道"，强为之名曰"大"⑤。大曰逝，逝曰远，远曰反⑥。故道大、天大、地大，王亦大⑦。域中有四大，而王居其一焉⑧。王法地，地法天，天法道，道法自然⑨。

译文：

　　有种东西浑然一团，它先于天地而生。静静而默默，傲然独立而不变，反复运行而不止，可以看作是生育天地的母亲。我不知道它名字叫什么，只能把它记为"道"，勉强命名称之为"大"。而大就会消逝，消逝就会疏远，疏远又会归返。所以道大、天大、地大，君王也大。世界上有此四大，而君王只是其中之一啊。君王要效法于大地，大地要效法于上天，上天效法于道，道则效法于自然。

注释：

①成，读为然。混成，混然也。

②寂，无声。寥，古音穆，静也。寂寥即今语寂寞。

王本、景龙本"独立"下无"而"字，河上公本、傅本、范本、帛书《老子》乙本均有"而"字（甲本缺）。

③周行，循环运动。周，圆周。

殆，马叙伦说："殆借为怠，《论语·为政》：'思而不学则殆。'《释文》：'殆本作怠。'"不怠，不倦。朱谦之独解为"不前"："不前，凝止之意也。故不殆犹不止。"《管子·法法》："旁行而不疑。"俞樾读为不碍。

何按：说皆不确。殆音从台，古音"怡"，已也。不殆即不已，不死。

④天地，王弼本作"天下"，司马光本、范本、张嗣成本作"天地"，帛书《老子》甲乙本亦作"天地"。马叙伦说："上谓先天地生，则此自当作为天地母。"

⑤王弼本无"强"字。傅本、李约本、范本"字"上有"强"字，《韩非子·解老》、《牟子·理惑》"字"上亦有"强"字，帛书《老子》甲乙本无"强"字。

《管子·心术上》："道在天地之间也，其大无外，其小无内。"惠施说："至大无外，谓之大一；至小无内，谓之小一。"（《庄子·天下》）

⑥逝，《说文》："逝，往也。"《广雅·释诂》："逝，行也。"《论语》"逝者如斯夫"，皇疏："往去之词也。"《尔雅·释诂》："远，遐也。"《说文》："远，辽也。"

反，诸本多作"返"，反、返古通用。《说文》："返，还也。"《广雅·释诂》："返，归也。"

⑦王，傅本、范本作"人"。《说文》："大，天大，地大，人亦大，象人形。"许慎所见本亦作"人"。王本、河上公本、景龙本、帛书《老子》

甲乙本均作"王"。

⑧域，诸本均作"或"，唯帛书《老子》甲乙本作"国"。《说文》："或，邦也。"据段注"域"为"或"字后起之俗字。"邑都曰'邦'，国也。盖'或'、'国'在周时为古今字，古文只有'或'字。"

居，河上公本、范本如王本作"居"，帛书《老子》甲乙本亦作"居"，傅本、景龙本作"处"。

⑨法，效法。前三"法"，皆动词。道法，可读为动词，"道法乎自然"。亦可读为名词，道之法则也。

二十六章

重为轻根，静为躁君①。是以圣人终日行，不离辎重②。虽有荣观，燕处超然③。奈何万乘之主，而以身轻天下④？轻则失根，躁则失君⑤。

译文：

重物是轻物的根基，宁静是躁动的主宰。所以圣人终日在外旅行，离不开辎重。虽然居处在高耸的楼观，也沉静超然。那身率万乘的君主，怎能自轻于天下？轻率会丧失根基，暴躁会丧失主宰。

注释：

①君，主宰。

②王弼注："凡物轻不能载重，小不能镇大，不行者使行，不动者制动，是以重必为轻根，静必为躁君也。"

圣人，河上公本、王本作"圣人"，傅本、景龙本、景福本、范本均作"君子"，帛书《老子》甲乙本亦作"君子"。

《左传》宣公十二年杜预注："重，辎重也。"孔颖达疏："辎重，载物之车也。"《说文》云："辎，前后蔽也。蔽前后以载物，谓之辎车。载物必重，谓之重车。"《汉书·韩安国传》颜师古注："辎，衣车也。重，谓载重物车也。故行者之资，总曰辎重。"

③诸本均如王本作"荣观"，唯帛书《老子》甲乙本作"环官"。

荣观，即营馆。诸家解释不一，大致有以下几种解释：吴澄说："虽有荣华之境，可以游观。"马叙伦说："荣观是营卫之借……《史记·五帝本纪》曰：'迁徙往来无常处，以师兵为营卫。'《说文》：'营，布居也；卫，宿卫也。'"帛书《老子》甲本注："环官，通行本作'荣观'，范应元注：'观，一作馆。'《说文》：'馆，客舍。'"高亨说："荣、环，均当读为营（《韩非子·五蠹》：'自环者谓之私。'《说文》引环作营）。营，周垣也，围墙也。观，当读为官，官即古馆字，宫室也。"河上公注："荣观，谓宫阙。"

燕，傅本、范本作"宴"，二字古通用。罗振玉说："《释文》作'宴处'，知本作'宴'。"

宴、燕，安闲。燕处，即安居。

④奈何，河上公本如王本，傅本、范本作"如之何"，景龙本作"如何"，帛书《老子》甲乙本作"若何"。

轻天下，马叙伦说："《韩非子·喻老》曰：'主父万乘之主而以身轻于天下。'是古本有'于'字。"

万乘之主，大国君主。万乘，一万辆兵车。

⑤根，傅本、范本、帛书《老子》甲乙本均如王本作"本"。河上公本、景龙本作"臣"。《大典》王本作"根"，《释文》亦作"根"，是王本原作"根"。马叙伦、蒋锡昌都说"本"当作"根"，以与上文"重为轻根"相应。

二十七章

善行无辙迹，善言无瑕谪，善计不用筹策①，善闭，无关键而不可开；善结，无绳约而不可解②。是以圣人常善救人，故无弃人；常善救物，故无弃物③。是谓袭明④。故善人者不善人之师，不善人者善人之资⑤。不贵其师，不爱其资，虽智大迷⑥，是谓要妙⑦。

译文

善于行动就不会留下辙迹，善于讲话就不会留下瑕疵，善于计算者不需借助筹策，善于封闭，无需锁也打不开；善于捆束，无需绳索也不可解。所以圣人善于救助人，而不会放弃任何人；善于利用一切物，而没有丢弃的事物。这就叫暗夜之明。所以善人是不善之人的导师，而不善之人是善人利用的材料。不尊重其导师，不爱护其资材，即使是聪明人也会迷惑，这就是奥妙之所在。

解说：

林希逸说："善人可以师范一世，虽异于不善之人，而天下若无不善之人，则谁知善人之为善，是不善人乃为善人之资也。资者，言其赖之以自别也。"高亨说："资，教育的对象，等于学生……圣人既有此五善，又常善于挽救人，所以没有废弃的人；常善于挽救物，所以没有废弃的物。圣人光明，人与物也光明，这叫作两方面光明。所以善人是不善人的教师，不善人是善人的学生。"任继愈说："资，凭借，借鉴。老子认为善人固然可以作恶人的老师，而恶人也可以作为善人的借鉴。恶人不是不可以转变的，所以说'无弃人'。"

"人之不善，何弃之有。"《淮南子·道应训》："楚将子发好求技道之士。楚有善为偷者往见曰：'闻君求技道之士，臣楚市偷也，愿以技赍一卒。'子发闻之，衣不给带，冠不暇正，出见而礼之。左右谏曰：'偷者，天下之盗也，何为礼之？'君曰：'此非左右之所得与。'后无几何，齐兴兵伐楚，子发将师以当之，兵三却。楚贤良大夫皆尽其计而悉其诚，齐师愈强。于是，市偷进请曰：'臣有薄技，愿为君行之。'子发曰：'诺。'不问其辞而遣之。偷则夜解齐将军之帱帐而献之。子发因使人归之，曰：'卒有出薪者，得将军之帷，使归之于执事。'明又复往取其枕，子发又使人归之。明又复往取其簪，子发又使归之。齐师闻之大骇。将军与军吏谋曰：'今日不去，楚将恐取吾头。'乃还师而去。故曰：伎无细而能无薄（原作'无细而能薄'，据王念孙校改），在人君用之耳。故老子曰：'不善人善人之资也。'"

注释：

①傅本、范本、帛书《老子》甲乙本"善行"下均有"者"字，以下"善言"、"善数"、"善闭"、"善结"并同。河上公本、景龙本如王本

无"者"字。

辙,车迹。辙迹,车辙迹。无,不见。

瑕谪(读暇哲),《管子·水地》:"夫玉,瑕适皆见,精也。"尹知章注:"瑕适,玉病也。"高亨曰,"瑕谪",皆玉疵也。《荀子·宥坐》:"瑕适并见,情也。"

善计,王弼作"善数"。筹策,御注本作"筹算"。英伦二本"策"作"筭"。河上公本、景龙本、御注本"数"作"计"。数,计算。

朱骏声曰:"筭长六寸,计历数者,从竹从弄,会意,言常弄乃不误也。"

②关键,古本作楗,范应元说:"楗,拒门木也。或从金旁,非也。横曰关,竖曰楗。"关门之具,即门闩。

结,结系,结束。约,以绳束物曰约。又称"要"。

朱谦之按:"绳约"为连文。《说文》:"绳,索也。""约,缠束也。"《庄子·骈拇》:"待绳约胶漆而固者,是侵其德也。""约"字亦是索,绳约犹今言绳索。《左传》哀公十一年公孙挥曰"人寻约,吴发短",杜注:"约,绳也。"旧注谓约为约束之约,当非《老子》古义。

③"是以",景龙本、遂州本、帛书《老子》甲乙本作"而",河上公本、傅本、范本作"故"。

傅本、范本"无弃人"作"人无弃人",《淮南子·道应训》引文亦然。傅本、范本"无弃物"作"物无弃物",帛书《老子》甲乙本作"物无弃财"。

救,拯救。

物,《孟子·尽心上》:"万物皆备于我。"赵岐注:"物,事也。"救,读为就,使用也。

④何按:袭,夕也。袭明即夕照,指月亮。《礼记·祭法》:"夜明,祭月也。"月,古称夜明即夕明(夕即夜之本字)。旧注多释袭为因。谬。

⑤河上公注:"人之行善者,圣人即以为人师。资,用也。人行不善,圣人犹教导使为善得以给用也。"

⑥此句有两种相反的解释:一为师资双遣,既不贵师,也不爱资;成玄英说:"师资两忘,圣凡一揆,俗知分别,虽似大道,据理而言,实成要

妙。"一为师资并重，既贵其师，又爱其资。

薛君采说："善人不善人之师，若不善人顾自绝于善人，不知亲附以求益，是不贵其师也。不善人善人之资，若善人者弃绝不善之人，不知爱惜而教之，是不爱其资也。二者之所为皆过矣，虽曰智者，未免大惑也。"

高亨说："如果不善人不尊敬他的教师，善人不喜爱他的学生，虽然很聪明，却是大糊涂。"

⑦要妙，高亨说："'要'疑当读为'幽'，幽妙，犹言深妙也。要、幽古通用。"何按：其说是。

朱谦之说，"要妙"即幼妙，亦即幽妙。《汉书·元帝纪》"穷极幼眇"，师古曰："'幼眇'读曰'要妙'。"刘台拱曰：案幼，幽也；眇，微也。古字"幼""窈"通。《尔雅》"冥，幼也"，或作"窈"。孙炎注云："深暗之窈也。"……《淮南子·本经训》："以穷要妙之望。"《楚辞·远游》"神要眇以淫放"，《集注》："要妙，深远貌。"是也。

二十八章

知其雄，守其雌，为天下谿①。为天下谿，常德不离，复归于婴儿②。知其白，守其辱，为天下谷。为天下谷，常德乃足，复归于朴③。朴散为器，圣人用为官长，故大制不割④。

译文：

明知自身的雄强，却坚守自身的雌弱，宁做天下的谿海。宁做天下的谿海，坚守正德而不离，复归于婴儿形态。了解自身的清白，却坚守自身的昧墨，甘于做天下的低谷。甘于做天下的低谷，才能永葆内德的充实，回归于浑朴。玉璞剖解而成为器物，圣者利用之作为官长，善于制作者不会生硬地去切割。

注释：

①谿，指海。何按：旧皆释谿为溪，不确。谿，当读为澥，即海。渤海古又称渤澥。

又，溪之异体字。《尔雅·释水》："水注川曰谿。"邢昺引李巡云："水出于山，入于川曰谿。"《大戴礼记·易本命》："丘陵为牡，谿谷为牝。"知雄守雌，义又见六十一章："牝常以静胜牡，以静为下。"

②常，读为尚，守也。五十五章："含德之厚，比于赤子。"

河上公于此颇有所见："雄以喻尊，雌以喻卑。人虽知自尊显，当复守之以卑微，去雄之强梁，就雌之柔软；如是，则天下归之，如水流入深谿也。人能谦下如深谿，则德常在，不复离于己。常复归志于婴儿，蠢然而无所知也。"

③此段文字历来错讹，异说纷纭。兹参前人校注正之如下：

"知其白，守其辱，为天下谷。为天下谷，常德乃足，复归于朴。"

王弼本则作："知其白，守其黑，为天下式。为天下式，常德不忒，复归于无极。知其白，守其辱，为天下谷。为天下谷，常德乃足，复归于朴。"忒，帛书本及敦煌本作"貣"。

易顺鼎说："按此章有后人窜入之语，非尽《老子》原文。《庄子·天下》引老聃曰：'知其雄，守其雌，为天下谿。知其白，守其辱，为天下谷。'此《老子》原文也。盖本以'雌'对'雄'，以'辱'对'白'。'辱'有黑义，《仪礼》注：'以白造缁曰辱'，此古义之可证者。后人不知'辱'与'白'对，以为必'黑'始可对'白'，必'荣'始可对'辱'；如是，加'守其黑'一句于'知其白'之下，加'知其荣'一句于'守其辱'之上，又加'为天下式。为天下式，常德不忒，复归于无极'四句，以叶黑韵，而窜改之迹显然矣。以'辱'对'白'，此自周至汉古义，而彼竟不知，其显然者，一也。'为天下谿'，'为天下谷'，'谿'、'谷'同意，皆水所归，'为天下式'，则与'谿'、'谷'不伦，凑合成韵，其显然者，二也。王弼已为'式'字等句作注，则窜改即在魏、晋之初，幸赖《庄子》所引，可以考见原文，亟当订正，以存真面。"

高亨说："《老子》本以'雌'对'雄'，以'辱'对'白'，'辱'即后起'黪辱，垢黑也'。四十一章曰：'大白若辱'，亦'白''辱'相对，即其明验，则此以'白'对'黑'，决非《老子》旧文……《淮南子·道应篇》引《老子》曰：'知其雄，守其雌，为天下谿。'又引《老子》曰：'知其荣，守其辱，为天下谷。'而未引'知其白，守其黑，为天下式'

句，盖《淮南子》所见本无此句也。且其所引'知其荣，守其辱'，原作'知其白，守其辱'。今作'荣'者，妄人依误本《老子》改之耳。其文：'文王砥德修政三年，而天下二垂归之。纣闻而患之……拘文王于羑里……文王归，乃为玉门，筑灵台，相女童，击钟鼓，以待纣之失也。纣闻之曰：周伯昌改道易行，吾无忧矣。乃为炮烙，剖比干，剔孕妇，杀谏者。文王乃遂其谋。故《老子》曰：'知其荣，守其辱，为天下谷。'按'砥德修政'非'荣'字之意，乃'白'字之意，白者其行洁白也。'为玉门，筑灵台，相女童，击钟鼓'，非'辱'字之意，乃'黑辱'字之意，黑辱者其行污黑辱也。文王之改道易行，正《老子》所谓'知其白，守其辱'也。若然，'荣'本作'白'明矣。"

谷，山谷。足，充足，充实。

朴，何按：应作璞。《玉篇》引老子："璞散则为器。"《文选·演连珠》注引《尸子》："郑人谓玉未理者为璞。"尚未雕琢成器的玉料叫璞。雕解之则成器。何按：璞剖解而为器，曰"散"。散，解也。古有"解玉之工"。

④用，俞樾说："王弼注：'圣人因其分散，故为之立官长。'则当作'圣人因之'，方与注合，今作'用'者，后人据河上公本改之耳。"

奚侗说："官长为群有司。"河上公注："圣人升用则为百官之元长也。"何按：官长，疑当读为官章。章，表记也。玉章，玉玺也。

制，《说文》："制，裁也。"制有裁义。制、裁一音之转。不割，景龙本、敦煌本作"无割"。割，刀也。善裁者不用刀。

二十九章

将欲取天下而为之，吾见其不得已①。天下神器，不可为也。（不可执也。）为者败之，执者失之②。故物，或行或随，或嘘或吹，或强或羸，或培或隳③。是以圣人去甚，去奢，去泰④。

译文：

想要夺取天下而据有它，我可以肯定他不成功。天下乃是神所创造的器物，不可以夺取它。（也不可占有它。）硬要这样做的必败，据有它的必会丧失。所以万物，有前行则必有后随，有吸入则有呼出，有强盛则有衰弱，有上升则必有跌落。所以圣者放弃过分，放弃奢侈，放弃安泰。

注释：

①《广雅·释诂》："取，为也。"《国语》："疾不可为也。"韦注："为，治也。"是取与为通，为与治通。四十八章，河上公注："取，治也。"为者，有也。"将欲取天下而为之，吾见其不得已"，言世君将欲治天下而占为之，吾见其得不到也。

②神器，神圣之物。为，训治。治者败之。

易顺鼎曰：按"不可为也"下，当有"不可执也"一句。马叙伦曰：彭耜引黄茂材曰："天下神器，不可为也，不可执也，至于人身，独非神器乎？"朱谦之按："为者败之"二句，又见六十四章。《鹖冠子·备知》曰："故为者败之，治者乱之。"当亦本此。

③王引之说："或，犹有也。"

嘘，王弼本作"歔（虚）"，河上公本作"呴"，景龙本作"嘘"，三字古通用。河上公注："呴，温也。吹，寒也。"《玉篇》嘘、吹二字相通，即本《老子》。又引《声类》云："出气急曰吹，缓曰嘘。"此吹、嘘之别，即《老子》古义也。《玉篇》又有"呴"字，又引《老子》曰："或呴或吹。"

羸，弱也。培，凭也，乘也，上升也。《庄子·逍遥游》"培风"，注曰"乘风而上也"。培，王弼本作"接"。朱谦之说："字讹也。"于省吾说：接读为捷。捷，胜也。隳，坠，下降也。隳有败义。说亦可通。

④甚，极。河上公注："贪淫声色。"《说文》："甚，尤安乐也。"奢，通多。泰，通太，均为过甚。

三十章

以道佐人主者，不以兵强天下，其事好还①。师之所处，荆棘生焉。大军之后，必有凶年②。故善者果而已，不敢以取强③，果而勿矜，果而勿伐，果而勿骄，果而不得已，（是）果而勿强④。物壮则老，是谓不道，不道早已⑤。

译文：

要以道义辅佐王者，不要以炫耀兵威而称雄于天下，其政事才会有好结果。军队所过之处，就会遍生荆棘。大战之后，必有大灾。故善于用兵者达到战略目的立即罢手，绝不敢长久地称霸逞雄，有战果而不敢得意，有战果而不敢炫耀，有战果而不敢骄傲，有战果而示人以不得已，有战果而不敢逞强。凡事物发展强大就会衰老，因为这违背了道，违背道则必灭亡。

解说：

河上公注："草木壮极则枯落，人壮极则衰老也。言强者不可以壮，枯老者坐不行道也，不行道者早死。"苏辙说："壮之必老，物无不然者，惟有道者成而若缺，盈而若冲，未尝壮，故未尝老，未尝死；以兵强天下，壮亦甚矣，而能无老乎！"

注释：

①佐，读为助，一音之转。人主，王者。强，称强。严可均曰："'以道佐'应为'以道作'。"

俞樾曰：按唐景龙碑作"以道作人主者"，乃古本也。河上公注曰："谓人主能以道自辅佐也。"则河上公亦是"作"字。若曰"以道佐人主"，则是人臣以道辅佐其主，何言人主以道自辅佐乎？因"作""佐"二字相似，又涉注文"辅佐"字而误耳。朱谦之按：古本《道德经》校刊拓本，均作"以道作人主者"，石刻尚在，俞氏之说万无可疑。亦可备一说。

好还，刘师培说："《说文》云：'还，复也。'《尔雅·释诂》云：'还，反也。'"

王弼注："为治者务欲立功生事，而有道者务欲还反无为。故云：'其事好还'也。"

朱谦之注：还，古音旋（见《释文》）。范应元云："还，句缘切；经史'旋'、'还'通。"何按："其事好还"，谓兵凶战危，反自为祸也。或释"好"为容易，释"还"为还报、报应。把"其事好还"解释为"用兵这件事，容易得到报应"。"师之所处，荆棘生焉"，即报应之验。

②劳健说："'大军之后，必有凶年。'景龙、敦煌与道藏龙兴碑本无此二句，他本皆有之。《汉书·严助传》：淮南王安上书云：'臣闻军旅之后，必有凶年。'又云：'此老子所谓师之所处，荆棘生之者也。'按其词意，'军旅'、'凶年'当别属古语，非同出《老子》。又王弼注止云：'贼害人民，残荒田亩，故曰荆棘生焉。'亦似本无其语。"帛书《老子》甲乙本亦无此二句。

③善者，指善用兵者。

俞樾曰：按"敢"字衍文。河上公注曰："不以果敢取强大之名也。"注中"不以"二字，即本《经》文。其"果敢"字乃释上文"果"字之义，非此文又有"果"字也。今作"不敢以取强"，即涉河上公注而衍。王注曰："不以兵力取强于天下也。"亦"不以"二字连文，可证《经》文"敢"字之衍。唐景龙碑正作"不以取强"，当据以订正。

果，《尔雅·释诂》："果，胜也。"已，高延第曰："已，止也。"果而已，胜之则止。

④矜，自高自大。伐，自我夸耀。

傅奕本、景龙本作"是果而勿强"。是，总结语。

强，逞强。朱谦之说：《左传》宣公十二年，楚庄王曰："其为先君宫，告成事而已，武非吾功也。"此即"果而勿强"也。用兵而寓于不得已，是视胜犹不胜，不以兵强天下者也。

⑤此三句并见五十五章。已，异本作亡。顾欢本作"不道早亡"。何按：已，巳也，音通死，通亡。

高亨《老子注译》说："壮了就老，乃是规律。而下文云：'是谓不道'，可知此句之上，应有省文，省去相反之意。魏源《老子本义》：'物壮则老，此天道也。而违之者，是不道矣，宜其暴兴者必早亡已也。'"

高之译文如下："凡物强壮了就要衰老，若违反此规律，妄自逞强，这叫作不合于道，不合于道就要提早灭亡。"

姚鼐曰：此章之"物壮则老"十二字为衍文。

三十一章

夫兵者不祥之器，物或恶之，邦有道者不处①。君子居则贵左，用兵则贵右②。兵者不祥之器，非君子之器，不得已而用之。恬淡为上，胜而不美③，而美之者是乐杀人。夫乐杀人者，则不可以得志于天下矣。吉事尚左，凶事尚右。偏将军居左④，上将军居右，言以丧礼处之。杀人众以悲哀泣之⑤，故胜以丧礼处之。⑥

译文：

一切兵器都是不祥之器，不要希求而且应当厌恶它，所以有道义的人不使用它。君子安居以左为上，战争则以右方为上。武器是不祥之器，不是君子使用之器，君子只有不得已才会使用它。使用它也恬淡处之，取得胜利也不赞美它，赞美它就是以杀人为乐事。以杀人为乐事，是不会实现其志向于天下的。吉祥之事以左方为上，凶险之事以右方为上。让副将军坐在左方，大将军则坐在右方，就像在丧礼上那样。杀人众多怎能不满怀悲哀，所以即使取得胜利也要以丧礼来对待。

解说：

此章言兵法。但此章文句错乱，历来注家多有疑义。纪昀曰：按自"兵者不祥之器"至"言以丧礼处之"，似有注语杂入，但河上公注本及各本俱作《经》文，今仍之。

刘师培曰：按此节王本无注，而古注及王注恒混入正文，如"不祥之器，非君子之器"，二语必系注文，盖以"非君子之器"释上"不祥之器"也。本文当作"兵者不得已而用之"，"兵者"以下九字均系衍文。

马叙伦曰：纪、刘之说是也。《文子·上仁》引曰："兵者不祥之器，不得已而用之。"释慧皎《高僧传》八《义解论》曰："兵者不祥之器，不得已而用之。"盖《老子》本文作："夫唯兵者，不祥之器，不得已而用之。""物或"两句，系二十四章错简；"君子"两句，乃下文而错在上者；"非君子之器"，正释"不祥之器"也。

蒋锡昌说:"《道德真经集注》(明皇、河上公、王弼、王雱注)引弼曰:疑此非老子之作也。"王弼不注此章,盖由于此。按帛书《老子》甲乙本文字虽与王本稍异,但大略相同,知早在秦汉间已有此章,谓"全非老子之作",则属臆测。

朱谦之注:试删其冗复,订定经文如次:

夫佳兵者,不祥之器(兵者不祥之器,非君子之器),物或恶之,故有道者不处(不得已而用之,恬淡为上)。君子居则贵左,用兵则贵右(吉事尚左,凶事尚右,是以偏将军居左,上将军居右)。杀人众多,以悲哀泣之(胜而不美,若美之,是乐杀人。夫乐杀者,不可得意于天下)。战胜,以哀礼处之(言居上世,则以丧礼处之)。

朱谦之说:"王羲之本、傅、范本'言以丧礼处之','言'下有'居上势则'四字。程大昌《易老通言》引'势'作'世',疑为古注,今据补。"

注释:

①兵,兵事。此句异本多作"夫佳兵者不祥之器。"王念孙说:佳,惟也。《大戴礼记·用兵》:"用兵者其由不祥乎?"邦,国也。宋翔凤曰"'佳兵'当是'作兵'",不确。不祥,不吉也。异本邦作"故"。

处,居也。居,《荀子·正论》:"居则设张容。"杨倞注:"居,安居也,听朝之时也。"

②贵左,以左为贵;贵右,以右为贵。《诗经·小雅·裳裳者华》:"左之左之,君子宜之。右之右之,君子有之。"《毛传》:"左阳道,朝祀之事;右阴道,丧戎之事。"礼因事而异,朝祀之事,以左为上位;丧戎之事,以右为上位。阳生而阴杀,故"君子居则贵左,用兵则贵右"。

中井履轩曰:古人皆贵右,故下降曰左迁,殊无贵左之证,至汉犹然。此说是错的。

③不得已,《墨子·大取》:"不得已而欲之,非欲也。""害之中取小,不得已也。"

恬,傅奕本作憺惔,即今语担忧。旧说皆不确。

河上公本如王本作"胜而不美",帛书《老子》甲乙本作"勿美也",景龙本作"故不美",傅本、范本作"故不美也"。

而，诸本多作"若"。王引之说："而，犹若也。"若与如古同义，故"而"训为"如"，又训为"若"。"而"与"若"同义，故二字可以互用。

④得志，严本、景龙本、敦煌本作"得意"。偏将军，《左传》襄公三十年："且司马令尹之偏。"杜预注："偏，佐也。"偏将军犹副将军。

⑤泣（读若利），悲泣也。异本作"涖"，或云临也。王本及其他诸本均作"泣"，帛书《老子》甲乙本作"立"。

⑥异本"丧礼"作"哀礼"，"故"作"战"。

三十二章

道常无名朴，虽小，天下莫能臣①。侯王若能守之，万物将自宾②。天地相合以降甘露，民莫之令，而自均③。始制有名，名亦既有，夫亦将知止④，知止不殆。譬道之在天下，犹川谷之于江海⑤。

译文：

道无形之物，即使小，天下却无人能征服它。作王侯的若能掌握它，一切事物将自然地归化。天地相交合而化育甘露，人民不需要命令，而会自动运行。始建制度就要立名分，既然有了名分，就要知道它的界限，知道界限所在就不会败坏。好比道被放之于天下，就像江河之流入大海。

注释：

①三十七章："吾将镇之以无名之朴。"朴，应读为"物"也，本句亦然。他说皆穿凿难通。

莫能臣，河上公本、景龙本、御注本等作"不敢臣"，帛书《老子》乙本作"弗敢臣"（甲本缺）。高亨说唐写本作"莫不臣"。臣，使之臣服。

②宾，归顺，服从。

③相合，相会也，会合。天地指阴阳。

异本作"民莫令，而自均"（河上公本）或"民（人）莫之令，而自均"。均，均平也，安平、太平也。

④制,《说文》:"制,裁也。"分配的意思。

始制有名,分为尊卑贵贱的等级制度,因而有名号。

将,裴学海说:"将,犹当也。"

⑤于,异本作"与"。于、与古字通用(《经义述闻》)。于,入也。

三十三章

知人者智,自知者明①。胜人者有力,自胜者强。知足者富,强行有志。不失其所者久,死而不亡者寿②。

译文:

了解别人是智慧,了解自己是圣明。战胜别人是有力量,战胜自己才是强大。知足的人就是富有,坚持而行的人就是有志。占有而不丧失才是持久,死亡而不被忘记的人才是长寿。

注释:

①参照"自见者不明,自是者不彰。"(二十二章)"不自见故明,不自是故彰。"(二十三章)

②朱谦之按:如《易·艮·象》云:"艮,止也。时止则止,时行则行,动静不失其时,其道光明。""艮其止,止其所也。"又《墨子·经说上》:"止以久也。"皆此旨。

亡,读如无,虚无。形死而神不灭则寿,则非"无"也。

三十四章

大道氾兮,其可左右①。万物恃之以生而不辞,成功而不名有②,衣养万物而不为主③。(常无欲④,)可名于小;万物归焉而不为主,可名于大⑤。是以圣人终不为大,故能成其大。

译文:

大道无所不在,可以在左可以在右。万物依赖它生存而它并不讲什么，事情做成功它也并不显名，养育万物却不做主人。(从来没有欲望，)可以称作"极小"；万物归从却不自以为主，可以称作"极大"。正由于它不自居为大，所以它才是真正的至大。

注释：

①氾，同"泛"，泛滥。《说文》："泛，滥也。"浸流曰泛滥。泛者，遍也，无所不至也。故曰："其可左右。"帛书《老子》甲乙本无此句。

②恃，《说文》："恃，赖也。"恃，持也，得到。王弼注："万物皆得道而生。"

名，称谓。异本"成功"或作"功成"。傅奕、大典本"不名有"作"不居"。

③衣养，即颐养。大典、傅奕本作"衣被"，河上公、景龙、御注等诸本均作"爱养"。衣、爱，古音通。"衣被"语后出，亦为爱护之义。俞樾曰：按河上公本作"爱养"，此作"衣养"者，古字通也。盖"衣"字古音与"隐"同，故《白虎通·衣裳》曰："衣者隐也。"以声为例也。而"爱"古音亦与"隐"同，故《诗经·烝民》《毛传》训"爱"为"隐"。《孝经》训引刘炫曰："爱者，隐惜而结于内。"不直训"惜"而必训"隐惜"者，亦以声为训也。两字之音本同，故"爱养"可为"衣养"。傅奕本作"衣被"，则由后人不通古音，不达古义，率臆妄改耳。

不为主，帛书《老子》甲乙本作"弗为主"，傅本、范本作"不知主"，《大典》王本、范应元所见王本亦作"不知主"。

④常无欲，劳健说："诸本多有'常无欲'三字，敦煌与道藏龙兴碑本、李荣本、张君相集注本皆无之，成玄英疏亦不及'常无欲'之义。"然王本、河上公本、傅本、帛书《老子》甲乙本均有此三字。

⑤王本、河上公本、范本"于"作"为"，傅本、景龙本、帛书《老子》甲乙本均作"于"，于为通。王引之说："于，犹为也。"异本（如御注本）作"可名于小"，后人妄改也（因下句有"终不自为大"句）。朱谦之说，《法言·孝至》李轨注曰："道至微妙，故曰小也。"在此则为赘语。审校文义，爱养万物，可名为大，为小义不可通。

三十五章

执大象，天下往，往而不害，安、平、太①。乐与饵，过客止②。道出口，淡无味③，视之不足见，听之不足闻，用之不足既④。

译文：

执大道之象，可以走遍天下，到任何地方都不会遭遇祸害，从而安全、平和、顺达。音乐美食，会令过客止步。道说出，却淡而无味，看起来看不见，听起来听不见，但用起来却用不完。

解说：

苏辙说："作乐设饵以待来者，岂不足以止过客哉？然而乐阕饵尽，将舍之而去矣。若夫执大象以待天下，天下不知好之，又况得而恶之乎？虽无臭味、形色、声音以悦人，而其用不可尽矣。"

注释：

①执，持也。往，归往。

王引之说："安，犹于是也，乃也，则也。老子曰：'往而不害，安平太。'言往而不害，乃得平泰也。"平太（泰），即太平。

②十二章："五色令人目盲，五音令人耳聋，五味令人口爽。"

裴学海说："止，足，犹可也。"

③出口，傅奕本、严本作"出言"。王弼注："道之出言淡然无味。"

④既，尽也。异本"视"、"听"、"用"下有"之"字。景龙本、敦煌本无"之"，更为原始。

三十六章

将欲歙之，必固张之①；将欲弱之，必固强之；将欲废之，必固举之；将欲夺之，必固与之②。是谓微明③。柔弱胜刚强。鱼不可脱于渊④，国之利器不可以示人⑤。

译文：

将封闭它，就先让它打开；将削弱它，就先让它强大；将废贬它，就先让它升华；将夺取它，就先将它授予。这就叫黑暗中的光明。柔弱能战胜刚强。鱼不能离开水源，统治国家的利器不可传示于人。

注释：

①歙（读若隙），收敛。固，姑也，二字古通用，姑且的意思。《韩非子·说林》引《周书》"将欲取之，必姑予之"。

②劳健说："必固兴之之'兴'当作'举'。《礼运》'选贤与能'，《大戴礼记·主言》作'选贤举能'是也。疑此字本亦作'与'，后人不识举、与互通，乃循'废'字臆改，故众本相传皆作'兴'也。"何按：帛书《老子》甲乙本均作"与"字。与，予，给予。

③微明，微读如晦，二字古通。晦明，即幽明，暗中之明也。高延第曰："首八句即祸福盛衰倚伏之几，天地自然之运，似幽实明。'微明'谓微而显也。"

④吕惠卿说："人之不可以离柔弱，犹鱼之不可以脱于渊；鱼脱于渊则获，人离于柔弱则死之徒而已矣。"

⑤成玄英说："利器，权柄也。""人多利器，国家滋昏。"（五十七章）何按：利器，当读为礼器也。

三十七章

道常无为，而无不为。侯王若能守之，万物将自化①。化而欲作，吾将镇之以无名之朴。无名之朴，夫亦将不欲②。不欲以静，天下将自定③。

译文：

道永远什么都不作，但却无所不在。如果王侯能把握它，万物就都会自然生化。如果在生化中有所兴作，我就以"无名"的方法来治理它。用"无名"之法去治理它，就可以消除贪欲。无贪欲则入静，入静而天下自然安定。

注释：

①帛书《老子》甲乙本作"道恒无名"。

侯王，傅奕本作"王侯"。帛书《老子》甲乙本作"侯王"。侯王，即后王也，乃君主之古称。化，变之本字，本义即变化。《庄子·天下》所述关尹、老聃之道："在己无居，形物自著，其动若水，其静若镜，其应若响。"无为也，而无不为也。又阮籍《通老论》曰："道者法自然而为化，侯王能守之，万物将自化。《易》谓之太极，《春秋》谓之元，《老子》谓之道。"

②"作，为也。"作亦有变意。《礼记·哀公问》"作色而对"，注："变也。"范应元注："镇，安也。"《尔雅·释言》：《论衡·量知》曰："无刀斧之断者，谓之朴。"朴，读为物。欲，将也。

③以，而也。定，傅本、景龙本、范本、帛书《老子》甲乙本均作"正"。

三十八章

上德不德，是以有德。下德不失德，是以无德①。上德无为，而无不为。下德为之②，而有不为。上仁为之，而无以为③。上义为之，而有以为④。上礼为之，而莫之应，则攘臂而扔之⑤。故失道而后德，失德而后仁，失仁而后义，失义而后礼。夫礼者，忠信之薄，而乱之首。前识者，道之华，而愚之始⑥。是以大丈夫，处其厚不居其薄，处其实不居其华。故去彼取此。

译文：

上品德性看不出德性，才是真正有德性。下品德性不能失离德性，所以本质是无德性。上品德性不做什么，但无所不能为。下品的德性什么都做，但做不成什么。崇尚仁者什么都要做，但做不成什么。崇尚义者什么都做，结果什么都要做。崇尚礼推行礼而不得回应，只好扬臂而扔出去。所以丧失大道而后才讲德性，丧失德性而后才讲仁爱，丧失仁爱而后才讲教义，丧失教义而后才讲礼制。所以礼制只是忠信的一张表皮，是乱世之开端。自以为有先见之明，那不过是玩弄道之虚华，而实际正是愚蠢之至。所以男子汉，选择厚重而不选择轻薄，选择充实而不选择虚华。不要后者而宁要前者。

解说：

从三十八章到八十一章为下篇，又称德经。

儒家尚"仁"主爱人，墨子尚"兼爱"亦主爱人，但二者义有不同。仁是纯价值，以爱为目的。兼爱则是手段，目的是兼爱而求人之爱我，反报于我。故孟子把爱人分为三等："尧舜，性之也；汤武，身之也；五霸，假之也。"（《孟子·尽心》）尧舜因天性之本然，不待勉强，自然而行。汤武反身而诚，强恕而行。五霸假仁义之名，行霸道之实。"所以谓人皆有不忍人之心者，今人乍见孺子将入于井，皆有怵惕恻隐之心，非所以内交于孺子之父母也，非所以要誉于乡党朋友也，非恶其声而然也。"（《孟子·公孙丑》）这种没有个人目的的"不忍之心"即同情心，只有天真之人或上仁之人才可能实现。

注释：

①王弼说："德者，得也……何以得德，由乎道也。"何按：德即得道，上德不得，是以有得。下德有得（不失得），是以无得。

②此文多窜乱句。俞樾说："《韩非子·解老》作'上德无为而无不为也。'盖古本《老子》如此。今作'无以为'者，涉下'上仁'句而误耳，傅奕本正作'不'。"然河上公本及其他诸本多作"无以为"，帛书《老子》甲乙本亦作"无以为"。以，读为有。薛君采说："无以为，谓无所为而为之。"

马其昶说："'无为'旧作'为之'，误同'上义'句，傅本又误同'上仁'句。注家强为之说，皆非是，今为正。德有上下，其无为一也；以其不失德，故虽无为之中而仍有以为。"

③《韩非子·解老》："仁者，谓其中心欣然爱人也。其喜人之有福而恶人之有祸也，生心之所不能已也，非求其报也。故曰：'上仁为之而无以为也。'"

④《韩非子·解老》："义者，君臣上下之事也，父子贵贱之差也，知

交朋友之接也，亲疏内外之分也。臣事君宜，下怀上宜，子事父宜，贱敬贵宜，知交友朋之相助也宜，亲者内而疏者外宜。义者，谓其宜也，宜而为之，故曰：'上义为之而有以为也。'"

⑤莫之应，《礼记·曲礼》："太上贵德，其次务施报，礼尚往来，往而不来，非礼也；来而不往，亦非礼也。"礼尚往来，施而不报，即莫之应。

攘（读为嚷），《广韵》："出臂曰攘。"攘，扬也，挥舞。

《释文》："扔，引也。"《广韵》："扔，强牵引也。"

此句谓：上礼之人按照礼仪待人，而无人答礼，就卷起袖子，伸出胳膊，拉过来使之就礼。带有强制性。

⑥薄，皮也。首，始也（一音之转），开端也。

前识，预知、预谋，与"不思虑，不预谋"（《庄子·刻意》）之义相反。

华，古"花"字。愚之始，易顺鼎曰："即邪伪之始也。"弄巧成拙，"虽智大迷"（二十七章）。

宋翔凤曰：老子著书以明黄帝自然之治，即《礼记·礼运》所谓"大道之行"，故先道德而后仁义。孔子定六经，明禹、汤、文、武、周公之道，即《礼记·礼运》所谓"大道既隐，天下为家"，故中明仁义礼知，以救斯世。故黄、老之学与孔子之传，相为表里者也。又曰"夫礼者忠信之薄而乱之首也"，按此言世风之日漓也，道德仁义递降，而以礼为治民。三千三百皆所以约束整齐其民，由忠信之既薄，而礼为治国之首。乱，治也。老子言礼，故孔子问礼。

朱谦之按：宋说辨矣，然未明学术源流，以"乱"训"治"。证之经文六十四章"治之于未乱"，则"治""乱"对文，此处不应独训"治"。老子盖知礼而反礼者也，故曰："处其厚，不处其薄。"

三十九章

昔之得一者①，天得一以清，地得一以宁，（神得一以灵，谷得一以盈，万物得一以生②，）侯王得一以为天下贞③。其致之一也④。天无以清将恐裂，地无以宁将恐发⑤，神无以灵将恐歇⑥，谷无以盈将恐竭⑦，万物无以生将恐灭，侯王无以为贞将恐蹶⑧。故贵以贱为本，高以下为基。是以侯王自谓孤寡不谷⑨，此非以贱为本邪？非乎？故至誉无誉，不欲琭琭如玉⑩，珞珞如石。

译文：

　　自古以来成功靠统一，天得一统则澄清，地得一统则安宁，（神得一统则灵验，泉谷得到一统则盈满，万物得到一统而生存，）侯王得到一统才能主持天下之大政。所以必须致力于统一。天不清明怕会分裂，地不安宁怕会爆震，神灵不灵就无人信仰，泉谷不充盈怕会干涸，万物不能生存怕会消灭，君主失政就会颠覆。所以贵者要以贱者为根本，高者要以下者为基石。所以君王自称孤、寡人、不足，这不正是以贱为本吗？不是吗？所以最高的赞誉是不被赞誉，不希求碌碌如玉，宁可孤独如顽石。

注释：

　　①昔，古时。一，精也。指道，十章"载营魄抱一"，十四章"混而为一"，二十三章"圣人抱一为天下式"，三个"一"皆指道。

　　《管子·心术上》："德者，得也；得也者，谓其所得以然也。"

　　《庄子·至乐》："天无为以之清，地无为以之宁，故两无为相合，万物皆化生。"

　　②严遵本、敦煌本、帛书《老子》甲乙本均无此句。

　　③贞，河上公本、景龙本、帛书《老子》甲乙本作"正"。贞、正古通。

　　范应元注："贞，正也。"《尔雅》："正，长也。"指君王。朱谦之按：作"贞"是也。《易经·系辞》曰："天下之动，贞夫一者也。"又曰："言致其一也。"《老子》此章言"侯王得一以为天下贞"下，傅、范及《释文》下有"其致之一也"，与《易》义均合。何按：亚里士多德说："多头统治是不善的，让一个君主去治理吧。"义同。

　　④致，《汉书·公孙弘传》："致利除害。"颜师古注："致，谓引而至也。"

　　河上公注："致，诚也，谓下五事也。"高亨说："致，犹推也，推而言之如下文。"

⑤发，刘师培说："'发'读为'废'……恐发者，犹言将崩圮也，即地倾之义。'发'为'废'字之省形。"

蒋锡昌说："刘说是，《庄子·列御寇》：'先生既来，曾不发药乎？'《释文》：'发，司马本作废。'《列子·黄帝》引作'废'。又《缮性》：'非藏其智而不发也。'《御览·逸民部》引作'废'。《左传·哀十一年》疏引《竹书纪年》云：'梁惠王废逢忌之薮以赐民。'《汉书·地理志》引作'发'。均其证也。'发''废'双声，故可通用。此言天无以清，将恐裂；地无以宁，将恐废也。"

⑥歇，《说文》："歇，息也。"止息。

⑦竭，尽，枯竭。

⑧无以为贞，即无以长。异本此句作"无以贵高"。义近。

蹶（决），颠仆，跌倒。《说文》："蹶，僵也，从足，厥声。一曰跳也。"《广韵》："蹶，失脚也，僵也。"《荀子·成相》："国乃蹶。"注："颠覆也。"

刘师培说："按上文'天无以清'，'地无以宁'，'神无以灵'，'谷无以盈'，'万物无以生'，均承上'以清'，'以宁'，'以灵'，'以盈'，'以生'言，惟此句'无以贵高'，与上'以为天下贞'不相应。疑'贵'即'贞'字之讹……又疑'贵高'并文，与下'贵高'二语相应，遂于'贵'下增'高'字，实则'贵'当作'贞'，'高'乃衍文也。"

⑨奚侗说："《吕览·君守篇》：'君名孤寡而不可障壅。'高注：'孤寡，人君之谦称也。'《左传》僖公四年：'不谷，诸侯谦称。'孤云孤独，寡云少德，不谷不善也。"

不谷，又作不怙也。章炳麟曰："自称曰仆，本是臣仆，亦兼短义。王侯谦以自称不谷，'不谷'即'仆'之合音。《淮南子·人间训》注：'不谷，不禄也。'此为望文生训，古人死言不禄，不应以此自称。"说详于《新方言》。

⑩至誉无誉，王本、帛书《老子》乙本作"至数舆无舆"，甲本作"致数与无与"，河上公本、景龙本作"致数车无车"，傅本、范本作"致数誉无誉"，《释文》"誉"字，注："毁誉也。"《庄子·至乐》引有"至乐

无乐,至誉无誉"句。

誉、与、舆三字古通。《庄子·逍遥游》:"吾闻言于接舆。"《释文》:"'接舆'本又作'与',同音余。"又:帛书甲本作"与",乙本作"舆",益证二字古通。《淮南子·说山训》:"求美则不得美,不求美则美矣。"高诱注:"心自求美名,则不得美名也,而自损则有美名矣。故老子曰:'致数舆无舆也。'"读"舆"为"誉",可证"舆"、"誉"古通。

欲,求得,追求的意思。

《后汉书·冯衍传》:"夫人之德,不碌碌如玉,落落如石。"李贤注:"玉貌碌碌,为人所贵;石形落落,为人所贱。"碌碌,美貌。落落,石恶貌。

四十章

反者道之动①,弱者道之用。天下万物生于有②,有生于无。

译文:

向反面发展就是道的运动,弱小的东西正是为道所利用。天下万物的生存形态是"存有",但是存有的生存形态却是虚无。

解说:

"人之生也柔弱,其死也坚强。草木之生也柔脆,其死也枯槁。故坚强者死之徒,柔弱者生之徒。"(七十六章)"柔弱胜刚强。"(三十六章)"天下莫柔弱于水,而攻坚强者莫之能胜。"(七十八章)因此,老子教导人们不要争雄逞强,而要守雌守柔。

注释:

①道的运动是一种反变运动,因此弱小之形常为道所运用。

"反者道之动",高亨释反为返,去而复返。

河上公注:"反本也,本者道所以动,动生万物,背之则亡也。"

朱谦之释反为复:反,复也,此《易》义也。《易·复·象》曰:"反复其道,七日来复,天行也……复其见天地之心乎!"《杂卦》曰:"复,反也。"《乾·象》曰:"终日乾乾,反复道也。"《泰·象》曰:"无平不陂,无往不复。"《老子》十六章曰:"万物并作,吾以观复。夫物芸芸,各复归其根,归根曰静,是谓复命。"又曰"复归于婴儿","复归于无极","复归于朴",此复之即返而归之也。"大曰逝,逝曰远,远曰反",此待其远而后反也。反自是动,不动则无所谓反,故曰:"反者道之动。"反自是逆,逆而后顺,故曰:"玄德深矣远矣,与物反矣,然后乃至大顺。"又"弱者道之用",盖得《易》之坤者也,乾藏于坤,故曰弱。《易》曰"潜龙勿用",而《老子》言无用之用,是道之用。

②万物,严遵本、傅奕本、帛书《老子》乙本(甲本缺)均作"之物"。马叙伦:"弼注曰:'天下之物,皆以有为生。'是王本亦作'之物'。"

四十一章

上士闻道,勤而行之①;中士闻道,若存若亡②;下士闻道,大而笑之③,不笑不足以为道。故建言有之④:明道若昧,进道若退,夷道若类⑤,上德若谷,大白若辱⑥,广德若不足,建德若偷,质真若渝⑦,大方无隅,大器晚成⑧,大音希声⑨,大象无形。道隐无名。夫唯道,善贷且善成⑩。

译文:

上品之人听了道,努力而奉行;中品之人听了道,似信似不信;下品之人听了道,必哈哈大笑,若不被这种人笑话则道就不能称作道。所以前人有言说:光明之道似黑暗,进取之道似退守,弯曲之径似直路,上品之德似缺陷,大白之色似黑暗,宽广之德似不足,善忍之性似偷安,纯真之质似污染,大方之形无棱角,宏大之器必晚成,洪亮之声反而听不清,至大之象反而无形。道隐藏在无名之中。只有道,善于等待也善于成功。

注释:

①士,在先秦原为最低级的贵族阶层,后游离出来成为有知识有技艺者的通称。"勤而行之",傅奕本作"而勤行之"。勤,勉力也,读为尽,尽力曰勤。或读为堇,敬也,敬奉。

②若存若亡，存，有也。亡，无也。若有若无，即将信将疑。

③俞樾说："王念孙《读书杂志》曰：'大笑之'本作'大而笑之'，犹言迂而笑之也。《牟子》引《老子》正作'大而笑之'，《抱朴子·微旨篇》亦云：'大而笑之，其来久矣'，是牟、葛所见本皆作'大而笑之'。今按王说是也。'下士闻道，大而笑之'与上文'上士闻道，勤而行之'两句相对。傅奕本作'上士闻道，而勤行之'，'下士闻道，而大笑之'，盖误移两'而'于句首。"

④建，王弼注："建，犹立也。"高亨以为建言乃书名。何按：说皆不确。建古音乾，通前。建言即前言也，先人之言。

⑤明道若昧，"自见者不明，自是者不彰。"（二十二章）"不自见故明，不自是故彰。"（二十三章）

进道若退，王弼注："后其身而身先，外其身而身存。"

夷，平。类，累也。

杨增新说："舟之覆不于瞿塘滟滪而于平流，车之覆不于孟门太行而于康庄。所谓危者使平，易者使倾也。于至平者视之若未平，则无往而不平矣。故曰夷道若累。"

⑥上德若谷，"上德不德，是以有德。"（三十八章）

辱，易顺鼎说："按'辱'者，《仪礼·士昏礼》注云：'以白造缁（染黑）曰辱。'"范应元说："辱，黑垢也。"

大白若辱，王弼注："知其白，守其黑，大白然后乃得。"

⑦俞樾说："'建'当读为'健'，《释名·释言语》曰：'健，建也，能有所建为也。'是建、健音同而义亦得通。'建德若偷'，言刚健之德，反若偷惰也。正与上句'广德若不足'一律。"

建德若偷，王先谦《释名疏证补》："《秦策》韦昭注：健者，强也。'""守柔曰强。"（五十二章）"坚强者死之徒，柔弱者生之徒。"（七十六章）

刘师培说："按上文言'广德若不足，建德若偷。'此与并文，疑'真'亦当作'德'。盖'德'字正文作'悳'，与'真'相似也。'质德'与'广德'一律。"

高亨说："刘说是也。盖《老子》原书'德'字悉作'悳'，后人改作

'德'。此句误作'真'或'直',不然,亦必被改作'德'矣。《论语·雍也篇》:'质胜文则野,文胜质则史。'皇疏:'由实也。'是质有实义之证。渝,借为窬。《说文》:'窬,空中也。'质德若渝,犹实德若虚耳。"

渝,变,《说文》:"渝,变,污也。"

何按:质、至古通,此处可用作"至"。《庄子·刻意》:"夫恬淡寂寞虚无无为,此天地之平,而道德之质也。"俞樾说:"按'质'当读为'至'。《史记·苏秦传》:'已得讲于魏,至公子延。'《索隐》:'至当为质,谓以公子延为质也。'是至、质古通用。至可为质,质亦可为至矣。'道德之质',即道德之至也。《天道篇》曰:'夫虚静恬淡寂寞无为者,天地之平而道之至。'文与此同,而字正'至',是其明证。"

真,《淮南子·本经训》:"质真而素朴。"高诱注:"真,不变也。"五十四章:"修之于身,其德乃真。"

⑧方,《易·恒·象》:"君子以立不易方。"孔颖达疏:"方,犹道也。"成玄英说:"隅,角也。"

器,一用之才。《论语·公冶长》:"子贡问曰:'赐也何如?'子曰:'女,器也。'曰:'何器也?'曰:'瑚琏也。'"何晏注:"孔安国曰:'言汝是器用之人也。'"

晚,免也,莫也,无也。

⑨希声,"听之不闻,名曰希。"(十四章)希,鲜,小也。

⑩罗振玉说:"敦煌本'贷'作'始'。"帛书《老子》乙本正作"善始且善成"(甲本缺)。于省吾早有此说,据改。

何按:始,作"贷"亦通。贷,范应元注:"贷,施也。"八十一章:"圣人不积,既以为人己愈有,既以与人己愈多。"

四十二章

道生一,一生二,二生三,三生万物。万物负阴而抱阳①,冲气以为和。人之所恶,唯孤寡不谷,而王公以为称。故物,或损之而益,或益之而损。人之所教,我亦教之:"强梁者不得其死。"吾将以为教父②。

【译文:】

　　道生化为一（太一），一生化二（阴阳），二生化三（混合），三生化万物。万物背负于阴而拥抱阳，充满元气而互相调和。人性之所厌恶，无过于孤、寡、不足，而王公以此自称。所以事物的规律，有的被损害反而得益，有的受益反而被损害。人们常讲的警言，我也要以此为戒："强横的人不得好死。"我以这句话作为一切教诫之母。

【解说:】

　　一，壹也，太一即太极。二，偶也，双也，指阴阳。三，叁，合也，合阴阳。阴阳会合而生万物。《淮南子·天文训》："规生矩杀，衡长权藏，绳居中央，为四时根。道曰规，始于一，一而不生，故分而为阴阳，阴阳合和而万物生。故曰道生一，一生二，二生三，三生万物。"此说合于古义。又此句旧注异说殊多。如谓："《庄子·天地》：'泰初有无，无有无名，一之所起，有一而未形，物得以生，谓之德。'这是对'道生一'的最早解释。泰初即太始。'泰初有无'，是说宇宙的开始是无；'无有无名'，是说这时还没有有形的具体事物，因而也没有事物的名称；'一之所起'，是说'一'是由无而起，亦即由无而一的意思；'有一而未形'，是说虽然有了'一'，但还没有形体；'物得以生，谓之德'，物得'一'而生，叫作德；万物得道，谓之德。这说明'一'也就是道。司马光说：'道生一，自无入有'。"（据道藏本《道德真经论》）

　　又，《说文》："惟初太始，道立于一，造分天地，化成万物。"

　　《易经·系辞》："易有太极，是生两仪，两仪生四象，四象生八卦。"《吕氏春秋·大乐》："太一出两仪，两仪出阴阳，阴阳变化，一上一下，合而成章。"《淮南子·天文训》："道始于虚霩，虚霩生宇宙，宇宙生气，气有涯垠。清阳者薄靡而为天，重浊者凝滞而为地。"又易纬《乾凿度》："一者，形变之始，清轻者上为天，浊重者下为地。"

　　《庄子·田子方》老子："至阴肃肃，至阳赫赫；肃肃出乎天，赫赫发乎地；两者交通成和而物生焉。"

【注释:】

①马其昶说："抱负，犹向背。"负，藏负也。

②强梁者不得其死，《说苑·敬慎》录《金人铭》："强梁者不得其死，好胜者必遇其敌。"又见于《孔子家语》。

焦竑说："老子独尊之曰教父者，如言万物之母之谓，母主养，父主教。故言生则曰母，言教则曰父。"罗运贤曰："《说文》：父，巨也。巨，规巨也。教父，教巨，犹言教条也。或训父为始，非是。"巨，则也，法则。

四十三章

天下之至柔，驰骋天下之至坚①。无有人无间②，吾是以知无为之有益。不言之教，无为之益，天下希及之。

译文：

只有世上最柔软的，才能出入于世上最坚硬的。只有空无，才能出入于无限，我由此而知道无为之有益。不出言而行教化，无作为而有成果，世上很少有人理解此中的道理。

注释：

①"天下莫柔弱于水，而攻坚强者莫之能胜。"（七十八章）"天下莫柔弱于水"，即"天下之至柔"；"攻坚强者莫之能胜"，即"驰骋天下之至坚"。

②间，缝隙。

四十四章

名与身孰亲①？身与货孰多②？得与亡孰病③？是故甚爱必大费，多藏必厚亡。知足不辱，知止不殆，可以长久。

译文：

名誉与身体谁更亲密？财货与身体谁更重要？得与失谁对人更不利？所以，过于爱吝必会导致大破费，多储藏反而会多损失。知道满足则不会遭受屈辱，知道安止则少失败，这是可以长治久安之道。

注释：

①王弼注："得名利而亡其身，何者为病也。"
②多，"重也"（《说文》）。
③亡，失也。

四十五章

大成若缺，其用不弊①；大盈若冲，其用不穷。大直若屈，大巧若拙，大辩若讷②。静胜躁，寒胜热，清静为天下正③。

译文：

大器做成后总似有缺陷，但它用起来并不残破；充盈看起来反而似空虚，但它用起来却不穷尽。直线的极端似曲线，巧妙的极致似笨拙，最善辩者却似笨嘴。安静可以克胜急躁，寒冷可以战胜炎热，清静无为可以作为治天下的准则。

注释：

①弊，《战国策·秦策一》："黑貂之裘弊。"高诱注："弊，坏也。"
②《说文》："讷，言难也。"
③异本作"躁胜寒，静胜热"。马叙伦说："以义推之，当作'寒胜躁'。"何按：躁，急也，疾也。
蒋锡昌说："此文疑作'静胜躁，寒胜热。'……言静可胜动，寒可胜热也。"
正，《尔雅·释诂》："正，长也。"

四十六章

天下有道，却走马以粪①；天下无道，戎马生于郊②。祸莫大于不知足，咎莫大于欲得。故知足之足，常足矣。

译文：

　　天下太平，以战马之粪用于肥田；天下大乱，孕娩的母马生子于战场。最大的灾祸就是不知足，最大的灾祸就是贪心利得。所以只要知足而足，就永远会富足。

注释：

　　①却，《广雅·释言》："却，退也。"

　　吴澄曰："'粪'下诸家并无'车'字，惟《朱子语录》所说有之，而人莫知其所本。今按张衡《东京赋》云'却走马以粪车'，是用《老子》全句，则后汉之末，'车'字未阙，魏王弼注去衡未远，而已阙矣。"

　　易顺鼎曰：按《文子·精诚》云："惟夜行者能有之，故却走马以粪车轨不接于远方之外。"或以"车"字连上读，亦可为吴说作证。然《淮南子·览冥训》云："故却走马以粪，而车轨不接于远方之外。""粪"下有"而"字，则"车轨"当连读矣。高注云："'却走马以粪'，《老子》词也，止马不以走，但以粪粪田也。一说：国君无道，戎马生于郊，无事走马以粪田也，故兵车之轨不接远方之外。"

　　张景阳《七命》注引王弼曰："天下有道，修于田而已，故却走马以粪田。"

　　②戎马生于郊，《盐铁论·未通》："戎马不足，牝马入阵，故驹犊生于战地。"《韩非子·解老》亦有此说。

四十七章

　　不出户，知天下；不窥牖，见天道①。其出弥远，其知弥少。是以圣人不行而知，不见而名②，不为而成。

译文：

　　不需要出门，反而可以知晓天下；不需要看窗外，反而可以察知天道。出外愈远，所知愈少。所以圣人不需远行而可以预知，不见其物可知其名，不用作为可以成功。

解说：

此章关涉于认识论。老子主张理性的内省，反对博物的归纳法。故曰："天下有始，以为天下母。既得其母，以知其子。"（五十二章）

注释：

①牖（读有），窗户。窥，睽也，观看。《说文》："窥，小视也。"何按：小视即今语渺视。渺目而视，亦作眯目而视，亦即蔑视、斜视，偷看亦曰窥。

天道，指日月星辰运行的轨道。

②《释名·释言语》："名，明也。"名、明古通。远者，博也。少者，渺也，迷失也。

四十八章

为学日益①，为道日损。损之又损，以至于无为，无为而无不为。取天下常以无事②；及其有事，不足以取天下。

译文：

学习则知识日益积累，求道则知识日益减少。学习得愈多，离大道愈远。减少又减少，最后达到无所有，无所有则无所不有。治理天下必须无所事事；如经常有事，就不能治理天下。

注释：

①朱谦之按：傅、范本二"日"上并有"者"字。"为学日益"与十九章"绝学无忧"，皆指学礼而言。《庄子·知北游》："礼者，道之华而乱之首也，故曰：'为道者日损。'"又《后汉书·范升传》，升奏议引："颜渊曰'博我以文，约我以礼'。孔子可谓知教，颜可谓善学矣。"下引《老子》曰："学道日损。"以"学道"二字连，知有误文，唯以博文约礼为"学"，则为"学"之古义。

②取，有也，治也，治理。

四十九章

圣人无心,以百姓心为心①。善者吾善之,不善者吾亦善之,德善②。信者吾信之,不信者吾亦信之,德信。圣人在天下歙歙焉,为天下浑浑焉③。百姓皆注其耳目,圣人皆孩之④。

译文:

圣明之人没有自己之心,他只以百姓之心为自心。善良的人我善待他,不善良的人我也对他善待,因为我的德就是善。有信义的人我相信他,不可信的人我也相信他,因为我的德就是诚信。圣者让天下安安定定,让天下人浑浑朴朴。老百姓都睁着眼竖着耳朵,圣人(包容他们)就像对待孩子。

注释:

①朱谦之按:各本"无"下均有"常"字,敦煌本、顾欢本无。按此言圣人不师心自用,唯以百姓之心为心而已。

②德,朱谦之按:严、傅、遂州本及顾本引《节解》,强本成疏及荣注引《经》文,亦均作"得"。严、傅本"得善矣",《节解》与《御览》七六引同。

③朱谦之按:傅、范本作"歙歙",河上公注:"圣人在天下怵怵,常恐怖富贵,不敢骄奢。"《说文》:"怵,恐也。"《广雅·释诂》:"怵,惧也。"《礼记·祭统》:"心怵而奉之以礼。"《孟子》:"皆有怵惕恻隐之心。"《吕氏春秋·大乐》:"浑浑沌沌。"《文选·江赋》注:"浑浑沌沌,鸡卵未分也。"《左传》文公十八年"谓之浑敦",注:"不开通之貌。"

④纪昀曰:按"孩",《释文》云:"王弼作咳。"朱谦之按:今傅、范本作"咳",严遵本作"骇"。范曰:"咳,何来切,小儿笑貌。"高亨曰:按"孩"借为"阂"。《说文》:"阂,外闭也。"

何按:当释为阂。阂,括也。即涵括、涵容、包容也。或直读为孩,幼子也。

五十章

出生入死①。生之徒十有三，死之徒十有三，人之生动之死地亦十有三②。夫何故？以其生生之厚③。盖闻善摄生者，陆行不遇兕虎④，入军不被甲兵；兕无所投其角，虎无所措其爪，兵无所容其刃⑤。夫何故？以其无死地。

译文：

出离生命就进入死亡。生存之地十分之三，死亡之地十分之三，出生入死之地也十分之三。为什么？因为养生过于厚重。所以我听说善养生的，走在陆地不会遇到犀牛老虎，进入战阵不会遭遇金戈兵器；犀牛对他无法施用触角，老虎对他无法施用爪牙，士兵无法对他施用刀剑。为什么？因为他永远立在不死之地。

注释：

①《韩非子·解老》："人始于生而卒于死。始之谓出，卒之谓入。故曰：'出生入死。'"《庄子·大宗师》："古之真人不知说（悦）生，不知恶死。"

②高亨《老子注译》云："十有三当指人之七情六欲。七情：喜、怒、哀、惧、爱、恶、欲；六欲：声、色、衣、香、味、室。七情六欲如能克制，可以养生，这是生存的途径。所以'生之徒十有三'。如果放纵情欲，可以致死，这是死亡的途径。所以'死之徒十有三'。"

王弼注："十有三，犹云十分有三分。"即十分之三。

何按：徒，土也，地也。生徒、死徒，即生地、死地（亦见《孙子》）。动，活也。"生动"即今语"生活"。

③《黄帝内经·素问·上古天真论》："今时之人不然也，以酒为浆，以妄为常，醉以入房，以欲竭其精，以耗散其真，不知持满，不时御神，务快其心，逆于生乐，起居无节，故半百而衰也。"

④摄（读舍），旧皆说为保养、养生。谬，乃"舍"也。"舍生"，不

畏于死者也。

陆，帛书《老子》甲乙本作"陵"。

兕（读寺），犀牛。《尔雅》云："形似野牛，一角，重千斤。"《淮南子·地形训》"南方之美者，有梁山之犀象焉"，《山海经》云："兕出湘水之南，苍黑色。"

⑤容，俞樾说："《释名·释姿容》：'容，用也。'"

五十一章

道生之，德畜之①。物形之，势成之②。是以万物莫不尊道而贵德。道之尊，德之贵，夫莫之命而常自然③。故道生之，德畜之，长之育之，亭之毒之，养之覆之④。生而不有，为而不恃，长而不宰，是谓玄德。

译文：

道产生了它，德养育了它。物质形成了它，势态成就了它。所以一切事物无不尊尚道而贵重德。以道的尊崇，德的高贵，没有人能命令它，而只能顺其自然。所以道产生它，德积蓄它，栽培它，哺育它，庇护它，包容它，滋养它，裹覆它。产生但并不据有，造就但并不把持，扶植而不做主宰，这是自然无为的幽深之德。

注释：

①之，指万物。畜，殖也。畜，古音殖，畜养。

②《庄子·知北游》："精神生于道，形本生于精，而万物以形相生。"物形之，即"万物以形相生"，如马生马、牛生牛之类。以，有也。

《庄子·天道》："天道运而无所积，故万物成。"成玄英疏："言天道运转，覆育苍生，照之以日月，润之以雨露，鼓动陶铸，曾无积滞，是以四序回转，万物生成也。"

③命，御注本、敦煌本作"爵"。命，名也，古礼制授命即赐爵。

《广韵》："爵，封也。"何按：爵即今语级也。与"命"同义。《礼记·

王制》："五十而爵。"孙希旦集解："爵，谓命为大夫。"

④亭之毒之，罗振玉说："景龙、御注、敦煌、景福四本均作'成之熟之'。"河上公本亦作"成之熟之"。

毕沅说："《说文解字》：'毒，厚也。'《释名》：'亭，停也。'据之是亭、成，毒、熟声义皆相近。""亭之毒之"可释为"成之熟之"。

覆，《左传》襄公二十九年："德至矣哉，大矣；如天之无不帱也，如地之无不载也。虽甚盛德，其蔑以加于此矣。"《庄子·天地》："夫道，覆载万物者也。"言道如天地覆载化育万物。

五十二章

天下有始，以为天下母①。既得其母，以知其子②。既知其子，复守其母，没身不殆③。塞其兑，闭其门，终身不勤④。开其兑，济其事，终身不救⑤。见小曰明⑥，守柔曰强。用其光，复归其明，无遗身殃，是谓习常⑦。

译文：

世界有始源，始源就是世界之母。认识这母亲，可以了解她的儿子。既了解儿子，又掌握其母亲，那就永远不会失败。塞堵那个洞，关闭那扇门，始终不要进入。打开那个洞，去做那事，一辈子也做不成。看到细小叫明察，守持住柔弱叫刚强。借助光亮，达到明察，不留下灾殃，这就叫永恒。

解说：

《淮南子·兵略训》："见人之所不可见谓之明。"《列子·说符》载秦穆公问伯乐说："你老了，你的儿孙中可有会相马的人吗？"伯乐回答说："有可以相好马的人，可没有能相'天下之马'的人。我有一个朋友叫九方皋，他相马的本领不比我差，可以请他来。"九方皋接受秦穆公交给他的任务，三个月后，在沙丘找到一匹"天下之马"。

"穆公曰：'何马也？'对曰：'牝而黄。'使人往取之，牡而骊。穆公不悦,召伯乐而谓之曰:'败矣,子所使求马者!色物牝牡尚弗能知,又何马之能知也?'伯乐喟然太息曰:'一至于此乎!是乃其所以千万臣而无数者也。若皋之所观,天机也。得其精而忘其粗,在(察)其内而忘其外。见其所见,不见其所不见;视其所视,而遗其所不视。若皋之相者,乃有贵乎马者也。'马至,果'天下之马'也。"

《淮南子·道应训》亦有此故事。

注释:

①《道藏》王本此句下注:"善始之,则善养畜之矣,故天下有始,则可以为天下母矣。"

②景福、河上公本作:"既知其母,以知其子。"

③朱谦之说:"子母相承不绝即不殆之义。"(又见二十五章)

④兑(读对),洞也。奚侗说:"《易·说卦》:'兑为口。'引申凡有孔窍者皆可云兑。《淮南子·道应训》:'王者欲久持之,则塞民于兑。'高注:'兑,耳目鼻口也。老子曰:塞其兑是也。'"

孙诒让云:兑当读为隧,二字古通用。《广雅·释室》:"隧,道也。"《左传》文公元年杜注:"隧,径也。"

闭其门,注家多认为与"塞其兑"同义,非是。王安石于此颇有所见:"以事对门者,闭其门,则事之不入可知矣;济其事,则门之不闭可知矣。"

《说文》:"勤,劳也。"勤读为堇,"病也"(《说文》)。

⑤不救,读为不就,无成也。

⑥异本作"见常为明"(武内义雄)。

⑦习常,异本作"袭常"。习、袭字通。《周礼·地官·胥师》郑注:"故书袭为习。"习、袭可借为"悉",知也。习常即知常。

五十三章

使我介然有知,行于大道,唯施是畏①。大道甚夷,而人好径②。朝甚除,田甚芜,仓甚虚③,服文采,带利剑,厌饮食④,财货有余。

是谓盗夸⑤，非道也哉。

译文：

我要坚定而有智慧，行走在大路上，避开邪狭小路。大路很平顺，为什么人们却爱走小道呢？庙堂很肮脏，田园很荒芜，仓库很空乏，衣服却很华丽，还挎着锋利宝剑，美味吃坏了胃口，财产多得用不了。这些污秽的盗贼，他们没有道义啊。

注释：

①何按：介，读为耿。《列子·仲尼》："其有介然之有，唯然之音，虽远在八荒之外，近在眉睫之内，来干我者，我必知之。"宋林希逸曰："介然之有，言一介可见之微也。"又介然，坚固貌，《荀子·修身》："善在身，介然必以自好也。"张充《与王俭书》："介然之志，峭耸霜崖；确乎之情，峰横海岸。"此句义：（1）有知于微然，（2）有介然之志。

王念孙说："'施'读为'迤'。迤，邪也。言行于大道之中，惟惧其入于邪道也。下文云'大道甚夷，而民好径'，河上公注：'径，邪不正也。'是其证矣。《说文》：'迤，邪行也。'……《淮南子·要略》：'接径直施。'高注曰：'施，邪也。'是'施'与'迤'通。"又蒋锡昌引钱大昕说："'施'古音斜字。《史记·贾生列传》：'庚子日施兮。'《汉书》作'斜'。斜、邪音义同也。"

②夷，平，平坦。《说文》：夷，"行平易也"。

奚侗说："人，指人主言，各本皆误作'民'，与下文义不相属，盖古籍往往人、民互用，以其义可两通。"

径，"邪不平正也"（河上公注）。

③高亨说："除，读为涂。《广雅》：'涂，污也。'"芜，田地刬割之后荒凉貌称"芜"。芜，《说文》："薉也。"即荒芜。虚，空虚。

④焦竑说："青赤为文，色丝为采。"

厌，罗振玉说："饱，满足。厌饮食，酒足饭饱。"

⑤诸本多作"盗夸"。夸，侉也，大也。音转即魁。魁，首也。景龙本作"盗亏"，《正字通》："亏，于本字。"《韩非子·解老》引作"盗竽"。

高亨说:"'夸'、'竽'同声系,古通用。据韩说,盗竽犹今言盗魁也。竽以乐喻,魁以斗喻,其例正同。"

周绍贤:"《广雅·释诂》:'夸,大也。'盗夸,谓盗之大者,犹言盗魁,魁亦大也,即《庄子·胠箧》所谓窃政权之大盗。"

五十四章

善建者不拔,善抱者不脱,子孙以祭祀不辍①。修之于身,其德乃真;修之于家,其德乃余;修之于乡,其德乃长;修之于邦,其德乃丰;修之于天下,其德乃普②。故以身观身,以家观家,以乡观乡,以邦观邦,以天下观天下。吾何以知天下然哉?以此。

译文:

善于建树的,所建立的永不能拔,善于抱持者,所抱持的永不脱落,子子孙孙祭祀也不会断绝。保有于自身,其德性才真纯;保有其全家,其德性会更多;保有全乡里,其德性可以做尊长;保有全邦国,其德性才丰满;保有于世界,其德性才普遍。所以,从其自身观察其自身,从其家族观察其家庭,从其乡里观察其乡里,从其邦国观察其邦国,从其治天下观察全天下。我是怎样知道天下事的?就靠这方法。

注释:

①不拔,不可拔。不脱,不可脱。《韩非子·喻老》:"善建不拔,善抱不脱,子孙以其祭祀世世不辍。"不辍,不绝,不断。

辍(音绰),帛书《老子》乙本作"绝"(甲本缺)。

②修,《礼记·中庸》郑玄注:"修,治也。"

《国语·晋语》:"不量齐德之丰否。"韦昭注:"丰,厚也。"

普,傅本作"溥",溥、普古通。普,普遍也。

五十五章

含德之厚,比于赤子①。毒虫不螫,猛兽不据,攫鸟不搏②。骨弱筋柔而握固③。未知牝牡之合而朘作,精之至也④。终日号而不嗄,和之至也⑤。知和曰常,知常曰明。益生曰祥⑥,心使气曰强。物壮则老,谓之不道,不道早已⑦。

译文：

积累德性而内藏,使心志好比赤子。毒虫毒蛇不能侵螫,猛兽不能侵害,鸷鸟不能搏抓。筋骨虽然柔弱却强韧。不懂男女交合生殖器却硬挺,因为精气无所不在啊。整天啼哭也不伤累,因为内心保持平和。认识"和"就能达到恒常,认识恒常就是明智。有益养生就是吉祥,心能主气就是坚强。事物达到强壮就会衰老,衰老就会背离大道,违背大道就接近了死亡。

注释：

①赤子,《汉书·贾谊传》:"自为赤子而教固已行矣。"师古注:"赤子,言其新生未有眉发,其色赤。"

此句谓含德纯厚的人,好比新生的婴儿。

②河上公本、景龙本作"毒虫不螫"。傅本作"蜂虿不螫"。

虿,蝎属,长尾为虿,短尾为蝎。

"螫"与"蜇"同义,毒虫叮刺。

攫（读决）,鸟类用爪取物为攫。攫鸟,凶鸟,鹰雕之类。

③赤子骨弱筋柔,无心握拳而握自固。

④牝牡之合,男女性交。

朘,"赤子阴也"（《玉篇》）。朘,王本作"全"。易顺鼎说:"朘、全音近,故或假'全'为之。"

作,起。朘作,生殖器勃起。

此句的意思是赤子不知道什么是男女性交,而他的小生殖器却挺勃而起，这是精气充足的缘故。

⑤号，哭。有泪无声叫泣，有声无泪叫号。嗄，字或作"嚘"，"语未定貌"（《说文》）。

和，柔和。

⑥益生，《庄子·德充符》："常因自然而不益生也。"即五十章之"生生"，以生为生。

益生曰祥，异本（李道纯）或作"益生不祥"。祥，易顺鼎说："祥即不祥。"《左传》僖公十六年："是何祥也，吉凶焉在?"孔颖达疏："杜（杜预）并以吉凶解之，言吉凶先见皆为祥也。"善事称祥，恶事亦称祥。这里的祥指恶事，灾殃。

黑格尔说："德语有些字非常奇特，不仅有不同的意义，而且有相反的意义，以至于使人在那里不能不看到语言的思辨精神。"（《逻辑学》上卷第8页）宋代洪迈《容斋随笔》亦有此说。如：混乱之乱，《论语·泰伯》："予有乱臣十人。"何晏《论语集解》："马融曰：乱，治也。"又如香臭之臭，《礼记·郊特牲》："周人尚臭。"孙希旦集解："臭，香气也。"又如厌恶之厌，《诗经·小雅·湛露》："厌厌夜饮。"

⑦马叙伦说："此文已见第三十章，乃因错简而复出者也。"非是。诸本均有此句，从全章文义考之，亦不当无。"物壮则老"句正承上"心使气曰强"（见三十章注）。

五十六章

知者不言，言者不知。塞其兑，闭其门，挫其锐，解其纷，和其光，同其尘，是谓"玄同"①。故不可得而亲，不可得而疏；不可得而利，不可得而害；不可得而贵，不可得而贱。故为天下贵②。

译文：

知道的人不开口，夸夸其谈的人必无知。要堵塞漏洞，关闭大门，挫磨锐气，拆解而分离，收藏光芒，混同于尘土，这就叫"玄通"。所以你无法与它亲近，也无法与它疏离；无法从它得到好处，也无法使它受害；

无法靠它而富贵，也无法使它贫贱。所以它是天下最尊贵的。

注释：

①易顺鼎说："按此六句皆已见前，疑为复出。"

玄同，玄通，即神通。泯除一切差别，混然同一于道。

②《庄子·徐无鬼》："故无所甚亲，无所甚疏，抱德炀和，以顺天下，此谓真人。"语意同此。

五十七章

以正治国，以奇用兵，以无事取天下①。吾何以知其然哉？以此：天下多忌讳，而民弥贫；人多利器，国家滋昏；人多伎巧，奇物滋起；法令滋彰，盗贼多有②。故圣人云："我无为，而民自化；我好静，而民自正；我无事，而民自富③；我无欲，而民自朴。"

译文：

以正道治国，以诡奇之术用兵，以不搅扰人民来治理天下。我何以知道应该这样做？由于下面这些事例：天下的禁忌越多，人民越陷于贫困；人间的利器愈多，国家越陷于混乱；人们的技巧越多，邪恶的事情就连连发生；法令越森严，盗贼反而不断地增加。所以有道的人说："我要'无为'，让人民自我化育；我要持静，让人民自然走上轨道；我不搅扰他们，让人民富足；我没有贪欲，让民风朴实。"

解说：

老子本义，正者，直也。以直道治国，以奇术治兵。

吴澄说："奇者，权谋诡诈，谲而不正，孙吴以奇用兵。奇者仅可施于用兵，不可以治国；正者仅可施于治国，不可以取天下。"

《庄子》："无为而万物化，渊静而百姓定。"杨增新说："法令严密，则人相遁于法之外，甚或相抗于法之中。陈胜、吴广所谓失期亦死，举大计亦死，于是铤而走险。"

注释：

①正，傅奕本作"政"，正、政通。后来宋尹派名法家释此为："政者，名法是也。"（《尹文子·大道》）《广雅·释言》："奇，异也。"

取者，为也，治也。取天下，治理天下。

②忌，禁。讳，避。王弼注："所畏为忌，所隐为讳。"

弥（音迷），更加。郑玄：弥，益也（《仪礼·士冠礼传》）。

滋，《国语·晋语六》韦昭注："滋，益也。"更加。

昏，混乱。

伎、技古通用。

法令，河上公本、景龙本、帛书《老子》乙本（甲本缺）作"法物"。河上公注："法物，好物也。"即宝物。宝物诱盗。初文当作法物，战国后道家改为法令，以批评法家。

③此乃针对法家相反之论也。化，融化，归化。正，读为定。富，读为福。

五十八章

其政闷闷，其民淳淳①。其政察察，其民缺缺②。祸兮，福之所倚；福兮，祸之所伏。孰知其极③？其无正邪。正复为奇，善复为妖④。人之迷⑤，其日固久。是以圣人，方而不割，廉而不刿，直而不肆，光而不耀⑥。

译文：

政令宽厚，人民就淳朴。政令严苛，人民就狡黠。灾祸啊，幸福就倚傍在它旁边；幸福啊，灾难就藏伏在它之下。谁知道它们的究竟？并没有一个定准。正忽而转变为邪，善忽而转变为恶。人们的迷惑，已经有长久的时日了。因而圣者，有棱角而不伤人，锐利而不刺人，直率而不放肆，光亮而不耀眼。

注释：

①闷闷，傅本、范本作"闵闵"。闷闷、闵闵可通用，暗昧不明。

淳淳，河上公本、景龙本作"醇醇"。淳厚。
②察察，明察辨析。察，多言也。
缺，高亨说："帛书乙本同，甲本作'夬'。狡诈也。"
③倚，《说文》："倚，依也。"
伏，隐伏。《国语·晋语》："伏，隐也。"
极，界，分界。
④其，高亨说："其，犹岂也。"
妖，《玉篇》："天反时为灾，地反物为祅（妖）。"妖，灾也。
⑤《韩非子·解老》："凡失其所欲之路而妄行者之谓迷。"
⑥廉，《广雅·释言》："廉，棱也。"
刿，《说文》："刿，利伤也。"
肆，《广雅·释诂》："肆，伸也。"
耀，亮也。刺目曰耀。

五十九章

治人事天，莫若啬①。夫唯啬，是谓早服。早服谓之重积德，重积德则无不克②，无不克则莫知其极。莫知其极，可以有国③；有国之母，可以长久。是谓深根固柢④，长生久视之道。

译文：

治理国家、敬事上天，没有比吝啬更重要。吝啬，乃是早作准备。早作准备就是不断地积蓄"德"，不断地积德就没有什么不能胜任的，没有不能胜任的就无法估计他的力量。无法估计他的力量，就可以守护国家；掌握治天下的道理，就可以长久保持。这就是根深蒂固，"长生永新"的道理。

注释：

①事天：事，读为顺，顺应于天。
啬，收藏，爱惜。劳健说："啬者，收敛聚积之义。《说文》：'啬，爱濇也……田夫谓之啬夫。'"

高亨亦引《说文》:"啬本收藏之义,衍为爱而不用之义。此啬字谓收藏其神形而不用,以归于无为也。"

苏辙说:"凡物方则割,廉则刿,直则肆,光则耀。唯圣人方而不割,廉而不刿,直而不肆,光而不耀,此所谓啬也。夫啬者,有而不用者也。"

②早服,异本作"蚤服"。服,王弼本作复。河上公本、傅本、景龙本、帛书《老子》乙本(甲本缺)等均如王本作"服"。《释文》、司马光本、吴澄本等作"复"。

俞樾曰:按《困学纪闻》卷十引此文,两"服"字皆作"复",且引司马公、朱文公说并云"不远而复"。又曰:"王弼本作'早服',而注云'早服常也',亦当为'复'。"今按《韩非子·解老》曰:"夫能啬也,是从于道而服于理者也。众人离于患,陷于祸,犹未知退而不服从道理。圣人虽未见祸患之形,虚无服从于道理,以称蚤服。"然则古本自是"服"字。

早服,一解早复。朱熹谓:"能啬则不远而复,重积德者,先已有所积,后养以啬,是又加积之也。"

《易经·复卦》:"复,其见天地之心乎?"注:"复者,反本之谓也。"

一解早服为服顺。所谓"从于道而服于理"也。高亨曰:窃疑"服"下当有"道"字,"早服道"与"重积德"句法相同,词义相因,"服道"即二十四章所云"从事于道"之意也。河上公注"早服"句:"早,先也;服,得也。夫独爱民财,爱精气,则能先得天道也。"又注"重积德"句云:"先得天道,是谓重积德于己也。"

"无不克",即无所不可。重,多也。

③有国,治国。

④是谓,严遵本、傅本、范本、帛书《老子》乙本(甲本缺)作"是以"。

六十章

治大国,若烹小鲜①。以道莅天下,其鬼不神②。非其鬼不神,其神不伤人。非其神不伤人,圣人亦不伤人。夫两不相伤,故德交归焉③。

译文:

治理大国，好像煎小鱼。用"道"治理天下，鬼怪不闹事。不是鬼怪不闹事，是其闹事也不伤害人。不但神鬼不伤人，"圣人"也不会伤害人。鬼神和圣者都不伤害人，所以美德归结于它。

解说:

《毛传》："烹鱼烦则碎，治民烦则散，知烹鱼，则知治民矣。"

此句谓治大国，当如烹小鱼那样。烹小鱼，不可翻挠，翻挠则鱼碎烂。

注释:

①河上公注："鲜，鱼也。烹小鱼，不去肠，不去鳞，不敢挠，恐其糜也。"

治大国，若烹小鲜。鱼多曰"鲜"。小鲜，小鱼也。

②莅，临。莅天下，治天下。

神，灵。王注云："道洽则神不伤人；神不伤人，则不知神之为神。道洽则圣人亦不伤人；圣人不伤人，则不知圣之为圣也。犹云不知神之为神，亦不知圣人之为圣也。"

③德，事也。交归，即多得其所也。交读为皆。

六十一章

大邦者下流，天下之牝，天下之交也①。牝常以静胜牡，以静为下②。故大邦以下小邦，则取小邦；小邦以下大邦，则取于大邦③。故或下以取，或下而取。大邦不过欲兼畜人，小邦不过欲入事人④。夫两者各得所欲，大者宜为下。

译文:

大国要像江河居于下流，处在天下雌柔的位置，成为天下交汇之地。雌柔常以静默战胜雄强，以静定为根基。所以大国对小国谦下，就可以征服小国；小国对大国谦下，就可以征服大国。所以或者卑下而取之，或者在下而取之。大国不过是要兼并众小国，小国不过是要生存在大国之间。大国小国都可以达到愿望，只要强大者居于谦下。

注释：

①下流，六十六章："江海所以能为百谷王者，以其善下之。"王弼注："江海居大而处下，则百川流之。大国居大而处下，则天下流之。故大国下流也。"

交，汇，百川汇合。

②以静为下，为读如于，居于下位。

③朱谦之说："'取'字'聚'义。《左传》昭公二十年：'取人于萑苻之泽。'《庄子·天运篇》：'取弟子游居寝卧其下。'皆聚义。《易·萃·彖》：'聚以正也。'《释文》：'聚作取。'知取、聚字通。"其说甚是。

④《左传》昭公三十年："礼也者，小事大，大事小之谓。事大在共时命，事小在恤其所无。"《左传》襄公二十六年："获罪于两君，天下谁畜之。"杜预注："畜，犹容也。"

《孟子·梁惠王下》："齐宣王问曰：'交邻国有道乎？'孟子对曰：'有，惟仁者为能以大事小，是故汤事葛……太王事獯鬻，勾践事吴。以大事小者乐天也；以小事大者，畏天也。乐天者保天下，畏天者保其国。'"

六十二章

道者，万物之奥①。善人之宝，不善人之所不保②。美言可以市尊，美行可以加人③。人之不善，何弃之有④？故立天子，置三公，虽有拱璧以先驷马⑤，不如坐进此道⑥。古之所以贵此道者何？不曰：求以得⑦，有罪以免邪？故为天下贵。

译文：

"道"是万物的总纲。善人的宝物，不善的人无法保有它。美好的言辞可以博人尊敬，美好的行为可以见重于人。人的行为不善，对大道又有何损？立位天子，设置三公，虽然以驷马进奉巨大的玉璧，还不如用

"道"来作为献礼。古人重视"道"是为什么呢?岂不是说有求必应,有罪的就可免赎?所以道才会被天下人所贵重。

注释:

①蒋锡昌说:"《广雅·释诂》:'奥,藏也。''奥'有藏意,故含有覆盖庇荫等义。'道者,万物之奥',言道为万物之庇荫也。"

②道是善人之所珍宝,不善人则不保之。通行本此文"不善人之所保"。英藏敦煌文献第1卷(斯189)老子作"不善,人之所不保"。当以之为准。严遵本、朱谦之本亦作"不保"或"不定"。

③俞樾说:按《淮南子》道应篇、人间篇引此文并作"美言可以市尊,美行可以加人"。是今本脱下"美"字。

市,取也。尊,尊敬。奚侗说:"市当训为取。《国语·齐语》:'市贱鬻贵。'高注:'市,取也。''加'当训'重'。《尔雅·释诂》:'加,重也。'此言美言可以取人尊敬,美行可以见重于人。各本脱下'美'字,而断'美言可以市'为句,'尊行可以加人'为句,大谬。"

加,嘉也,奖也。《吕氏春秋·孝行》:"光耀加于百姓。"高诱注:"加,施也。"

④人之不善,何弃之有?意味"弃"人之不善,放弃了那又算什么?

⑤三公,周代三公为太师、太傅、太保。

拱璧,拱抱之璧,大玉璧。《左传》襄公二十八年:"与我其拱璧。"孔颖达疏:"拱谓合两手也,此璧两手拱抱之,故为大璧。"

驷马,古代用四马驾之一车,或一辆车套之四马,均称驷马。乃尊者所乘。

⑥坐,古人席地而坐。《礼记·少仪》:"受立授立不坐。"孔颖达疏:"坐,亦跪也。"

坐进此道,言跪而进献此道。

⑦河上公本如王本作"以求得",帛书《老子》甲乙本均作"求以得"。俞樾曰:"'求以得'正与'有罪以免'相对成文,当从之。"

以,读为有。求以得即"求有得"。有罪以免,"以"训为"可"。

六十三章

为无为，事无事，味无味①。大小，多少②。报怨以德。图难于其易，为大于其细③。天下难事，必作于易④。天下大事，必作于细。是以圣人终不为大⑤，故能成其大。夫轻诺必寡信⑥，多易必多难。是以圣人犹难之，故终无难矣⑦。

译文：

以不作为为作为，以无事为有事，以无滋味为有滋味。以小为大，以少为多。用德来报答怨恨。处理困难要从容易处入手，做大事要从细微事入手。天下的难事，必定从容易开始。天下的大事，必须从小处做起。圣明的人不自称大，因此才能成就大的事业。轻易允诺的事不可信，把事情看得太容易，遭遇困难一定更多。所以圣者总把事情看得很难，因此对他反而没有困难。

解说：

高亨说："大小者，大其小也，小而以为大也。多少者，多其少也，少而以为多也。视星星之火，谓将燎原。睹涓涓之水，云将漂邑。即谨小慎微之意。"

朱谦之说："'大小多少'，即下文'天下难事必作于易，天下大事必作于细'之说，谊非不可解。六十四章'九层之台，起于累土；千里之行，始于足下'，亦即本此。此谓大由于小，多出于少。韩非曰：'有形之类，大必起于小；行久之物，族必起于少。'"

《国语·晋语》："文公问于郭偃曰：'始也，吾以治国为易，今也难。'对曰：'君以为易，其难也将至。君以为难，其易也将至焉。'"韦昭注："以为易而轻忽之，故其难将至。以为难而勤修之，故其易将至。"

注释：

①为，动词。为无为，从事于无为。

事，动词。事无事，从事于无事。

味，动词。味无味，品味于无味。

②司马光说："视小若大，视少若多，犯而不校。"

③《左传》成公十六年："怨之所聚，乱之本也。多怨而阶乱，何以在位？《夏书》曰：'怨岂在明，不见是图。'将慎其细也。今而明之，其可乎？"

《国语·晋语》："《周书》有之曰：'怨不在大，亦不在小，夫君子能勤小物，故无大患。'"

④作，《说文》："作，起也。"

⑤圣人做事自小为之，不自大而为，故能由小而至大。

⑥诺，承诺。信，果信，信用。

⑦异本犹作由，御注本作"由"。何按：当读为由。圣人做事总由难处着眼，故反而无所为难。

六十四章

其安易持，其未兆易谋①。其脆易泮，其微易散②。为之于未有，治之于未乱③。合抱之木，生于毫末；九层之台，起于累土④；千里之行，始于足下。为者败之，执者失之⑤，是以圣人无为故无败，无执故无失。民之从事，常于几成而败之⑥。慎终如始，则无败事。是以圣人欲不欲，不贵难得之货，学不学，复众人之所过⑦。以辅万物之自然⑧，而不敢为。

【译文：】

局面安稳时容易持守，（事变）没有征兆则容易图谋。（事物）脆弱时容易化解，（事物）微细时容易消散。做事要做于事情没有发生以前，治国要治于祸乱产生以前。数人合抱的大木，生于细小的萌芽；九层的高台，产生于第一捧泥土；千里远行，始之于脚下的第一步。硬做者必失败，硬持者必丧失，所以圣人无作为因而无丧败，无执着因而无所失。人们做事情，常常失败于将要成功之际。所以必须慎始慎终，就不会有败事了。所以圣人之欲望就是无欲望，不贵重难得的宝货，学人之所不学，受教于别人的过错。顺应于万物的自然，而不把主观强加于世界。

注释：

①安，安定。持，把持。

兆，征兆，苗头。谋，谋划。

②罗振玉说："易泮，景龙、御注、景福、敦煌庚辛壬诸本作'易破'。"傅本、范本作"判"。《说文》："判，分也。"泮、判、破通。均有破碎之义。

其微易散：事物还微小，容易消散。散，失也。

③《尚书·周书·周官》："制治于未乱，保邦于未危。"

④合抱，两臂合抱。毫末，细微。

《说文》："层，重屋也。"《吕氏春秋·音初》："有娀氏有二佚女，为之九成之台。"高诱注："成，犹重。"

累，积压。古城以版筑，层层累以夯土。累，作动词即擂。

⑤执，持也。

⑥几，近。

⑦欲不欲，欲，求也。求众人所不欲求之物，而不看重难得之货。

复，朱谦之训为"补救"："《庄子·德充符》：'夫无趾，兀者也，犹务学以复补前行之恶。'此复之本义。"薛君采说："复，反也。众人之所过，则反之而不为。"

⑧辅，《说文》："辅，助也。"

六十五章

古之善为道者①，非以明民，将以愚之。民之难治，以其智多②。故以智治国，国之贼③；不以智治国，国之福。知此两者亦稽式④。常知稽式，是谓"玄德"。"玄德"深矣，远矣，与物反矣，然后乃至大顺⑤。

译文：

古时善于行道的人，不是教人民聪明，而是使人民愚朴。人民所以难治，就是因为他们有太多的智巧心机。所以用智巧去治理国家，只会使国家多出盗贼；不用智巧去治理国家，才是国家的幸福。认知这两种治国方式的差异，就懂得了规律。经常记住这个规律，就具有深奥之"玄德"。"玄德"是如此深远，与万物返璞归真，还是顺应于自然吧。

解说：

此章为千古愚民政策之所本。

王弼注："以智术动民，邪心既动，复以巧术防民之伪，民知其术，随防而避之，思惟密巧，奸伪益滋。故曰：'以智治国，国之贼也。'"

薛君采说："天下每每大乱，罪在于好智，夫惟不用智，然后至于大治矣。"

注释：

① 为道，求道。

② 智，读为计。

③ 贼，读为奸。

④ 稽式，严遵、河上公本、景龙本作"楷式"。

《广雅·释诂》："楷，法也。"《说文》："式，法也。"稽式，犹楷式，即法式，或模式，标准的意思。

⑤ 顺，《说文》："顺，理也。"薛君采说："顺，治也。天下每每大乱，罪在于好智，夫惟不用智，然后至于大治矣。"大顺即大治。又顺，循也。循、德音义通。大顺即大德。

六十六章

江海所以能为百谷王者①，以其善下之，故能为百谷王。是以圣人欲上民，必以言下之；欲先民，必以身后之。是以圣人处上而民不重，处前而民不害②。是以天下乐推而不厌③。以其不争，故天下莫能与之争。

译文：

江海所以能成为百川归往的地方，因为它处于低下的地位，所以才能成为百川所归往。所以"圣人"要上临于人民，必须对他们谦下；要做人民的表率，必须把他们放在前面。所以"圣人"居于上位而人民并不感到负累，居于前面而人民并不感到妨害。天下乐于推戴他而不厌弃他。就是因为他不与人竞争，所以天下没有人能与他竞争。

注释：

①百谷，百水。谷古音浴，与沂通。沂，水也。王，读为往。

蒋锡昌说："《说文》：'王，天下所归往也。'是'王'即归往之义。此言江海所以能为百川归往者，以其善居卑下之地，故能为百川归往也。"

②高亨曰："民戴其君，若有重负，以为大累，即此文所谓重。故重犹累也。而民不重，言民不以为累也。"《诗经·小雅·无将大车》："无思百忧，只自重兮。"《郑笺》："重犹累也。"《汉书·荆燕吴王传》"事发相重"，颜注："重犹累也。"此重有累义之证。《淮南子·原道训》："处上而民弗重，居前而民弗害。"《淮南子·主术训》："百姓戴之，上弗重也；错之，前弗害也。"盖皆本于《老子》。《荀子·正论》："天下归之之谓王，天下去之之谓亡。"

③推，推举，拥戴。厌，厌弃。

六十七章

天下皆谓我道大，似不肖。夫唯大，故似不肖。若肖，久矣其细也夫。我有三宝，持而保之。一曰慈，二曰俭，三曰不敢为天下先。慈，故能勇；俭，故能广；不敢为天下先，故能成器长①。今舍慈且勇②，舍俭且广，舍后且先，死矣！夫慈，以战则胜，以守则固。天将救之，以慈卫之③。

译文：

天下人都说我的"道"广大，不像任何具体的东西。正因为它广大，所以不像任何具体的东西。若它像任何具体的东西，它早就渺小得很了。我有三种宝贝，永远持守而保爱。第一种叫仁慈，第二种叫俭朴，第三种叫不敢居于天下人的前面。仁慈能勇武；俭朴能宽富；不敢居于天下人的前面，才能成为人们的尊长。现在的人舍弃仁慈而求取勇武，舍弃俭朴而求取宽富，舍弃退让而竞求领先，这是死亡之路啊！仁慈，用来征战就能胜利，用来守卫就能坚固。天要救助谁，就用仁慈来卫护他。

注释：

①俞樾曰：《韩非子·解老》作"不敢为天下先，故能为成事长"。"事""器"异文，或相传之本异，或彼涉上文"事无不事"句而误，皆不可知。至"故能"下有"为"字，则当从之，盖"成器"二字相连为文。《左传》襄公十四年"成国不过半天子之车"，杜注曰："成国，大国。"《左传》昭公五年"皆成县也"，成县亦谓大县。然则成器者大器也。二十九章"天下神器，不可为也"，《尔雅·释诂》："神，重也。""神器"为重器，"成器"为大器，二者并以天下言，质言之，则止是不敢为天下先，故能为天下长耳。

②且，王弼说："取也。"

③救，读为就，成就也。慈，爱也。

六十八章

善为士者，不武①；善战者，不怒②；善胜敌者，不与③；善用人者，为之下。是谓不争之德，是谓用人之力，是谓配天（古）之极④。

译文：

善于做将帅的，不逞勇武；善于作战的，不轻易发怒；善于战胜敌人的，不入敌阵；善于用人的，对人谦下。这就是不争之"内德"，这就是善于借用别人的力量，这就是顺应于自然的真理。

解说：

高延第说："卑谦接物，人人得尽其情，士卒亲附，皆乐为之用。《列子》云：'以贤临人未有能得人者也，以贤下人未有不得人者也。'"

注释：

①武，战也。

②不怒，《孙子·火攻》："主不可以怒而兴师，将不可以愠而致战。"

③与，入也。入敌接战曰"与兵"。《孙子·谋攻》："百战百胜，非善之善者也；不战而屈人之兵，善之善者也。"异本"与"作"争"。争者，战也。

④配天，陪天。《庄子·天地》："尧问于许由曰：'齧缺可以配天乎？'"成疏："配，合也。尧云齧缺之贤者有合天位之德。"《荀子·大略》："天子即位……中卿进曰：'配天而有下土者，先事虑事，先患虑患。'"所谓"配天之极"，即与天合德之至。"天之道，不争而善胜。"（七十三章）

"天"字下"古"字为衍文。

俞樾曰：此章每句有韵。前四句，以"武"、"怒"、"与"、"下"为韵；后三句，以"德"、"力"、"极"为韵。若以"是谓配天"为句，则不韵矣，疑"古"字衍文也。"是谓配天之极"六字为句，与上文"是谓不争之德，是谓用人之力"，文法一律。其衍"古"字者，"古"即"天"也。《逸周书·周祝》曰："天为古。"《尚书·尧典》曰"若稽古帝尧"，郑注："古，天也。"是"古"与"天"同义。此经"配天之极"，他本或有作"配古之极"者，后人传写误合之耳。

六十九章

用兵有言："吾不敢为主，而为客；不敢进寸，而退尺①。"是谓：行无行，攘无臂，扔无敌，执无兵②。祸莫大于轻敌，轻敌几丧吾宝③。故抗兵相若，哀者胜矣④。

译文：

善于用兵的人说："我不敢先进攻，而宁可采取守势；不敢前进一寸，但敢后退一尺。"这就是说：虽然有行阵，却不见行阵；虽然奋臂，却像没有举臂；虽然面对敌人，却像没有敌人；虽然持着兵器，却像没有兵器。祸患没有比轻敌更大，由于轻敌几乎丧失了我的"命宝"。所以，当两军相对阵，悲愤的一方必胜。

注释：

①此章言兵法也。主，先举兵叫主。客，后应兵叫客。

帛书《老子》甲本注："按古代起兵伐人者谓之客，敌来御捍者谓之主。银雀山汉简有'为人客则先人作'，及'主人逆客于境'之语，故'进寸'指客，'退尺'指主，此句犹言吾不为客而为主，与上句义正相反。疑上句是用兵者之言，自此句以下是老子之方。一说：主，兵主，见《管子》之七法、兵法、地图等篇。帛书《十六经·顺道》：'不广其众，不为兵邾（主），不为乱首……不谋削人之野，不谋劫人之宇。'《文子·道德》：'作难结怨，为兵主，为乱首……大人行之，国家灭亡。'即老氏'不敢为主'之意。严遵注'吾不敢为主'谓'不为倡也'，注'而为客'谓'后民行也'，得其义。与此句不矛盾。"

②行（读航），行列，军阵。排好阵列却似没有阵列。

攘臂，见三十八章注。攘无臂，扬臂出击，似若未扬。

执无兵，持兵器却似未持兵器。

③丧，傅本、范本、帛书《老子》甲乙本作"亡"。

④抗，王弼注："抗，举也。"唐李荣注："两边举兵，名曰抗兵；多少均齐，故云相若。"言两军实力相当，悲愤一方必胜。俞樾曰：按"哀"字无义，疑"襄"字之误。《史记》："梁惠卒，襄王立，襄王卒，哀王立。"据《竹书纪年》无哀王，顾氏《日知录》谓"哀""襄"字近，《史记》误分为二人。又按秦哀公、陈哀公、《史记·十二诸侯年表》皆作"襄公"，是二字之相混久矣。襄者"让"之讹字。《周官·保氏职》郑注"襄尺"，《释文》："襄音让（让），本作让。"是古"襄"、"让"通用。上文曰"吾不敢为主而为客，吾不敢进寸而退尺"，即所谓让也。故曰："抗兵相加，让者胜矣。"因知"襄"为"哀"，故学者失其解耳。

朱谦之按：俞说迂曲，且改字解《经》，而武内义雄从之。易顺鼎曰："'哀'即'爱'，古字通。《诗序》：'哀窈窕而不淫其色。''哀'亦当读为爱。'抗兵相加，哀者胜'即上章'慈，以战则胜也。'"蒋锡昌曰："《说文》：'哀，闵也。'闵者，即六十七章所谓'慈'也。此言两方举兵相当，其结果必慈者胜。六十七章所谓'夫慈，以战则胜'也。"二说义优。证之以三十一章"杀人众，以悲哀泣之；故胜以丧礼处之"，皆古用兵精言，知"哀"字并不误也。

七十章

吾言甚易知，甚易行。天下莫能知，莫能行。言有宗，事有君①。夫唯无知，是以不我知②。知我者希，则我者贵③。是以圣人，被褐而怀玉④。

译文：

我的话很容易了解，很容易实行。天下人却听不懂，不愿实行。言论要有宗旨，行事要有主见。正由于人们所知太少，所以不了解我。了解我的人越少，取法我的就愈珍贵。有道的圣人，穿着粗衣而怀抱着美玉。

注释：

①君，宗，皆训主。傅本、范本"君"作"主"，河上公本、景龙本、帛书《老子》乙本均如王本作"君"。甲本作"言有君，事有宗"。

②是以，即所以。

③希，即稀，少。

马其昶说："则者，法也。"

④被，读为"披"。褐（读喝），用麻或毛做的短衣。《淮南子·齐俗训》注："楚人谓袍为短褐大衣。"宋绵初《释服》曰："《诗》'无衣无褐'，《笺》：'褐，毛布也。'《孟子》'许子衣褐'，注：'褐以毛织之，若今马衣也。'……一曰粗布。《说文》：'褐……一曰粗衣。'被褐怀玉，外朴而内秀。《孔子家语》："子路问于孔子曰：'有人于此，被褐而怀玉，何如？'孔子曰：'国无道，隐之可也；国有道，则衮冕而执玉。'"

七十一章

知不知，尚矣①；不知知，病也②。圣人不病，以其病病。夫唯病病，是以不病③。

译文：

知道自己有所不知，是上品；不知道却自以为知道，是毛病。圣人不会自病，因为他知道毛病而纠正毛病。正因为他知道毛病就是毛病，所以他没有毛病。

注释：

①奚侗说："尚，上也。知之而不自以为知，是谓上德之人；若不知而自以为知，则有道者之所病也。"

②苏辙说："道非思虑之所及，故不可知，然方其未知，则非知无以入也；及其既知而存知，则病矣。故知而不知者，上；不知而知者，病。"

③这段文字诸本不同。景龙本："圣人不病，以其病病，是以不病。"敦煌辛本，遂州本、帛书《老子》甲乙本与此大体相同。《太平御览·疾病》引作"圣人不病，以其病病；夫唯病病，是以不病"。病病，即以病为病。以病为病，而重视防治，所以得以不病。

七十二章

民不畏威，则大威至①。无狎其所居②，无厌其所生。夫唯不厌，是以不厌③。是以圣人自知，不自见；自爱不自贵。故去彼取此④。

译文：

如果人民不畏惧统治者的权威，则可怕的权威就要降临了。不要侵逼人民的居处，不要压榨人民的生活。只有不压榨人民，人民才不会反抗。因此，圣者但求自知，而不自我表扬；但求自爱而不自显高贵。舍去后者而取前者。

注释：

①罗振玉说："敦煌庚本作'大畏至矣'。"帛书《老子》乙本二"威"均作"畏"（甲本缺）。《国语·晋语八》："则民威矣。"韦昭注："威，畏也。"《左传》襄公三十一年："有威而可畏，谓之威。"威，可畏之事。

②王本作"狎"，严本作"狭"。

奚侗说："狭，即《说文》'陕'字，隘也。隘有迫谊。"狭迫的意思。

③厌，《说文》："厌，笮也。"段玉裁注："笮（读责），迫也。"第一厌今字作'压'，压迫的意思。第二厌，憎也。由于上者不压迫人民，所以人民不憎厌上者。

④见，读为现。自知，不自见，有自知之明，不自显耀。

自爱不自贵，有自爱之心，不自居为高贵。

去彼即消去自见、自贵，取此即采取自知、自爱。

七十三章

勇于敢则杀，勇于不敢则活。此两者，或利或害①。天之所恶②，孰知其故？（是以圣人犹难之③。）天之道，不争而善胜，不言而善应，不召而自来④，默然而善谋。天网恢恢，疏而不失⑤。

译文：

勇于强悍就会死，勇于柔弱则可活。这两种选择，或得利，或遭害。谁更为天道所厌恶，谁知道是什么缘故？（所以圣人也难以解说清楚。）大自然的规律，是不争而善于取胜，不说话而善于回应，不召唤而自动到来，沉默而善于筹算。天之网罗广大无边，它虽然稀疏但不会漏失。

解说：

三十二章："譬道之在天下，犹川谷之于江海。"三十五章："执大象，天下往，往而不害，安、平、太。"圣人守道为天下所归，犹如江海处下为川谷所归。这就叫作"不召而自来"。

注释：

①勇，读为用。多用果敢则招杀，多用不敢则可活。或，读为有（《经传释词》）。

②恶，厌恶。

③高亨说："'是以圣人犹难之'句，严遵本、六朝写本残卷、景龙碑、龙兴碑并无之。"帛书《老子》乙本亦无此句（甲本缺）。劳健、马叙伦、奚侗、蒋锡昌、高亨、朱谦之等都认为此句乃衍文。

④王弼注："顺则吉，逆则凶，不言而善应也。"

⑤恢，《说文》："恢，大也。"

景龙本"失"作"漏"。

七十四章

民不畏死，奈何以死惧之？若使民常畏死，而为奇者①，吾得执而杀之，孰敢？常有司杀者杀。夫代司杀者杀②，是谓代（大）匠斫。夫代（大）匠斫者，希有不伤其手矣③。

译文：

人民并不畏惧死亡，为什么要用死亡来恐吓他们？如果人民真的畏惧死亡，对于为邪作恶的人，我们只要把他们都杀掉，谁还敢为非作歹？上天自有刽子手主持杀罚。代替刽子手去杀罚，就如同替木匠去砍斫木头一样。不懂木匠之艺而乱砍斫，很少不砍伤自己的手。

解说：

苏辙说："政烦刑重，民无所措手足，则常不畏死，虽以死惧之，无益也。民安于政，常乐生畏死，然后执其诡异乱群者而杀之，孰敢不服哉？"

林希逸说："言用刑者不过以死惧其民，而民何尝畏死，使民果有畏死之心，则为奇邪者，吾执而刑之，则自此人皆不敢为矣，故曰：'吾得执而杀之，孰敢？'今奇邪者未尝不杀，而民之犯者日众，则民何尝畏死哉？"

注释：

①奇，王弼注："诡异乱群谓之奇。"
②常，尚，上也，上天。司杀者，指天道。
③大匠，木匠。御注本无"大"字。
斫（酌），砍削。希，少也。

七十五章

民之饥，以其上食税之多①，是以饥。民之难治，以其上之有为，是以难治②。民之轻死，以其上求生之厚，是以轻死③。夫唯无以生为者，是贤于贵生④。

译文：

人民所以饥饿，就是由于统治者吞吃税赋太多，因此陷于饥饿。人民所以难于统治，就是由于统治者欲望太多，因此难以管治。人民所以不怕死，就是由于统治者自奉太奢侈，因此轻于犯死。只有清静恬淡无为者，才真正懂得养生之道。

解说：

苏辙注："上以利欲先民，民亦争厚其生，故虽死求利不厌。"

魏源说："我自厚其生，则人亦各厚其生；人各厚其生而不得，夫安得不轻死乎？则是民之轻弃其生，由于生生之厚；而民之厚生，由于上之自厚其生，有以诱之而又夺之也。"

人民所以看轻死，是由于统治者"求生之厚"，食税太多，逼得人民没有活路，所以看轻死。

注释：

①罗振玉曰："民"，敦煌辛本作"百姓"。上，君上。
食税，帛书《老子》甲乙本作"取食税"，收取租税以自吞。
②朱谦之按：严本作"百姓难治，以上有为，是以不治"。"天下多忌讳，而民弥贫……法令滋彰，盗贼多有"（五十七章）。"其政察察，其民

缺缺"（五十八章）。

③求生，异本多作"生生"。易顺鼎曰：按"求生之厚"当作"生生之厚"。《文选·魏都赋》"生生之所常厚"，张载注引《老子》曰："人之轻死，以其生生之厚也。"谓通生生之情以自厚也。足证古本原作"生生"。《淮南子·精神训》、《文选·鹞鹩赋》注、《容斋随笔》并引作"生生之厚"，皆其证。五十章云"夫何故？以其生生之厚"，又其证之见于本书者矣。

④傅本作"无以生为贵者"，范本作"无以为生者"，河上公本、景龙本、帛书《老子》甲乙本均如王本作"无以生为者"，《淮南子·道应训》引亦然。

贤，林希逸说："贤，犹胜也。"

七十六章

人之生也柔弱，其死也坚强。万物草木之生也柔脆①，其死也枯槁。故坚强者死之徒②，柔弱者生之徒。是以兵强则灭，木强则折③。强大处下，柔弱处上。

译文：

人活着的时候是柔软的，死亡就变成僵硬的。草木生长的时候形质是柔脆的，死亡就变成干枯的。所以坚强的东西属于死亡，柔弱的东西属于生命。所以拼强就会灭亡，树木强大就被砍伐。凡是强大的，反而居于下位，凡是柔弱的，才能欣欣向荣。

注释：

①诸本多作"柔脆"，苏辙本、叶梦得本作"柔弱"。

②徒，马叙伦说："徒，读为道途之途。"徒、途古通，道路。林希逸则谓："徒，类也。"

③旧说兵强则不胜。兵强易骄，骄兵必败，所以兵强则不胜。说不确。兵，拼也。句意：拼强则必灭。

《说文》:"兵,械也。"《左传》定公十年:"十兵之。"杜预注:"以兵击莱人。"

木强,强读为刚,硬也。硬则易折。魏源注:"河上公作'木强则共',此从王弼。胜、兵为韵,言木强被伐也。"

苏辙说:"木自拱把以上,则近伐矣。"

高亨:"帛书甲本作'兵强则不胜,木强则恒。'乙本作'兵强则不朕(朕、胜通用),木强则竟(恒、竞通用)。'按此二句当作'兵强则不胜,木强则不恒。'帛书脱一'不'字。《周易·序卦传》:'恒者,久也。'这是说,兵强则轻敌,轻敌则不能战胜。木强则被人砍伐,不能久存。"

诸本不同,注家多据古书引《老子》将此句改为"兵强则灭,木强则折"。《列子·黄帝》引老聃曰:"兵强则灭,木强则折。"

七十七章

天之道,其犹张弓与?高者抑之,下者举之。有余者损之,不足者补之①。天之道,损有余而补不足。人之道,则不然,损不足以奉有余②。孰能有余以奉天下,唯有道者。是以圣人为而不恃,功成而不居,其不欲见贤邪③!

译文:

自然的规律,岂不就像拉弓一样吗?弦位高张就被抑低,弦位低就被拉高。有余的被减少,不足的被补充。这就是大自然的规律,减少有余,补偿不足。人间的法则,却不是这样,总要剥夺不足,而用来供奉有余。谁能够以多余的,供奉天下之不足者,这只有奉持天道的人。有道的人培育万物而不自恃,大功告成而不自居,永不想表现自己的聪明才智!

解说:

卢育三说:"太阳的运动,日出东方,逐渐升起,然后偏南行,至于中天,这就是下者举之;然后又偏西行,逐渐下降,日入而没,这就是高者抑之。第二天又复如此。又如月亮的盈亏,月亮由新月到上弦月,以至于满月，又由满月到下弦月到残月，以至于全没；以后又月复一月。这种盈亏转化的过程，就是'损有余而补不足'。再如一年四季气温的变化，春夏气温逐渐由低而高，上升到最高点，然秋冬气温逐渐由高而低，下降到最低点。而后又这样年复一年。这也是一个'损有余而补不足'的过程。实际上，'损有余而补不足'与高抑下举的过程是一致的，都是一个圆圈运动。"

易佩绅曰："道在天下均而已，均而后适于用。此有余则彼不足，此不足而彼有余，皆不可用矣。抑其高者，损有余也；举其下者，补不足也。天之道如是，故其用不穷也。"沈一贯曰："人之道则不然。哀聚穷贱之财，以媚尊贵者之心；下则翘楚流血，取之尽锱铢；上则多藏而不尽用，或用之如泥沙。损不足以奉有余，与天道异矣。"

注释：

①天之道，指日月星辰运行的轨道。严遵曰："夫弓人之为弓也，既煞既生，既翕既张，制以规矩，督以准绳。弦高急者，宽而缓之；弦弛下者，摄而上之；其有余者，削而损之；其不足者，补而益之。"

张弓，一说为施弦于弓。高亨说："《说文》：'张，施弓弦也。'盖施弦于弓时，弦之位高，则抑之，弦之位下，则举之；弦之长有余，则损之，弦之长不足，则补之。天道正如是耳。"一说为张弓射箭。任继愈说："天的'道'不很像拉开弓（射箭瞄准）吗？高了就把它压低一些，低了就把它升高一些，过满了就减少一些，不够满就补足一些。"

②奉，供给，给予。

③河上公注："不欲示人知己之贤。"

七十八章

天下莫柔弱于水，而攻坚强者莫之能胜，以其无以易之①。弱之胜强，柔之胜刚，天下莫不知，莫能行②。是以圣人云："受国之垢，是谓社稷主③；受国不祥④，是为天下王。"正言若反⑤。

译文：

世间没有比水更柔弱的，但它冲击坚强却无往不胜，因为它的力量是无形的。弱者能胜于强者，柔者能胜于刚者，这道理，天下无人不知，但却没有人能实行。因此圣者说："要承受国家的侮辱，才配做国家的君主；要能承担国家的祸难，才配做天下人的君王。"正面的话倒好像反话一样。

注释：

①其，指水。

②异本多作"天下莫能知，莫能行"。

③受，承受。"垢"有垢污之义。按《庄子·天下》引老聃曰："知其雄，守其雌，为天下谿。知其白，守其辱，为天下谷。人皆取先，己独取后。曰受天下之垢。"郭象注："雌、辱、后、下之类，皆物之所谓垢。"《左传》宣公十五年："伯宗曰：'川泽纳污，山薮藏疾，瑾瑜匿瑕，国君含垢，天下之道也。'"杜注："忍垢耻。"盖退身处后，推物在先，处众人之所恶，故几于道，此"垢"之本义。垢，同诟，耻辱。

社稷，土神和谷神，为国家的代称。社稷主，国家的君主。

④不祥，灾殃。

⑤正言若反，正面话好像讲的是其反面。高延第曰：此语并发上下篇玄言之旨。凡篇中所谓"曲则全，枉则直，洼则盈，敝则新"，"柔弱胜坚强"，不益生则久生，无为则有为，不争莫与争，"知不言，言不知"，损而益，益而损，言相反而理相成，皆正言也。

七十九章

和大怨，必有余怨；报怨以德，安可以为善①？是以圣人执左契，而不责于人。有德司契，无德司彻②。天道无亲，常与善人③。

译文：

调解深重的怨恨，必然还有余留的怨恨；用仁德来报答怨恨，这就能算是妥善吗？所以，圣人虽然保存着借据的存根，但是并不向人索取偿还。仁善的人永远持有欠据，不仁善的人则永远持着讨债的秤。大自然的规律是无所偏爱的，它只是和善人同在。

注释：

①调和大的怨仇，必然留下怨仇，怎么可以叫作善？"善者吾善之，不善者吾亦善之，德善。"（四十九章）最根本的办法是不结怨，不结怨而怨自解。

②《说文》："契，刻也。"古时借贷在木版或竹片上刻债权人和债务人姓氏、借贷数字、借还日期，然后从中间劈为两半，左边一半为左契，由契权人保存，右边一半为右契，由债务人保存。债约期满，以左右两契合同为凭，讨还欠债。

责，《说文》："责，求也。"指讨还欠债。

司，《广雅·释诂》："司，主也。"

司契，保管借据，指执左契。

彻，《孟子·滕文公》："周人百亩而彻，其实皆什一也。"《论语·颜渊》："盍彻乎？"郑玄注："周法什一而税谓之彻。"《孟子·公孙丑》："彻彼桑土。"赵岐注："彻，取也。"彻，即剥取别人财物的意思。

司契，只予不取，不结怨于人；司彻，只取不予，结怨于人。一个是有德，一个是无德。

③与，助，帮助。

八十章

小国寡民。使有什伯之器而不用①，使民重死而不远徙②。虽有舟舆，无所乘之。虽有甲兵③，无所陈之。使民复结绳而用之。甘其食，美其服，安其居，乐其俗④。邻国相望，鸡犬之声相闻，民至老死，不相往来。

译文：

国土狭小人民稀少。即使有贵族重器却并不使用，使人民直到死亡都不向远方迁徙。虽然有舟船车辆，却没有必要去乘坐。虽然有铠甲武器，却没有机会去使用。使人民恢复到结绳记事。（有）甜美的饮食，美丽的衣服，安全的居所，欢乐的习俗。邻国之间可以互相远望，鸡鸣狗吠的声音可以互相听闻，但邻里间从生到死，也互不来往。

注释：

①诸本多作"什佰之器"。

"什伯之器"或"什伯人之器"，注家解释不一，俞樾说："按'什伯之器'，乃兵器也。《后汉书·宣秉传》注曰：'军法，五人为伍，二五为什，则共其器物，故通谓生生之具为什物。'然则什伯之器，犹言什物矣。其兼言伯者，古军法以百人为伯。《周书·武顺》：'五五二十五曰元卒，四卒成卫曰伯。'是其证也。什伯皆士卒部曲之名。《礼记·祭义》：'军旅什伍。'彼言'什伍'，此言'什伯'，所称有大小，而无异义。徐锴《说文系传》于人部'伯'下引《老子》曰：'有什伯之器，每什伯共用器，谓兵革之属。'得其解矣。"

奚侗说："《史记·五帝纪》：'作什器于寿邱。'《索隐》曰：'什器，什数也。盖人家常用之器非一，故以十为数，犹今云什物也。'此云'什伯'累言之耳。国小民寡，生事简约，故虽有什伯之器，亦无所用之也。"

胡适说："什是十倍，伯是百倍。文明进化学，用机械之力代人工，一车可载千斤，一船可装几千人。这多是什伯人之器。下文所说'虽有舟舆，无所乘之；虽有甲兵，无所陈之'，正释这一句。"

何按：什，士也，什长也。伯，侯伯也。士伯之器，贵族之器也。

②重，应读为至。至、重双声，一音之转，可相假。徙，迁徙。

③甲，盔甲。兵，武器。

④结绳而用之：原始人没有文字，用绳子打结作为标记，以储存和传达信息。

居，宅也。甘、美、安、乐，均为形容词作动词。

八十一章

信言不美，美言不信①。善者不辩，辩者不善②。知者不博，博者不知③。圣人不积，既以为人己愈有，既以与人己愈多④。天之道，利而不害；圣人之道，为而不争。

译文：

真理不华美，美言不真实。行善者不巧辩，巧辩者不良善。真知者不求广博，求广博者不能真知。"圣人"不积私蓄，他给予别人愈多，自己反而愈充足。大自然的规律啊，利物而不害物；圣者的法则啊，创造而不争夺。

解说：

吴澄说："利者害之对，有利则必有害。天之道虽利而不害，以不利而利之，是以不害。有为则必有争。圣人之道虽为而不争，以不为而为之，是以不争也。"

苏辙说："凡此皆老子之所以为书，与其所以为道之大略也。故于终篇复言之。"吴澄说："总结二篇，以见五千言之意，皆不出此。"能由小而至大。

注释：

①河上公注："信者，如其实；不美者，朴且质也。"

②德善之人不巧辩，巧辩之人德不善。

③博，广也。闻见广博。"其出弥远，其知弥少。"（四十七章）

④不积，《庄子·天下》述老子之意云："人皆取实，已独取虚，无藏也故有余。"

既，《广雅·释诂》："既，尽也。"《战国策·魏策一》引作"尽"。

《广雅·释诂》："为，施也。"

与，帛书《老子》乙本作"予"，二字古通。

卷三

简帛及抄本老子考释

马王堆汉墓帛书《老子》
甲、乙本合校及文字复原

《史记》:"老子修道德,其学以自隐无名为务。居周久之,见周之衰,乃遂去。至关,关令尹喜曰:'子将隐矣,强为我著书。'于是乃著书上、下篇,言道德之意五千余言而去,莫知其所终。"

《老子》至今有三个版本源头:一个是相传从河上公传下来,魏晋人王弼注释的版本,是现代通行本的祖宗。一个是20世纪70年代马王堆汉墓出土的《老子》甲乙两个版本,还有一个是郭店楚简中的《老子》残编。

根据1973年在湖南长沙马王堆3号汉墓出土的帛书《老子》甲、乙两种抄本与1993年郭店出土的楚简本《老子》残篇得知,现传世之《道德经》并非是老子书的原貌。

马王堆汉墓出土的帛书《老子》有甲、乙两种版本。两版本的书体有些不同,但都属于隶书。乙本避刘邦讳,可以断定它是汉朝的抄写本无疑。甲本由于不避汉高祖刘邦的名讳,因此可推断它当抄写于刘邦称帝之前。

过去多以为隶书出现在秦篆之后,是"秦始皇帝使下邽人程邈之所造也"。从1975年湖北云梦县睡虎地出土一千一百余枚隶书秦简和1980年又在四川青川郝家坪出土两件隶书战国木牍的情况来看,隶书的出现与流行应早于秦篆。现代大量考古发掘证明,隶书在战国时期就已广泛使用于以竹木为书写材料的简牍上。

甲乙本帛书很有可能是直接从战国时期的竹简上转抄过来的,它是迄今为止所发现保存最为完整、最接近原貌的古本《老子》版本。三国时魏人王弼注《道德经》则是现存传世本中的最早版本。帛书本不分篇章，传世本《老子》则分为上、下篇共八十一章。文字也多有所不同。

以下是帛书《老子》甲乙本合校的简体字复原文本。

上篇　德经

　　上德不德，是以有德；下德不失德，是以无德。上德无为，而无以为也。上仁为之，而无以为也。上义为之，而有以为也。上礼为之，而莫之应也，则攘臂而扔之。故失道而后德，失德而后仁，失仁而后义，失义而后礼。夫礼者，忠信之泊（薄）也，而乱之首也。前识者，道之华也，而愚之首也。是以大丈夫居其厚而不居其泊（薄），居其实而不居其华。故去彼取此。

　　昔之得一者：天得一以清；地得一以宁；神得一以灵；谷得一以盈；侯王得一以为天下正。其至之也。（谓）天毋已清将恐裂，谓地毋已宁将恐发，谓神毋已灵将恐歇，谓谷毋已盈将恐渴，谓侯王毋已贵以高将恐蹶。故必贵而以贱为本，必高矣而以下为基。夫是以侯王自谓孤、寡、不谷，此其以贱之本与？非也。故致数与无与。是故不欲禄禄若玉，珞珞若石。

　　上士闻道，堇而行之。中士闻道，若存若亡。下士闻道，大笑之。弗笑，不足以为道。是以建言有之曰："明道如费，进道如退，夷道如类。"上德如谷，大白如辱，广德如不足，建德如输，质真如渝。大方无隅，大器免成，大音希声。天象无刑，道隐无名。夫唯道，善始且善成。

　　反也者，道之动也；弱也者，道之用也。天下之物生于有，有生于无。

　　道生一，一生二，二生三，三生万物。万物负阴而抱阳，中气以为和。天下之所恶，唯孤、寡、不谷；而王公以自名也。勿或损之而益，或益之而损。人所教，夕议而教人。故强良者不得死，我将以为学父。

　　天下之至柔，驰骋于天下之致坚；无有入于无间。吾是以知无为之益；不言之教，无为之益，天下希能及之矣。

　　名与身孰亲？身与货孰多？得与亡孰病？甚爱必大费，多藏必厚亡。故知足不辱，知止不殆，可以长久。

　　大成若缺，其用不敝；大盈若盅，其用不窘。大直如诎，大巧如拙，大赢如（亏），躁胜寒，靓（凉）胜炅（热），清靓（清凉、清静）可以为天下正。

天下有道，却走马以粪；天下无道，戎马生于郊。罪莫大于可欲，祸莫大于不知足，咎莫（大）于欲得。故知足之足，恒足矣。

不出于户，以知天下；不窥于牖，以知天道；其出也弥远，其知弥少。是以圣人不行而知，不见而名，弗为而成。

为学者日益，闻道者日损。损之又损，以至于无为，无为而无不为。取天下，恒无事；及其有事也，不足以取天下。

圣人恒无心，以百姓心为心。善者善之，不善者亦善之，德善也。信者信之，不信者亦信之，德信也。圣人之在天下，歙歙焉，为天下浑心；百姓皆属其耳目，圣人皆孩之。

出生，入死。生之徒十有三，死之徒十有三，而民生生。动皆之死地之十有三。夫何故也？以其生生也。盖闻善执生者，陵行不辟兕虎，入军不被甲兵；兕无所揣其角，虎无所措其爪，兵无所容其刃。夫何故也？以其无死地焉。

道生之，而德畜之；物刑之，而器成之。是以万物尊道而贵德。道之尊，德之贵也。夫莫之爵，而恒自然也。道，生之，畜之，长之，遂之，亭之，毒之，养之，复之。生而弗有也，为而弗恃也，长而弗宰也，此之谓玄德。

天下有始，以为天下母。既得其母，以知其子，复守其母，没身不殆。塞其闷，闭其门，终身不堇。启其闷，济其事，终身不救。见小曰明，守柔曰强；用其光，复归其明，毋遗身殃，是谓袭常。

使我介有知，行于大道，唯施是畏。大道甚夷，民甚好解。朝甚除，田甚芜，仓甚虚。服文采，带利剑，厌食而赍财有余，是谓盗夸。盗夸，非道也。

善建者不拔，善抱者不脱，子孙以祭祀不绝。修之身，其德乃真。修之家，其德有余。修之乡；其德乃长。修之邦，其德乃丰。修之天下，其德乃博。以身观身，以家观家，以乡观乡，以邦观邦，以天下观天下。吾何以知天下之然兹？以此。

含德之厚者，比于赤子。蜂虿蝎蛇弗螫，攫鸟猛兽弗搏。骨弱筋柔而握固。未知牝牡之会而朘怒，精之至也。终日号而不嗄，和之至也。和曰常，知和曰明，益生曰祥，心使气曰强。物壮即老，谓之不道，不道早已。

知者弗言，言者弗知。塞其闷，闭其门，和其光，同其尘，锉其锐而解其纷，是谓玄同。故不可得而亲，亦不可得而疏；不可得而利，亦不可得而害；不可得而贵，亦不可得而浅。故为天下贵。

以正之邦，以畸用兵，以无事取天下。吾何以知其然也哉？夫天下多忌讳，而民弥贫；民多利器，而邦家兹昏；人多知，而何物滋起；法物滋章，而盗贼多有。是以圣人之言曰：我无为也，而民自化。我好静，而民自正。我无事，民自富。我欲不欲，而民自朴。

其正闵闵，其民屯屯。其正察察，其邦夬夬。祸，福之所倚；福，祸之所伏。孰知其极？其无正也？正复为奇，善复为妖。人之迷也，其日固久矣。是以方而不割，兼而不刺，直而不绁，光而不曜。

治人事天，莫若啬。夫惟啬，是以早服。早服是谓重积德。重积德则无不克，无不克则莫知其极。莫知其极，可以有国。有国之母，可以长久。是谓深根固柢，长生久视之道也。

治大国若烹小鲜，以道莅天下。其鬼不神，非其鬼不神也，其神不伤人也。非其申（神）不伤人也，圣人亦弗伤也。夫两不相伤，故德交归焉。

大邦者，下流也，天下之牝也。天下之郊也，牝恒以靓胜牡。为其靓也，故宜为下。大邦以下小邦，则取小邦。小邦以下大邦，则取于大邦。故或下以取，或下而取。故大邦者不过欲兼畜人，小邦者不过欲入事人。夫皆得其欲，则大者宜为下。

道者，万物之注也；善人之葆也，不善人之所葆也。美言，可以市；奠行，可以贺人。人之不善，何弃之有？故立天子、置三卿，虽有共之璧以先四马，不善坐而进此。古之所以贵此道者何？不曰求以得，有罪以免与？故为天下贵。

为无为，事无事，味无味。大小，多少。报怨以德。图难于其易也，为大于其细也。天下之难作于易，天下之大作于细。是以圣人终不为大，故能成其大。夫轻诺必寡信,多易必多难。是以圣人犹难之,故终于无难。

其安也,易持也;其未兆也,易谋也;其脆也,易判也;其微也,易散也。为之于其未有也,治之于其未乱也。合抱之木,生于毫末。九成之台,作于累土。百仞之高,始于足下。为之者败之,执之者失之。是以圣人无为也,故无败也;无执也,故无失也。民之从事也,恒于其成事而败之。故慎终若始,则无败事矣。是以圣人欲不欲,不贵难得之货;学不学,而复众人之所过;能辅万物之自然,而弗敢为。

故曰:为道者非以明民也,将以愚之也。民之难治也,以其知也。故以知知邦,邦之贼也。以不知知邦,邦之德也。恒知此两者,亦稽式也。恒知稽式,此谓玄德。玄德深矣、远矣、与物反矣,乃至大顺。

江海所以能为百谷王者,以其善下之,是以能为百谷王。是以圣人之欲上民也,必以其言下之;欲先民也,必以其身后之。故居前而民弗害也,居上而民弗重也。天下乐隼而弗厌也,非以其无诤与,故天下莫能与诤。

小邦,寡民,使十百人之器毋用,使民重死而远徙,有车舟无所乘之,有甲兵无所陈之,使民复结绳而用之。甘其食,美其服,乐其俗,安其居;邻邦相望,鸡狗之声相闻,民至老死不相往来。

信言不美,美言不信;知者不博,博者不知;善者不多,多者不善。圣人无积,既以为人已愈有;既以予人,已愈多。故天之道,利而不害;人之道,为而弗争。

天下皆谓我大,不肖。夫唯大,故不宵;若宵,细久矣。我恒有三葆之:一曰兹,二曰俭,三曰不敢为天下先。夫兹故能勇;俭故能广;不敢为天下先,故能为成事长。今舍其兹,且勇;舍其后,且先;则必死矣。夫兹,以战则胜,以守则固。天将建之,汝以兹垣之。

善为士者不武,善战者不怒,善胜敌者弗与,善用人者为之下。是谓不诤之德,是谓用人,是谓天;古之极也。

用兵有言曰:"吾不敢为主而为客,吾不进寸而芮尺。"是谓行无行,攘无臂,执无兵,乃无敌矣。祸莫大于无适;无适,斤亡吾葆矣。故称兵相若,则哀者胜矣。

吾言，甚易知也，甚易行也；而人莫之能知也，而莫之能行也。言有君，事有宗；其唯无知也，是以不我知？知我者希，则我贵矣。是以圣人被褐而怀玉。

知不知，尚矣。不知不知，病矣。是以圣人之不病，以其病病也，是以不病。

民之不畏威，则大威将至矣。毋闸其所居，毋厌其所生。夫唯弗厌，是以不厌。是以圣人，自知而不自见也，自爱而不自贵也。故去彼取此。

勇于敢者则杀，勇于不敢则活。两者或利或害。天之所恶，孰知其故？天之道，不战而善胜，不言而善应，不召而自来。弹而善谋。天网恢恢，疏而不失。

若民恒不畏死，奈何以杀惧之也？若民恒是死，则而为者，吾将得而杀之，夫孰敢矣？若民恒且必畏死，则恒有司杀者。夫伐司杀者，杀；是伐大匠斵也。夫伐大匠斵者，则希不伤其手矣。

人之饥也，以其取食税之多也，是以饥。百姓之不治也，以其上有以为也，是以不治。民之轻死，以其求生之厚也，是以轻死。夫唯无以生为者，是贤贵生。

人之生也柔弱，其死也贤（坚）强。万物草木之生也柔脆，其死也枯槁。故曰：坚强者，死之徒也；柔弱微细，生之徒也。兵强则不胜，木强则恒。强大居下，柔弱微细居上。

天下之道，犹张弓者也。高者抑之，下者举之；有余者损之，不足者补之。故天之道，损有余而益不足；人之道，损不足而奉有余。孰能有余而有以取奉于天者，此有道者乎？是以圣人为而弗又，成功而弗居也。若此其不欲见贤也。

天下莫柔弱于水，而攻坚强者莫之能胜也，以其无以易之也。水之胜刚也，弱之胜强也。天下莫弗知也，而莫之能行也。故圣人之言云曰：受邦之诟，是谓社稷之主；受邦之不祥，是谓天下之王。正言若反。

和大怨，必有余怨焉，可以为善。是以圣右介，而不以责于人。故有德司介，无德司彻。夫天道无亲，恒与善人。

下篇 道经

道，可道也，非恒道也。名，可名也，非恒名也。无名，万物之始也。有名，万物之母也。故恒无欲也，以观其眇；恒有欲也，以观其所噭。两者同出，异名同谓。玄之有玄，众眇之门。

天下皆知美为美，恶已；皆知善（为善），訾不善矣。有无之相生也，难易之相成也，长短之相刑也，高下之相盈也，意声之相和也，先后之相随，恒也。是以声人居无为之事，行不言之教。万物昔而弗始也，为而弗之也，成功而弗居也；夫唯居，是以弗去。

不上贤，使民不争；不贵难得之货，使民不为盗；不见可欲，使民不乱。是以声人之治也：虚其心，实其腹；弱其志，强其骨；恒使民无知、无欲也；使乎知不敢，弗为而已。则无不治矣。

道冲，而用之有弗盈也。渊呵！始万物之宗。锉其锐，解其纷；和其光，同其尘。湛呵！似或存。吾不知谁子也，象帝之先。

天地不仁，以万物为刍狗。声人不仁，以百姓为刍狗。天地之间其犹橐籥与？虚而不淈，踵而俞出。多闻数穷，不若守于中。

谷神不死，是谓玄牝。玄牝之门，是谓天地之根。绵绵呵若存！用之不堇。

天长，地久。天地之所以能长且久者，以其不自生也，故能长生。是以声人芮其身而身先，外其身而身存；不以其无私与，故能成其私。

上善如水。水善利万物而有静，居众之所恶，故几于道矣。居善地，心善渊，予善信，政善治，事善能，踵善时。夫唯不静，故无尤。

揎而盈之，不若其已。揣而棁之，不可常葆之。金玉盈室，莫之守也。贵富而骄，自遗咎也。功述身芮，天之道也。

戴营魄抱一，能毋离乎？搏气致柔，能婴儿乎？修除玄蓝，能毋疵乎？爱民栝国，能毋以知乎？天门启阖，能无雌乎？明白四达，能毋以知乎？生之、畜之，生而弗有，长而弗宰也，是谓玄德。

卅辐同一毂，当其无有，车之用也。撚埴为器，当其无有，埴之用也。凿户牖，当其无有，室之用也。故有之以为利，无之以为用。

五色使人目明，驰骋田腊使人心发狂，难得之货，使人之行方，五味使人之口爽，五音使人之耳聋。是以声人之治也，为腹而不为目。故去罢耳此。

宠辱若惊，贵大患若身。何谓宠辱若惊？宠之为下，得之若惊，失之若惊，是谓宠辱惊。何谓贵大患若身？吾所以有大患者，为吾有身也；及吾无身，有何患？故贵为身于为天下，若可以拓天下矣；爱以身为天下，汝可以寄天下。

视之而弗见，名之曰微。听之而弗闻，名之曰希。捪之而弗得，名之曰夷。三者不可至计，故束而为一。一者，其上不攸，其下不忽。寻寻呵！不可名也，复归于无物。是谓无状之状，无物之象。是谓忽恍。随而不见其后，迎而不见其首。执今之道，以御今之有。以知古始，是谓道纪。

古之善为道者，微眇玄达，深不可志。夫唯不可志，故强为之容。曰：与呵！其若冬涉水。犹呵！其若畏四邻。严呵！其若客。涣呵！其若凌泽。沌呵！其若朴。湷呵！其若浊。湛呵！其若浴。浊而情之，余清。女以重之，余生。葆此道不欲盈。夫唯不欲盈，所以能敝而不成。

至虚，极也；守情，表也。万物旁作，吾以观其复也。夫物云云，各复归于其根。归根曰情。情，是谓复命。复命，常也；知常，明也；不知常，亡亡作凶。知常容，容乃公，公乃王，王乃天，天乃道，道乃久，沕身不怠。

大上，下知有之，其次亲誉之，其次畏之，其下母之。信不足，案有不信。犹呵！其贵言也。成功遂事，而百省谓我自然。

故大道废，案有仁义。知情出，案有大伪。六亲不和，案有孝兹。邦家昏乱，案有贞臣。

绝声弃知，民利百负。绝仁弃义，民复畜兹。绝巧弃利，盗贼无有。此三言也，以为文未足，故令之有所属。见素抱朴，少私寡欲，绝学无忧。

唯与诃，其相去几何？美与恶，其相去何若？人之所畏，亦不可以不畏人。望呵！其未央哉！众人熙熙，若飨于大牢。而春登台，我泊焉未兆，若婴儿未咳。累呵！似无所归。众人皆有余，我独遗。我愚人之心也，湷湷呵！俗人昭昭，我独昏呵！俗人蔡蔡，我独闷闷呵！忽呵！其若海；望呵！其若无所止。众人皆有以，我独顽以悝。吾欲独异于人，而贵食母？

孔德之容，唯道是从。道之物，唯望、唯忽。忽呵！望呵！中有象呵！望呵，忽呵！中有物呵！幽呵，鸣呵！中有请也。甚请、甚真，其中有信。自今及古，其名不去，以顺众父。吾何以知众父之然？以此。

炊者不立，自视不章，自见者不明，自伐者无功，自矜者不长。其在道，曰余食赘行。物或恶之，故有欲者弗居。

曲则金，枉则定，洼则盈，敝则新，少则得，多则惑。是以声人执一，以为天下牧。不自视故明，不自见故章，不自伐故有功，弗矜故能长。夫唯不争，故莫能与之争。古之所谓曲全者，几虚语哉！诚金归之。

希言自然。飘风不终朝，暴雨不终日。孰为此？天地，而不能久有，况于人乎？故从事而道者同于道，德者同于德，者者同于失。同于德者，道亦德之。同于失者，道亦失之。

有物昆成，先天地生。绣呵，缪呵！独立而不垓，可以为天地母。吾未知其名，字之曰道，强为之名曰大。大曰筮，筮曰远，远曰反。道大，天大，地大，王亦大。国中有四大，而王居一焉。人法地，地法天，天法道，道法自然。

重为轻根，清为躁君。是以君子众日行，不离其辎重。唯有环官，燕处则昭若。若何万乘之王而以身轻于天下？轻则失本，躁则失君。

善行者无辙迹，善言者无瑕适，善数者不以筹策。善闭者，无闩钥而不可启也。善结者，无绳约而不可解也。是以声人恒善救人而无弃人，物无弃财，是谓神明。故善人，善人之师；不善人，善人之赍也。不贵其师，不爱其赍，唯知乎大眯。是谓眇要。

知其雄，守其雌，为天下鸡。为天下鸡，恒德不鸡；恒德不鸡，复归婴儿。知其白，守其辱，为天下谷。为天下谷，恒德乃足，复归于朴。知其白，守其黑，为天下式。为天下式，恒德不贰。德不贰，复归于无极。朴散则为器，圣人用则为官长，夫大制无割。

将欲取天下而为之，吾见其弗得已。天下，神器也，非可为者也。为者败之，执者失之。物或行或随，或炅或吹，或强或羸，或培或橢。是以声人去甚，去大，去诸。

以道佐人主，不以兵强于天下。其事好还；师之所居，楚棘生之。善者果而已矣，毋以取强焉。果而毋骄，果而毋矜，果而勿伐，果而勿得已居，是谓果而不强。物壮而老，是谓之不道，不道早已。

夫兵者，不祥之器也；物或恶之，故有欲者弗居。君子居则贵左，用兵则贵右；故兵者非君子之器也。兵者不祥之器也，不得已而用之。铦袭为上，勿美也；若美之，是乐杀人也。夫乐杀人，不可以得志于天下矣。是以吉事上左，丧事上右；是以便将军居左，上将军居右，言以丧礼居之也。杀人众，以悲依苁；战胜，以丧礼处之。

道恒无名。朴唯小，而天下弗敢臣。侯王若能守之，万物将自宾。天地相合，以渝甘露；民莫之令，而自均焉。始制有名，名亦既有，夫亦将知止；知止所以不殆。俾道之在天下也，犹小谷之于江海也。

知人者，知也。自知者，明也。胜人者，有力也。自胜者，强也。知足者，富也。强行者，有志也。不失其所者，久也。死不忘者，寿也。

道，泛呵！其可左右也。成功遂事而弗名有也。万物归焉而弗为主，则恒无欲也，可名于小。万物归焉而弗为上，可名于大。是以声人之能成其大也，以其不为大也，故能成大。

执大象，天下往。往而不害，安平大。乐与饵，过格止。故道之出言也，曰："谈呵！其无味也。视之，不足见也。听之，不足闻也。用之，不可既也。"

将欲拾之，必故张之。将欲弱之，必故强之。将欲去之，必故与之。将欲夺之，必故予之。是谓微明。友弱胜强。鱼不可脱于渊，邦利器不可以视人。

道恒无名，侯王若守之，万物将自化。化而欲作，吾将阗之以无名之朴。阗之以无名之朴，夫将不辱。不辱以情，天地将自正。

郭店简本《老子》简体复原本

1993年10月，在湖北省荆门市郭店村，郭店一号楚墓M1发掘出竹简，共804枚，为竹质墨迹。其中有字简730枚，共计13000多个楚国文字，其中包括三种内文有异而相对独立的《老子》（甲本、乙本、丙本）写本，即《郭店老子》文本。郭店楚墓出土的三种战国写本《老子》，是目前所见最早的《老子》文本。

甲本存简39枚，简长32.3厘米，共计1086字。其文字分别见于今本《老子》十九章，六十六章，四十六章，三十章，十五章，六十四章下段，三十七章，六十三章前段、后段，二章，三十二章，二十五章，五章，十六章上段，六十四章上段，五十六章，五十七章，五十五章，四十四章，四十章，九章。

乙本存简18枚，简长30.6厘米，390字，其文字分别见于今本《老子》五十九章，四十八章上段，二十章上段，十三章，四十一章，五十二章中段，四十五章，五十四章。

甲、乙本在内容上，相对独立，各自成篇。

丙本存简28枚，简长26.5厘米，575字。其中有10枚的文字分别见于今本《老子》十七章，十八章，三十五章，三十一章的中段和下段，另有4枚同见于郭店《老子甲》第十章上段和今本《老子》六十四章下段。此14枚所记载的文字，《郭店楚墓竹简》编者谓之《老子丙》。

另有其余14枚所记载的文字，不见于今本《老子》和郭店《老子甲》，《郭店楚墓竹简》题名谓之《太一生水》。

《太一生水》是华夏哲学古代本体论最早的论文之一。西方小亚细亚米利都学派（也称爱奥尼亚学派）的创始人泰勒斯被认为是西方最早的哲学家（希腊语：Thalês，英语：Thales，估猜约为公元前 624 年—公元前 546 年），年代与郭店《老子》的写者时代（约公元前 400 年）约略接近。泰勒斯也认为水是本体，是万物始源，二者有异曲同工之妙。

郭店《老子》三种写本大部分内容文字均见于今本《老子》。我认为这应当是《老子》经文的原始面貌——即多位不同作者、不同时代所编撰的古人政治及哲学语录的汇集。

我在《老子考》中曾经讨论所谓"老子"是一个作者群体，老氏并不是一个人。老子书的原型，最早或可追溯到商朝的贤人仲虺（注：古华夏的雷神名钟傀，即龙神虺蜴。仲虺，用其名也）及其所作的《仲虺之诰》。故老书最初的写本非一，原始面貌应即如郭店的甲、乙、丙三种或更多种传写本。

战国后期，各国流传的不同的原始写本，或被周史官老聃及楚人老莱子、慎到等学者汇编为类似《德道》上下经的那种合编文本，即如传于汉初的马王堆帛书写本。

而在秦汉之际，托名老子的经文又被河上公一类隐士学者改编为汉魏以后流传至今的通行本《老子·道德经》。

河上公，秦汉之际著名隐者。真名佚，年代不详，仅传隐号"河上丈（老）人"。或曰与张良师傅黄石公为一人。后世称其为河上真人，齐地琅琊一带方士。是黄老哲学的集大成者，今本《老子》（河上公章句）的传授者，汉代黄老之道的祖师之一。其可信传略仅见于《史记·乐毅列传》后太史公曰："乐臣公学黄帝、老子，其本师号曰河上丈人，不知其所出。河上丈人教安期生，安期生教毛翕公，毛翕公教乐瑕公，乐瑕公教乐巨公，乐巨公教盖公，盖公教于齐高密、胶西，为曹相国（参）师。"

因之，郭店本《老子》三本，乃是目前所见《老子》书的最原始的写本。

甲本一组

有状混成，先天地生。寂寥，独立不改，可以为天下母。未知其名，字之曰道，吾强为之名曰大。大曰逝，逝曰远，远曰返。天大，地大，道大，王亦大。国中有四大焉，王居一焉。人法地，地法天，天法道，道法自然。

天地之间，其犹橐龠欤？虚而不屈，动而愈出。

甲本二组

绝智弃辩，民利百倍。绝巧弃利，盗贼无有。绝伪弃虑，民复季子。三言以为使不足，或命之或呼属。视素抱朴，少私寡欲。

江海所以能为百谷王，以其能为百谷下，是以能为百谷王。圣人之在民前也，以身后之。其在民上也，以言下之。其在民上也，民弗厚也；其在民前，民弗害也。天下乐进而弗厌。以其不争也，故天下莫能与之争。罪莫厚乎甚欲，咎莫险乎欲得，祸莫大乎不知足。知足之为足，此恒足矣。

以道佐人主者，不欲以兵强于天下。善者果而已，不以取强。果而弗伐，果而弗骄，果而弗矜，是谓果而不强。其事好。

长古之善为士者，必微妙玄远，深不可识，是以为之容。豫乎（其）若冬涉川，犹乎其若畏四邻，俨乎其若客。涣乎其若释，敦乎其若朴，沌乎其若浊。孰能浊以静者将徐清，孰能安以动者将徐生。保此道者不欲尚盈。

为之者败之，执之者失之。是以圣人无为故无败，无执故无失。临事之纪，慎终如始，此无败事矣。圣人欲不欲，不贵难得之货；教不教，复众之所过。是故圣人能辅万物之自然，而弗能为。道恒无为也，侯王能守之，而万物将自化。化而欲作，将镇之以无名之朴。夫亦将知足，知以静，万物将自定。

为无为，事无事，味无味。大，小之。多易必多难。是以圣人犹难之，故终无难。

天下皆知美之为美，丑矣；皆知善，此其不善矣。有无之相生也，难易之相成也，长短之相形也，高下之相盈也。音声之相和也，先后之相随也。是以圣人居无为之事，行不言之教。万物作而弗始也，为而弗恃也，成而弗居。夫唯弗居也，是以弗去也。

道恒无名，朴虽微，天地弗敢臣。侯王若能守之，万物将自宾。

天地相合也，以输甘露。民莫之命天自均焉。始制有名，名亦既有，夫亦将知止，知止所以不殆。譬道之在天下也，犹小谷之与江海。

甲本三组

至虚，恒业。守中，笃也。万物方作，居以须复也。天道圆圆，各复其根。

甲本四组

其安也，易持也。其未兆也，易谋也。其脆也，易判也，其微也，易剪也。为之于其无有也，治之于其未乱。合抱之木生于毫末。九层之台作于虆土。百仞之高始于足下。

知之者弗言，言之者弗知。闭其兑，塞其门，和其光，同其尘。挫其锐，解其纷，是谓玄同。故不可得而亲，亦不可得而疏；不可得而利，亦不可得而害；不可得而贵，亦不可得而贱。故为天下贵。

以正治邦，以奇用兵，以无事取天下。吾何以知其然也？夫天（下）多忌讳，而民弥叛，民多利器，而邦滋昏。人多智，而奇物滋起。法物滋彰，盗贼多有。是以圣人之言曰：我无事而民自富，我无为而民自化，我好静而民自正，我欲不欲而民自朴。

甲本五组

含德之厚者，比于赤子。虺虿虫蛇弗蠚，攫鸟猛兽弗扣。骨弱筋柔而捉固，未知牝牡之合而朘怒，精之至也。终日呼而不嚘，和之至也。和曰常，知和曰明。益生曰祥，心使气曰强。物壮则老，是谓不道。

名与身孰亲？身与货孰多？得与失孰病？甚爱必大费，厚藏必多失。故知足不辱，知止不殆，可以长久。

返也者,道(之)动也;弱也者,道之用也。天下之物生于有,生于无。

持而盈之,(不)不若已。揣而锐之,不可长保也。金玉盈室,莫能守也。贵福(而)骄。自遗咎也。

乙本一组

治人事天,莫若啬。夫唯啬,是以早复,是以早复是谓重积德,重积德则无不克。无不克则莫知其极。莫知其极,可以有国。有国之母,可以长久,是谓深根固柢长生久视之道也。

学者日益,为道者日损。损之又损,以至无为也,无为而无不为。

绝学无忧。唯与诃,相去几何?美与丑,相去何若?人之所畏,亦不可以不畏。

人宠辱若惊,贵大患若身。何谓宠辱?宠为下也。得之若惊,失之若惊,是谓宠辱惊。何谓贵大患若身?吾所以有大患者,为吾有身。及吾无身,有何患,故贵以身为天下,乃可以讬天下矣;爱以身为天下,乃可以寄天下矣。

乙本二组

上士闻道,勤而行于其中。中士闻道,若闻若无。下士闻道,大笑之。弗大笑,不足以为道矣。是以建言有之:明道若昧,夷道若纇,进道若退。上德若谷,大白若辱。广德若不足,健德若偷,质真若渝。大方无隅,大器免成。大音希声,大象无形。道隐无名。

乙本三组

闭其门,塞其兑,终身不勤。启其兑,实其事,终身不复。大成若缺,其用不弊。大盈若盅,其用不穷。大巧若拙,大赢若诎,大直若屈。躁胜沧,静胜热,清清为天下定。善建者不拔,善保者不脱,子孙以其祭祀不辍。修之身,其德乃真。修之家,其德有余。修之乡,其德乃长。修之邦,其德乃丰。修之天下,其德乃博。以家观家,以乡观乡,以邦观邦,以天下观天下。吾何以知天下然哉以此。

丙本一组

太上,下知有之。其次,亲誉之。其次,畏之。其次,侮之。信不足,安有不信。犹乎其贵言也。成事遂功,而百姓曰我自然也。故大道废,安有仁义。六亲不和,安有孝慈。邦家昏乱,安有正臣。

丙本二组

执大象,天下往,往而不害,安平泰。乐与饵,过客止。故道之出言淡呵其无味也。视之不足见,听之不足闻,而不可既也。

丙本三组

君子居则贵左,用兵则贵右。故曰兵者非君子之器,不得已而用之,恬淡为上。弗美也,美之,是乐杀人。夫乐杀不可以得志于天下。故吉事上左,丧事上右。是以偏将军居左,上将军居右,言以丧礼居之也。故杀人众则以哀悲莅之;战胜,则以丧礼居之。

丙本四组

为之者败之,执之者远之。圣人无为,故无败也;无执,古无失。慎终若始,则无败事矣。人之败也,恒于其且成也败之。是以圣人欲不欲,不贵难得之货,学不学众之所过。是以能辅万物之自然,而弗敢为。

太一生水

太一生水。水反辅太一,是以成天。天反辅太一,是以成地。天地复相辅也,是以成神明。神明复相辅也,是以成阴阳。阴阳复相辅也,是以成四时。四时复相辅也,是以成沧热。沧热复相辅也,是以成湿燥。湿燥复相辅也,成岁而止。

故岁者湿燥之所生也。湿燥者沧热之所生也。沧热者四时之所生也。四时者阴阳之所生也。阴阳者神明之所生也。神明者天地之所生也。天地者太一之所生也。

是故太一藏于水，行于时。周而或始，以己为万物母；一缺一盈，以己为万物经。此天之所不能杀，地之所不能厘，阴阳之所不能成。君子知此之谓道也。

天道贵弱，削成者以益生者；伐于强，责于坚，以辅柔弱。

下，土也，而谓之地。上，气也，而谓之天。道也其字也，青昏其名。以道从事者，必托其名，故事成而身长；圣人之从事也，亦托其名，故功成而身不伤。天地名字并立，故过其方，不思相当。天不足于西北，其下高以强；地不足于东南，其上低以弱。不足于上者，有余于下，不足于下者，有余于上。

郭店《老子》全文完

郭店简本《老子》出版者释文

《老子》甲本（上）

1.1 有状混成，先天地生，寂寥独立不改，可以为天下母，未知其名，字之曰道，吾强为之名曰大。大曰逝，逝曰远，远曰反。天大，地大，道大，王亦大。国中有四大焉，王居一焉。人法地，地法天，天法道，道法自然。

1.2 天地之间，其犹橐龠欤？虚而屈，动而愈出。

2.1 至虚，恒也。守中，笃也。万物并作，居以须复也。天道云云，各复其根。

3.1 含德之厚者，比于赤子。虺蛋虫蛇弗蛰，攫鸟猛兽弗扣，骨弱筋柔而握固，未知牝牡之合朘怒，精之至也。终日号而不嗄，和之至也。和曰常，知和曰明，益生曰祥，心使气曰强。物壮则老，是谓不道。

3.2 名与身孰亲？身与货孰多？得与亡孰病？甚爱必大费，厚藏必多亡。故知足不辱，知止不殆，可以长久。

3.3 反也者，道动也。弱也者，道之用也。天下之物生于有，（有）生于无。

3.4 持而盈之，不若已。揣而群之，不可长保也。金玉盈室，莫能守也。贵富骄，自遗咎也。功遂身退，天之道也。

《老子》甲本（下）

4.1 绝智弃辩，民利百倍。绝巧弃利，盗贼无有。绝伪弃诈，民复孝慈。三言以为使不足，或令之有乎属：视素抱朴，少私寡欲。

4.2 江海所以为百谷王，以其能为百谷下，是以能为百谷王。圣人之在民前也，以身后之；其在民上也，以言下之。其在民上也，民弗厚也；其在民前也，民弗害也。天下乐进而弗厌。以其不争也，故天下莫能与之争。罪莫厚乎贪欲，咎莫险乎欲得，祸莫大乎不知足。知足之为足，此恒足矣。

4.3 以道佐人主者，不欲以兵强于天下。善者果而已，不以取强。果而弗伐，果而弗骄，果而弗矜，是谓果而不强。其事好长。

4.4 古之善为士者，必微妙玄达，深不可识，是以为之容：豫乎（其）如冬涉川，犹乎其如畏四邻，严乎其如客，涣乎其如释，混乎其如朴，沌乎其如浊。孰能浊以静者，将徐清。孰能安以动者，将徐生。保此道者不欲尚盈。

4.5 为之者败之，执之者失之。是以圣人无为故无败，无执故无失。临事之纪，慎终如始，此无败事矣。圣人欲不欲，不贵难得之货；教不教，复众之所过。是故圣人能辅万物之自然，而弗能为。道恒无为也，侯王能守之，而万物将自化。化而欲作，将镇之以无名之朴。夫亦将知足，知（足）以静，万物将自定。

4.6 为无为，事无事，味无味。大小之多易必多难。是以圣人犹难之，故终无难。

4.7 天下皆知美之为美也，恶已；皆知善，此其不善已。有无之相生也，难易之相成也，长短之相形也，高下之相盈也，音声之相和也，先后之相随也。是以圣人居无为之事，行不言之教。万物作而弗始也，为而弗恃也，成（功）而弗居。夫唯弗居也，是以弗去也。

4.8 道恒无名，朴虽细，天地弗敢臣。侯王如能守之，万物将自宾。

4.9 天地相合也，以逾甘露。民莫之命而自均安，始制有名。名亦既有，夫亦将知止。知止所以不殆，譬道之在天下也，犹小谷之与江海。

5.1 其安也，易持也。其未兆也，易谋也。其脆也，易泮也。其微也，易散也。为之于其无有也，治之于其未乱。合（抱之木，生于毫）末。九层之台，作（于累土。千里之行，始于）足下。

5.2 知之者弗言，言之者弗知。闭其兑，塞其门，和其光，同其尘，锉其锐，解其纷，是谓玄同。故不可得而亲，亦不可得而疏；不可得而利，亦不可得而害；不可得而贵，亦不可得而贱。故为天下贵。

5.3 以正治邦，以奇用兵，以无事取天下。吾何以知其然也？夫天多忌讳，而民弥叛。民多利器，而邦滋昏。人多智而奇物滋起。法物滋章，盗贼多有。是以圣人之言曰：我无事而民自富，我无为而民自化，我好静而民自正，我欲不欲而民自朴。

《老子》乙本

1.1 治人事天莫若啬。夫唯啬，是以早服，是谓（重积德。重积德则无不克，无）不克则莫知其极，莫知其极可以有国。有国之母，可以长（久，是谓深根固柢之法），长生久视之道也。

1.2 （为）学者日益，为道者日损。损之又损，以至无为也。无为而无不为。

1.3 绝学无忧。唯与阿，相去几何？美与恶，相去何若？人之所畏，亦不可以不畏。

1.4 人宠辱若惊，贵大患若身。何谓宠辱（惊）？宠为下也，得之若惊，失之若惊，是谓宠辱惊。（何谓贵大患）若身？吾所以有大患者，为吾有身。及吾无身，有何（患？故贵为身于）为天下，若可以托天下矣；爱以身为天下，若可以去天下矣。

2.1 上士闻道，仅能行于其中。中士闻道，若闻若无。下士闻道，大笑之。弗大笑，不足以为道矣。是以建言有之：明道如昧，夷道（如类，进）道若退。上德如谷，大白如辱，广德如不足，建德如（偷，质）真如愉，大方无隅，大器慢成，大音希声，大象无形，道（善始且善成）。

3.1 闭其门，塞其兑，终身不侮。启其兑，塞其事，终身不来。

3.2 大盛若缺，其用不敝。大盈若盅，其用不穷。大巧若拙，大盛若诎，大直若屈。

3.3 燥胜寒，静胜热，清净为天下正。善建者不拔，善抱者不脱，子孙以其祭祀不辍。修之身,其德乃真。修之家,其德有余。修之乡,其德乃长。修之邦,其德乃丰。修之天下,(其德乃溥,以家观)家,以乡观乡,以邦观邦,以天下观天下。吾何以知天(下然?以此)。

《老子》丙本

1.1 太上下知有之,其次亲誉之,其次畏之,其次侮之。信不足,焉有不信,犹乎其贵言也。成事遂功,而百姓曰我自然也。故大道废,焉有仁义。六亲不和,焉有孝慈。邦家昏乱,焉有贞臣。

2.1 执大象,天下往。往而不害,安平大。乐与饵,过客止,故道(之出言),淡兮其无味也。视之不足见,听之不足闻,而不可既也。

3.1 君子居则贵左,用兵则贵右。故曰兵者(非君子之器,不)得已而用之,恬淡为上,弗美也。美之,是乐杀人。夫乐(杀,不可)以得志于天下。故吉事上左,丧事上右。是以偏将军居左,上将军居右,言以丧礼居之也。故杀(人众)则以哀悲莅之,战胜则以丧礼居之。

4.1 为之者败之,执之者失之。圣人无为,故无败也;无执,故(无失也)。慎终若始,则无败事矣。人之败也,恒于其且成也败之。是以(圣)人欲不欲,不贵难得之货;学不学,复众之所过。是以能辅万物之自然而弗敢为。

太一生水

1.1 太一生水,水反辅太一,是以成天。

1.2 天反辅太一,是以成地。

1.3 天地复相辅也,是以成神明。

1.4 神明复相辅也,是以成阴阳。

1.5 阴阳复相辅也,是以成四时。

1.6 四时复相辅也,是以成沧热。

1.7 沧热复相辅也,是以成湿燥。

1.8 湿燥复相辅也,成岁而止。

2.1 故岁者,湿燥之所生也。

2.2 湿燥者,沧热之所生也。
2.3 沧热者,四时之所生也。
2.4 四时者,阴阳之所生也。
2.5 阴阳者,神明之所生也。
2.6 神明者,天地之所生也。
2.7 天地者,太一之所生也。
3.1 是故,太一藏于水,行于时,
3.2 周而又始,以己为万物母。
3.3 一缺一盈,以己为万物经。
3.4 此天之所不能杀,
3.5 地之所不能埋,
3.6 阴阳之所不能成。
3.7 君子知此之谓［道］。
4.1 天道贵弱,削成者以益生者,伐于强,责于（坚,以辅柔弱）。
4.2 下,土也,而谓之地。
4.3 上,气也,而谓之天。
4.4 道以其字也。清昏其名。
4.5 以道从事者必托其名,故事成而身长。
4.6 圣人之从事也,亦托其名,故功成而身不伤。
4.7 天地名字并立,故过其方,不思相当。
4.8 天不足于西北,其下高以强。
4.9 地不足于东南,其上（低以弱）。
4.10 不足于上者,有余于下。
4.11 不足于下者,有余于上。

郭店楚简老子校释

涂宗流（引自"荆门郭店楚简文献中心"）

郭店楚简《老子》凡三篇，不仅竹简形制各不相同，其内容也各自独立成篇，是今本《老子》出现之前的三篇道家哲学著作。《老子甲》论述以道佐人主治国：上篇论述佐人主治国之策，下篇论述佐人主者之德。

《老子乙》以为道、守道为中心"言道家之用"：第一部分论述为道者要自损、自重；第二部分论述守道治国必须坚持"清静"的原则。

《太一丙》论述"道"和"为道"：第一部分对《老子甲》所提出的"道"进行解说；第二部分论述"为道"，指出为道者应顺乎民意而贵言，应"辅万物之自然"。

老子甲

《老子甲》存简39枚，约1086字。论述以道佐人主治国。可分为33章，归并为上、下篇。上篇（一—十九章）论述佐人主治国之策，下篇（二十一—二十三章）论述佐人主者之德。

第一至五章（1—2简），提出活其本性以大其真、轻其私心以减少欲望的治国方略。第六章（2—5简）言能为百谷下，是以能为百谷王。第七章（5—6简）言知足之为足，此恒足矣。第八章（6—8简）言果而不强，其事好。第九章（8—10简）言长古之善为士者必微妙玄达深不可识。第十章（10—14简）言圣人能辅万物之自然而弗能为。第十一章（14—15简）言圣人犹难之故终亡难。第十二章（15—18简）言圣人居亡为之事行不言之教。第十三章（18—19简）言侯王能守道保朴，万物将自宾。第十四章（19—20简）言卑道之在天下也，犹小谷之与江海。第十五章（21—23简）言国中有四大安，王居一安。第十六章（23简）言天地之间虚而不屈。第十七章（24简）言至虚，恒也；守中，笃也。第十八章（25—29简）言为之于其亡有也，治之于其未乱。第十九章（29—32简）言以正治邦，以奇用兵，以亡事取天下。第二十章（33—35简）言含德之厚比于赤子。第二十一章（35—37简）言知足不辱，知止不殆。第二十二章（37简）言弱也者，道之用也。第二十三章（37—39简）言功遂身退，天之道也。

绝智弃辩，民利百倍。

校：

马王堆汉墓帛书《老子》甲本、乙本（以下简称帛书甲本、帛书乙本，合称帛书本）分别作"绝圣弃知，民利百倍"、"绝圣弃知，而民利百倍"。王弼《老子注》（以下简称王弼本）第十九章作"绝圣弃智，民利百倍"。魏源《老子本义》（以下简称魏源本。相对于郭店楚简《老子》，帛书本、王弼本、魏源本合称今本《老子》或传世本《老子》，简称今本或传世本）第十六章作"绝圣弃智，民利百倍"。魏源本"绝圣弃智"二句在"绝仁弃义"二句之下，其他各本均在"绝仁弃义"二句之上。郭店楚简本篇此二句自成一章，后有分章符号。"绝圣弃智"之"圣智"，王弼注："圣智，才之善也。"魏源本义："圣智，智慧也。"所谓"绝圣弃智"，即"绝弃王者圣智"。

释：

"智"与"辩"为互文。"智"，机谋。《韩非子·扬权》："圣人之道，去智与巧，智巧不去难以为常。"《文子·上礼》："各欲行其智伪，以容于世，而失大宗之本。""辩"，巧言，善言辞。《书·太甲》："群罔以辩言乱旧政；臣罔以宠利居成功。"孔传："利口覆国家，故特慎焉。"王弼本《老子》八十一章："善者不辩，辩者不善。"河上公注："辩，谓巧言也。""绝智弃辩"是对王者（统治者）说的，作为本篇的首章，老子尖锐地指出统治者要想治理好国家,首先必须绝弃机谋和巧言,使民利其利。只有这样,国家才能富强。句意为:绝弃机谋和巧言,老百姓就能利其利。

绝巧弃利,盗贼亡有。

校:

帛书本,王弼本,魏源本均为"绝巧弃利,盗贼无有",在"绝仁弃义"二句之后。"绝巧弃利"之"巧利",王弼注:"巧利,用之善也。"魏源本义:"巧利,大伪也。"

释:

"巧"与"利"为互文。"巧",诡诈。《集韵·效韵》:"巧,伪也。"《管子·立政》:"谄谀饰过之说胜,则巧佞者用。"《吕氏春秋·论人》:"适耳目,节嗜欲,释智谋,去巧故。""利",贪婪。《广雅·释诂二》:"利,贪也。"《礼记·表记》:"其民之敝,利而巧,文而不惭,贼而蔽。"盗贼是社会的公害,有盗贼则民不安。要使盗贼无有,王者(统治者)必须绝弃贪婪和诡诈。在上者的贪婪和诡诈是产生盗贼的根本原因。句意为:绝弃贪婪和诡诈,盗贼就不会产生。

绝(抦)弃虑,民复季子。

校:

帛书甲本作"绝仁弃义,民复畜兹",帛书乙本作"绝仁弃义,而民复孝慈",王弼本、魏源本作"绝仁弃义,民复孝慈"。以上各本此二句均在"绝巧弃利"二句之前。"绝仁弃义"之"仁义",王弼注:"仁义,人之善也。"魏源本义:"绝弃帝者仁义,以返于皇之大道,则民复其初,父慈子孝,如淳古时矣。"

释:

"(抦)"与"虑"为互文。"(抦)",音guì,"有以为"的一种心态。"有以为"而为的"有为"与"无为"相对。所谓"绝(抦)",即是绝弃"用己而背自然"之所为,亦是绝弃自以为是的"有为"而达到"无为"的境界。"虑",忧虑,担心。《增韵·御韵》:"虑,忧也。""弃虑",意为绝弃私心忧虑，顺其自然。所谓"弃虑"，就是要"澹然无虑"，而成为能体道的大丈夫。"季子"，稚子。《玉篇·子部》："季，稚也。""民复季子"与"复归于婴儿"意义相近。句意为：绝弃自以为是的"有为"和私心忧虑，使老百姓如稚子般归于自然。

三言以为辨，不足，或命之，或呼属。

校：

帛书本作"此三言也，以为文未足，故令之有所属"，王弼本、魏源本作"此三者以为文不足，故令有所属"。王弼注："（圣智、仁义、巧利）直云绝，文甚不足，不令之有所属，无以见其指，故曰此三者以为文而未足，故令之有所属。"魏源本义："此三者指仁义圣智巧利三事也。属，与庄子属其性乎仁义之属同，犹云附着也。"

释：

"三言"，指前述"绝弃"三论。"辨"，确定。《礼记·王制》："凡官民材，必先论之，论辨，然后使之。任事，然后爵之；位定，然后禄之。"郑玄注："辨，谓考问得其定也。""命"，音màn，通"慢"。轻慢。《礼记·大学》："见贤而不能举，举而不能先，命也。"郑玄注："命读为慢，声之误也。举贤而不能使君以先己，是轻慢于举人也。""属"，跟随。《史记·项羽本纪》："项王渡淮，骑能属者，百余人耳。""呼属"，犹言随声附和。句意为：前述"绝弃"三论，是治国必须重视的，然而以之为治国的确定性依据是不充分的。因为机谋（智）、巧言（辨）、诡诈（巧）、贪婪（利）、用己而背自然（拗）、私心忧虑（虑）是现实的客观存在，有人轻慢之，也有人随声附和，要"绝弃"只能治标，而不能治本。

视素保朴，少私寡欲。

校：

帛书本、王弼本、魏源本均作"见素抱朴，少私寡欲"，帛书甲本"朴，少私寡欲"五字残去，据帛书乙本补。任继愈新译："见素抱朴，少私寡欲：外表单纯，内心朴素；减少私心，降低欲望。"

释：

"视",活。"素",本性。《广雅·释诂三》:"素,本也。""保",通"褒",大也。"朴",物的本真之性。《玉篇·木部》:"朴,真也。""少",轻视。《正字通·小部》:"少,短也。訾人曰少之,犹称人曰多之也。""寡",减少。《淮南子·原道训》:"约其所守,寡其所求,去其诱慕,除其嗜欲。"句意为:活其本性以大其真,轻其私心以减少欲望,是根本性的治国方略。

江海所以为百谷王,以其能为百谷下,是以能为百谷王。① 圣人之在民前也,以身后之;其在民上也,以言下之。② 其在民上也,民弗厚也;其在民前也,民弗害也。③ 天下乐进而弗詀。④ 以其不争也,故天下莫能与之争。⑤

校：

①帛书本、王弼本、魏源本均为"江海所以能为百谷王者,以其善下之,是以能为百谷王"。

②帛书乙本作"是以圣人之欲上民也,必以其言下之;其欲先民也,必以其身后之"。王弼本、魏源本作"是以欲上民,必以言下之;欲先民,必以身后之"。

③帛书甲本作"故居前而民弗害也,居上而民弗重也"。帛书乙本作"故居上而民弗重也,居前而民弗害,处前而民不害"。

④帛书甲本作"天下乐推而弗厌也"。帛书乙本作"天下皆推而弗厌也"。王弼本、魏源本作"是以天下乐推而不厌"。

⑤帛书乙本作"不以其无争与?故天下莫能争"。帛书甲本残缺,前四字为"非以其无"。王弼本、魏源本作"以其不争,故天下莫能与之争"。

释：

此章言能为百谷下,是以能为百谷王。

"江海所以为百谷王,以其能为百谷下,是以能为百谷王":"谷",两山之间的水流。亦泛指水流。"百谷",指众谷之水。《文选》宋玉《高唐赋》:"遇天雨之新霁兮,观百谷之俱集。"李善注:"百谷者,众谷杂水至山之下。""百谷王",百谷之水所归者也,江海对百谷之称。句意为:江海为什么能为百谷王?因它能处在百谷之下,所以能为百谷王。"以其能为百谷下,是以能为百谷王。"这是对"江海为什么能为百谷王"的回答,是不需要再证明的经验性依据。

"圣人之在民前也,以身后之;其在民上也,以言下之":"圣人",贤明的统治者。"前",引导。《周易·系辞上》:"是兴神物,以前民用。""上",上位。"在民上",意为统治人民。"下",谦恭。句意为:贤明的统治者,虽处于统治老百姓的地位,但应把自己看成人民的公仆而居于百姓之后;虽高高在老百姓之上,但应言辞谦恭而礼遇百姓。"其在民上也,民弗厚也;其在民前也,民弗害也。天下乐进而弗詀","厚",重,多。"害",妨碍。"进",进步。"詀",音 diān,巧言。《类篇·言部》:"詀,巧言。"句意为:贤明的统治者虽高高在老百姓之上,老百姓并不感到重压;虽处于统治老百姓的地位,老百姓并不认为有妨碍。天下人以去恶就善为乐而反对巧言惑众。

"以其不争也,故天下莫能与之争":"争",竞争。"不争",河上公注:"不争功名,返自然也。"句意为:因为统治者不争能不争功,所以天下没有谁能与之争竞。

罪莫厚乎甚欲,咎莫憯乎欲得,祸莫大乎不知足。① 知足之为足,此恒足矣。②

校:

①帛书甲本为:"罪莫大于可欲,祸莫大于不知足,咎莫憯于欲得。"王弼本为:"祸莫大于不知足,咎莫大于欲得。"魏源本为:"罪莫大于可欲,祸莫大于不知足,咎莫大于欲得。"

②王弼本、魏源本均为:"故知足之足常足矣。"帛书甲本只有"恒足矣"三字,其余缺佚。帛书乙本只有"足矣"二字,其余缺佚。王弼本、魏源本此章前有"天下有道,却走马以粪。天下无道,戎马生于郊"四句。帛书甲本缺佚"天下"、"道,却走马"六字。帛书乙本亦有缺佚,后两句为"无道,戎马生于郊"。帛书本、王弼本、魏源本由于有前四句,任继愈《老子新译》说:"老子反对一切战争,认为只要不打仗就比打仗

好。他认为战争是由于人们不知足、贪心重引起的，只要知足，满足于现状，不贪求什么，就不会发生战争。"

释：

此章言知足之为足，此恒足矣。

"罪莫厚乎甚欲"："罪"，祸殃。罪，简文从辛从自，与"罪"通。"厚"，大，重。《战国策·秦策一》："大王又并军而致与战，非能厚胜之也。"《国语·周语下》："若匮，王用将有所乏，乏则将厚取于民。""甚"，表示程度深。"欲"，欲望。《说文》："欲，贪欲也。""甚欲"，过分的欲望。句意为：祸殃没有比过分的欲望更厚重的。

"咎莫憯乎欲得"："咎"，灾祸。《说文》："咎，灾也。""憯"，惨痛。《说文》："憯，痛也。""得"，贪得。"欲得"，犹无止境地贪求其所爱。句意为：灾祸没有比无止境地贪求其所爱更惨痛的。

"祸莫大乎不知足"："祸"，祸害。《说文》："祸，害也。"《礼记·表记》："君子慎以辟祸。""不知足"，谓不自知满足，过分地企求。句意为：祸害没有比不知满足更大的。

"知足之为足，此恒足矣"："知足"，谓自知满足，不作过分的企求。"恒"，长久。句意为：自知满足的所谓"足"，这是永远的满足。

以道佐人主者，不欲以兵强于天下。①善者果而已，不以取强。②果而弗伐，果而弗骄，果而弗矜。是谓果而不强。③其事好。④

校：

①帛书本作"以道佐人主，不以兵强天下"（"于天下"三字，甲本缺佚）。王弼本、魏源本作"以道佐人主者，不以兵强天下"。

②帛书本作"善者果而已，毋以强取焉"。王弼本作"善有果而已，不敢以取强"。魏源本作"善者果而已，不敢以取强"。

③帛书本作"果而毋骄，果而勿矜，果而勿伐，果而毋得已居。是谓果而不强"。王弼本作"果而勿矜，果而勿伐，果而勿骄，果而不得已，果而勿强"。魏源本作"果而勿矜，果而勿伐，果而勿骄，果而不得已，是谓果而勿强"。

④帛书本作"其事好还",后有"师之所居,楚棘生之"(帛书乙本"居"为"处"字,"楚"为"荆"字)。王弼本、魏源本作"其事好还。师之所处,荆棘生焉。大军之后,必有凶年",紧接在"不以兵强天下"之后。郭店楚简本篇,与今本不同,只有"其事好"三字,被放在"是谓果而不强"之后,作为本章的结尾。今本的结尾为"物壮则老,是谓不道,不道早已"。(帛书本作"物壮而老"。)

释：

此章言果而不强,其事好。

"以道佐人主者,不欲以兵强于天下"："道",道家的政治主张或思想体系。"人主",人君,国君。"欲",要。句意为：用道家之"道"辅助国君的人,不要靠武力在天下逞强。

"善者果而已,不以取强"："善",正确,高明。"果",犹达到目的,取得成功。"以",凭借,仗恃。句意为：最高明的人是取得成功（达到目的）就算了,不仗恃自己的实力而逞强。

"果而弗伐,果而弗骄,果而弗矜。是谓果而不强,其事好"："伐"夸耀,自夸。"骄",傲慢。"矜",自负。"其",音 jī,同"基",谋虑。"事",治理。"好",音 hǎo,美,善。句意为：取得成功而不自夸其能,取得成功不以傲慢态度待人,取得成功不骄矜自负瞧不起别人。这就是所谓"果而不强"。只有取得成功后而不逞强的人,才能佐人主谋为把国家治理得尽善尽美。

长古之善为士者,必微妙玄达,深不可识,①是以为之容。②豫乎（其）若冬涉川,犹乎其若畏四邻,严乎其若客,涣乎其若释,屯乎其若朴,坉乎其若浊。③孰能浊以静者,将徐清。孰能安以重者,将徐生。保此道者不欲尚盈。

校：

①帛书本作"古之善为道者,微妙玄达,深不可识"。王弼本、魏源本作"古之善为士者,微妙元通,深不可识"。

②帛书本作"夫唯不可识,故强为之容",后紧跟一"曰"字。王弼

本、魏源本作"夫唯不可识,故强为之容"。

③简文"豫乎其若冬涉川",无"其"字,据上下文补出。帛书本作"与呵其若冬涉水,犹呵其若畏四邻,严呵其若客,涣呵其若凌释,沌呵其若朴,湷呵其若浊,庄呵其若浴"。王弼本作"豫焉若冬涉川,犹兮若畏四邻,俨兮其若容,涣兮若冰之将释,敦兮其若朴,旷兮其若谷,混兮其若浊"。魏源本作"豫若冬涉川,犹若畏四邻,俨若客,涣若冰将释,敦兮其若朴,旷兮其若谷,浑兮其若浊"。

释：

此章言长古之善为士者必微妙玄达深不可识。

"长古之善为士者,必微妙玄达,深不可识,是以为之容"："长",时间久远。"长古",犹上古。"士",佐人主之得道者。"微",幽微。"妙",精细。"玄",神妙。"达",通达。"是以",以是,因此。"为",行为。"容",从容。"之",助词,用于主谓结构之间,取消句子的独立性。"为之容",行为从容。句意为：上古善于佐人主之得道之士,必定幽微、精细、神妙、通达而深不可识,因此行为从容。

"豫乎其若冬涉川,犹乎其若畏四邻,严乎其若客"："豫",预备,先事准备。"犹",踌躇疑惧貌。"严",通俨,恭敬严肃。句意为：（长古之善为士者）其所欲行,像冬天涉水过河一样,先事准备而后行。其所不行,像提防邻国围攻一样,踌躇疑惧而不轻举妄动。待人处事,像外出作客一样,恭敬严肃而不放肆。

"涣乎其若释,屯乎其若朴,坉乎其若浊。孰能浊以静者,将徐清。孰能安以重者,将徐生。保此道者不欲尚盈"："涣",流散,离散。"释",消溶,指冰雪消溶。"屯",音 zhūn,厚。"朴",《说文》："朴,木素也。"段玉裁注："以木为质,未雕饰,如瓦器之坯然。""坉",音 dùn。《广韵·混韵》："坉"同"沌",浑沌。"浊",水之不清也。"静",平静,静止。"清",洁净。"安",安静。"重",重复。"将",音 jiāng,扶助。"尚",崇尚。"盈",满,圆满。句意为：（长古善为士者之为道）像冰雪将融,流散疏脱与道融为一体。反本完真,像未雕凿的素材,存天性之全,敦厚朴实而不雕于人伪。能包容一切,像江河之浊,本性高洁而能和光同尘浑沌与物。怎么使浊由动而静,助其徐徐而清？又怎么使静复之以动,助其徐徐而生？保此道者惟不愿贵尚盈满。

为之者败之，执之者远之。①是以圣人亡为故亡败，亡执故亡失。临事之纪，慎终如始，此亡败事矣。②圣人欲不欲，不贵难得之货；教不教，复众之所过。是故圣人能辅万物之自然，而弗能为。③道恒亡为也，④侯王能守之，而万物将自拗，拗而欲作，将镇之以亡名之朴。⑤夫亦将知足，知以静，万物将自定。⑥

校：

①帛书甲本缺佚，帛书乙本作"为之者败之，执者失之"。王弼本、魏源本作"为者败之，执者失之"。

②帛书甲本作"民之从事也，恒于其成事而败之。故慎终若始，则无败事矣。（'无败事矣'四字缺佚）"。帛书乙本作"民之从事也，恒于其成而败之。故曰：慎终若始，则无败事矣"。王弼本、魏源本作"民之从事，常于几成而败之，慎终如始，则无败事"。

③帛书乙本作"是以圣人欲不欲，而不贵难得之货；学不学，复众人之所过；能辅万物之自然，而弗敢为"。王弼本作"是以圣人欲不欲，不贵难得之货；学不学，复众人之所过，以辅万物之自然而不敢为"。魏源本"以辅万物之自然"为"以恃万物之自然"。"复众人之所过"，简文"所"字下衍一重文符号。

④帛书本作"道恒无为"，王弼本、魏源本作"道常无为而无不为"。

⑤帛书甲本作"侯王若守之，万物将自拗。拗而欲作，吾将阗之以无名之朴（'作，吾将阗之以无'七字缺佚）"。帛书乙本作"侯王若能守之，万物将自化。化而欲作，吾将阗之以无名之朴"。王弼本作"侯王若能守之，万物将自化。化而欲作，吾将镇之以无名之朴"。魏源本"侯王若能守之"为"侯王若能守"。

⑥帛书本作"阗之以无名之朴，夫将不辱。不辱以静，天地将自正"。王弼本作"无名之朴，夫亦将无欲。不欲以静，天下将自定"。魏源本"不欲以静"为"无欲以静"。

释：

此章言圣人能辅万物之自然而弗能为。

"为之者败之，执之者远之。是以圣人亡为故亡败，亡执故亡失"："为"，与"无为"相对。为，谋也，求也。"败"，（事情）失败，即不能成功。《韩非子·说难》："夫事以密成，语以泄败。""执"，守也，持也。"远"，违背，乖离。"失"，控制不好，把握不住。句意为：有所求取去办一件事，这事一定不会成功；有所持守去做一件事，一定事与愿违。因此圣人无所求取所以事情一定会成功，无所持守所以能把握住事情的发展变化。

"临事之纪，慎终如始，此亡败事矣"："临事"，谓遇事或处事。"纪"，终，止。句意为：处事到终了的时候，如果慎重能像开始，这样就没有不成功的事。

"圣人欲不欲，不贵难得之货；教不教，复众之所过。是故圣人能辅万物之自然，而弗能为"："欲"，欲望。"不欲"，没有贪欲。"不教"，不对百姓进行训诲。"教"，训诲。"复"，返。"过"，过失。《广雅·释诂三》："过，误也。""辅"，佐助。句意为：圣人以没有贪欲为其所欲，不以稀有的物品为珍贵；以不对百姓进行训诲为教，使有过失的人闻过而自返。所以圣人能帮助万物自然发展，而不妄为。

"道恒亡为也。侯王能守之，而万物将自（挩），（挩）而欲作，将镇之以亡名之朴。夫亦将知足，知以静，万物将自定"："恒"，永远。"亡为"，无所求取。"（挩）"，音guì。《字汇·心部》："（挩），诡也。""欲"，将。"作"，通"诈"，欺骗、诈伪。"将"，助词，发语词。"镇"，安定。"知足"，自知满足，不作过分的企求。句意为：对天下万物，"道"永远无所求取，侯王能保有"道"的这种无所求取的精神，万物将自然和谐。万物自然和谐中如果有诈伪，可以用无以名状的物之真性使之安定。万物也自知满足，自知安静，将会自然稳定。

为亡为，事亡事，味亡味。大小之多易必多难。① 是以圣人犹难之，故终亡难。②

校：

①今本作"大小多少，报怨以德。图难于其易，为大于其细。天下难事，必作于易；天下大事，必作于细。是以圣人终不为大，故能成其大。

夫轻诺必寡信，多易必多难"。

②今本与本篇此章开头、结尾数句基本一致。

释：

本章言圣人犹难之故终亡难。

"为亡为，事亡事，味亡味"："为"，做，干，办，亦即有所为。"亡为"，无所求取。"事"，侍奉。"亡事"，不役使他人。"亡事"之"事"，当作"役使"解。"亡事"在此乃"不可事"之意。"味"，品尝。"亡味"，没有滋味，不求有滋味。《淮南子·原道训》："无味而五味形焉。"句意为：有所为而无所求取，事奉他人而不役使他人，品尝滋味而不求有滋味。

"大小之多易必多难"："大小"，指事物的大与小。"易"，容易。"易"与"难"相对。"难"，困难。句意为：事物不论大小，都有易有难，易多必然难多。

"是以圣人犹难之，故终亡难"："犹"通"由"，因，由于。"难之"，以之为难，认为……难。意为重视困难。句意为：因此，圣人由于重视困难，所以始终没有困难。

天下皆知美之为美也，恶已；皆知善，此其不善已。①有亡之相生也，难易之相成也，长短之相形也，高下之相盈也，音声之相和也，先后之相随也。②是以圣人居亡为之事，行不言之教。③万物作而弗始也，为而弗恃也，成而弗居。夫唯弗居也，是以弗去也。④

校：

①帛书本作"天下皆知美之为美，恶已；皆知善，斯不善矣"。王弼本、魏源本作"天下皆知美之为美，斯恶已；皆知善之为善，斯不善已"。

②帛书本作"有无之相生也，难易之相成也，长短之相形也，高下之相盈也，音声之相和也，先后之相随，恒也"。王弼本、魏源本作"故有无相生，难易相成，长短相形，高下相倾，音声相和，前后相随"。

③王弼本、魏源本作"是以圣人处无为之事，行不言之教"。

④帛书本作"万物昔而弗始，为而弗恃也，成功而弗居也。夫唯弗

居,是以弗去"。王弼本作"万物作焉而不辞,生而不有,为而不恃,功成而弗居。夫唯弗居,是以不去"。魏源本"弗居"作"不居"。

释:

此章言圣人居亡为之事行不言之教。

"天下皆知美之为美也,恶已;皆知善,此其不善已":"美",美的事物。"恶",丑陋,不美。"皆",全部,都。"知",认识。"已",语气词,用于句尾,表确定语气。"善",善行,善事,善人。"不善",恶行,恶事,恶人。"美"与"恶"(丑,不美)、"善"与"不善"(恶)是对立的存在,在一个人身上,不是此长彼消,就是此消彼长。当人们不满足于自己的"美"、"善"行为的时候,"恶"(丑,不美)、"不善"(恶)的行为就会受到遏制;当人们满足于自己的"美"、"善"行为的时候,"恶"、"不善"的行为就开始了("恶已"、"不善已")。句意为:天下全部认识了美之所以为美,就只有丑(没有美)了;全部认识了善,这便是不善(恶)了。

"有亡之相生也,难易之相成也,长短之相形也,高下之相盈也,音声之相和也,先后之相随也":"有",指可感觉的实物,最普遍的存在。"无",物质的隐微状态。"相生",相互转化而生生不已。"难",困难,不易。"易",容易,不难。"相成",相互依赖,相互促成。难相对于易而存在,易相对于难而存在。"相形",相互比较而体现。尺之于寸则长,尺之于丈则短;有短才有长,有长才有短。长、短是相互比较而体现的。"相盈",相互包含。"音"、"声",《说文》:"声,音也。""相和(hé)",相互谐调。"相随",相互依存。句意为:物质的显和隐相互转化而生生不已,天下事的难易相互依赖相互促成,长和短相互比较而体现,高与下相互包含,音声相互谐调,先后相互依存。

"是以圣人居亡为之事,行不言之教":"居",守持。"无为",对万物长久无所求取之道。"之",承接连词,相当于现代汉语表顺承关系的"而"。"事",事事,做。"不言",不依靠语言,谓以德感化。"教",效法。句意为:因此,圣人守持无为之道而做事,实施以德感化而使其效法。

"万物作而弗始也,为而弗恃也,成而弗居。夫唯弗居也,是以弗去也":"作",产生,兴起。"始",生。"为",佑助,扶助。"恃",矜持,自以为尽了力,"成",完成,有所成。"居",居功,自以为有功。"唯",副词,因为。句意为:万物当兴则兴,不要为它的产生作任何准备,一切任其自然;即使有所佑助也不要自以为尽了力,有所成也不要自以为有功。因为不居功,所以功绩不会失去。

道恒亡名。朴虽微,天地弗敢臣。侯王如能守之,万物将自宾。

校:

帛书本作"道恒无名。朴虽小而天下弗敢臣。侯王若能守之,万物将自宾"。王弼本作"道常无名。朴虽小,天下莫能臣也。侯王若能守之,万物将自宾"。魏源本"天下莫能臣也"句无"也"字。

释:

此章言侯王如能守道保朴,万物将自宾。

"道恒亡名":"亡"(无),代词,表示不定指。相当于"没有哪个"、"没有法子"。"名",称说,形容。句意为:"道"是永远没有法子称说的。

"朴虽微,天地弗敢臣":"朴",物的本真之性。"臣",役使,支配。句意为:朴虽然隐匿而细微,以天地之大却不敢支配它。

"侯王如能守之,万物将自宾":"侯王",泛指诸侯。"之",代词,指前述"道"和"朴"。"宾",喜而服从。"万物",喻指天下百姓。句意为:侯王如果能守道保朴,天下百姓将会自动地喜而服从。

天地相合也,以输甘露。①民莫之令而自均安。②始制有名。名亦既有,夫亦将知止。知止所以不殆。卑道之在天下也,犹小谷之与江海。③

校:

①帛书本作"天地相合,以渝甘露"。王弼本、魏源本作"天地相合,以降甘露"。

②帛书本作"民莫之令而自均焉"。王弼本、魏源本作"民莫之令而自均"。

③帛书本作"卑道之在天下也,犹小谷之与江海"。王弼本、魏源本作"譬道之在天下,犹川谷之于江海"。

释:

此章言卑道之在天下也,犹小谷之与江海。

"天地相合也,以输甘露。民莫之令而自均安":"天地",天和地。此处指天地之气。输,倾泻。"民",人。"均",公平。"安",安定。《尔雅·释诂下》:"安,定也。"句意为:天地之气相合,甘露就会自然倾泻。老百姓如果没有谁在他们上面发号施令,他们便会自己求公平以达到安定。

"始制有名,名亦既有,夫亦将知止。知止所以不殆":"始",副词,当初。"制",制作(器皿)。"名",名称。"既",副词,已经。"知止",谓懂得适可而止,知所当止。"殆",危险。句意为:(圣人)当初散朴为器之时,便因器确定名称。名称既已产生,亦将知所当止,不可徇名而忘朴。知所当止,可以避免危险。

"卑道之在天下也,犹小谷之与江海":"卑",谦恭、谦卑。"小谷",山间的小水流。句意为:谦卑之道在天下,如山间小水流在江海里一样(自本而末,末而不离其本)。

有状昆成,先天地生,敓穆,独立不改,可以为天下母。①未知其名,字之曰道。吾强为之名曰大。②大曰滔,滔曰远,远曰反。天大,地大,道大。王亦大。国中有四大安,王居一安。③人法地,地法天,天法道,道法自然。

校:

①帛书本作"有物昆成,先天地生,渊呵寥呵,独立而不改,可以为天下母"。王弼本作"有物混成,先天地生,寂兮寥兮,独立不改,周行而不殆,可以为天下母"。魏源本"独立不改"为"独立而不改"。简文"有状昆成"之"状",《郭店楚墓竹简》注曰:"疑读作'道'。帛书本作'物',即指道。"裘锡圭先生认为简文此字从首丬(爿)声,应读为"状"。今从。

②帛书甲本作"吾未知其名,字之曰道,强为之名曰大"。帛书乙本

作"吾未知其名也,字之曰道,吾强为之名曰大"。王弼本、魏源本作"吾不知其名,字之曰道,强为之名曰大"。

③帛书本作"大曰逝,逝曰远,远曰反。道大,天大,地大,王亦大。国中有四大,而王居一焉"。王弼本作"大曰逝,逝曰远,远曰反。故道大,天大,地大,王亦大。域中有四大,而王居其一焉"。魏源本作"大曰逝,逝曰远,远曰反。故天大地大,道大王亦大。域中有四大,而王处其一焉"。简文"大曰滔,滔曰远"之"滔",从水,舀声(见《正字通》《集韵》)。

释:

此章言国中有四大安,王居一安。

"有状昆成,先天地生,敚穆,独立不改,可以为天下母":"昆",通"混"。"敚","夺"的古字,更替改变。"穆",和谐。"独立",不依靠其他事物而存在。"不改",王弼《老子》二十五章注:"返化终始不失其常故曰不改也。"句意为:在虚廓之时,有混然自成之状,它先于天地而生,使四时更替万物和谐,它不依靠其他事物而存在,返化终始不失其常,可以为万物的根本。

"未知其名,字之曰道。吾强为之名曰大。大曰滔,滔曰远,远曰反":"字",给事物取名号。"名",称说,形容。"滔",广大貌。形容范围极大或时间极长。"远",遥远。指空间距离大。"返",返回。句意为:不知道它叫什么,给它取名号叫"道"。我勉强地把它称说为"大"。从大而言,则广大;从广大而言,则遥远;从遥远而言,则又返回为近。它遥远则天地莫能尽,它返回为近就在人身的周围。

"天大,地大,道大。王亦大。国中有四大安,王居一安":"王",居于统治地位的人。"国",地方,地域。"安",通"焉",语气助词。句意为:天大,地大,道大。王因为是居于统治地位的人,天地之性人为贵,王守道而与天地参,所以也为大。宇宙之内有四大,守道之王居其一。

"人法地,地法天,天法道,道法自然":"法",王弼《老子》二十五章注:"法谓法则也。"句意为:"人以地为法则,地以天为法则,天以道为法则,道以它自己的样子为法则。"(任继愈《老子新译》)

天地之间，其犹橐龠与①？虚而不屈②，动而愈出。

校：

①"与"，王弼本、魏源本作"乎"。
②"屈"，帛书本作"淈"。

释：

此章言天地之间虚而不屈。

"橐"，音 tuó，袋子。王弼《老子》注："橐，排橐也。"排，通"鞴"。排橐，即鞴囊，鼓风用的革囊，近似今之风箱。"龠"，古管乐器，像笛，短管，三孔或六孔。句意为：天地之间，不正像排橐和乐龠吗？中空，荡然任自然而不困窘，动而万化愈出。

至虚，恒也；守中，笃也。①万物旁作，居以须复也。②天道员员，各复其根。③

校：

①帛书甲本作"至虚，极也；守静，表也"。"表"，帛书乙本作"督"。王弼本、魏源本作"致虚极，守静笃"。
②帛书本作"万物旁作，吾以观其复也"。王弼本作"万物并作，吾以观复"。魏源本"观复"为"观其复"。
③帛书本作"夫物芸芸，各复归其根"。魏源本"各复归其根"为"各归其根"。

释：

此章言至虚，恒也；守中，笃也。

"至虚，恒也；守中，笃也"："虚"，魏源《老子本义》："虚者，无欲也。""至虚"，谓心中不着一物。"恒"，长久。《说文》："恒，常也。""中"，内心。"笃"，专一。《管子·君臣下》："小民笃于农，则财厚而备足。"句意为：心中不着一物的无私无欲，贵在长久；保持内心的无欲清静，贵在专一。

"万物旁作，居以须复也"："旁"，普遍。"旁作"，遍作。"居"，通"举"。"居以须复"之"居"，读为"举"，皆也，全也。"以"，有。

"须","复",复归。句意为：万物普遍产生发展，皆有终止和复归。

"天道员员，各复其根"："天道"，指自然界的变化规律。"员"，圆。"员员"，圆貌。句意为：自然之道周而复始，万物发展变化各归其根本。

其安也，易困也。其未兆也，易谋也。其脆也，易判也。其几也，易散也。①为之于其亡有也，治之于其未乱。②合（抱之木生于毫）末，九成之台作（于羸土，百仞之高始于）足下。③知之者弗言，言之者弗知。④闭其兑，塞其门；和其光，同其尘；畜其赂，解其纷；是谓玄同。故不可得而亲，亦不可得而疏；不可得而利，亦不可得而害；不可得而贵，亦不可得而贱。故为天下贵。⑤

校：

①王弼本、魏源本作"其安易持，其未兆易谋，其脆易泮，其微易散"。帛书甲本"安"、"持"之后有"也"字，其余缺佚。帛书乙本缺佚。"困"，简文从木从止（枈）。《说文》："枈，古文困。"

②王弼本、魏源本作"为之于未有，治之于未乱"。帛书本缺佚。

③王弼本、魏源本作"合抱之木，生于毫末；九层之台，起于累土；千里之行，始于足下"。帛书本"千里之行"为"百仞之高"，其余多有缺佚。简文"抱之木生于毫"、"于羸土"、"百仞之高始于"十五字缺佚，整理者据传世本补出。

④今本作"知者不言，言者不知"。帛书甲本缺"知者"二字。

⑤今本作"塞其兑，闭其门，挫其锐，解其分，知其光，同其尘，是谓玄同。故不可得而亲，不可得而疏；不可得而利，不可得而害；不可得而贵，不可得而贱。故为天下贵"。帛书甲"塞其兑"之"兑"作"闷"；"门，和"、"锐，解"、"可"、"不可得"八字缺。帛书乙本"塞其兑"之"兑"从土从兑；"不可得而亲"后有"也"字；"不可得而疏，不"六字缺；"亦不可得而害"缺"亦不可"三字。王弼本"是谓玄同"之"玄"写作"元"。"同其尘"，简文"尘"字下衍一重文号。"亦不可得而贱"，简文"亦"字下衍一"可"字。简文"畜其赂"，"畜"，简文从刀畜声，疑读为"畜"，同"蓄"；"赂"，简文从仌从二贝，疑读为"赂"（见《龙龛》）。

释：

此章言为之于其亡有也，治之于其未乱。

"其安也，易困也。其未兆也，易谋也。其脆也，易判也。其几也，易散也"："安"，稳定。"困"，穷尽。"兆"，预兆。事物发展变化的迹象。"谋"，谋求。"脆"，脆弱。"判"，分离。"几"，细微的迹象。"散"，散失。句意为：事物处于稳定状态时，容易穷尽使其发生变化。事物在发展变化之前，容易谋求。事物处于脆弱状态时，容易分离。事物出现细微的变化迹象，容易打散。

"为之于其亡有也，治之于其未乱"："为"，做，办。"未有"，谓尚未成形。句意为：工作要做在可能发生问题而未发生之前，治理要在可能发生混乱而未发生之前。

"合抱之木生于毫末，九成之台作于蠃土，百仞之高始于足下。""合抱"，两臂环抱。形容树身粗大。"毫末"，毫毛的末端，比喻极其细小。此处指大树种籽的萌芽。"九成"，犹"九重"，言极高。"蠃"，音léi，通"藁"，盛土的器具。"百仞"，八尺为仞。百仞，形容极高。句意为：合抱的大树从细小萌芽产生，九重的高台由一筐筐泥土做成，登百仞之高山从脚下第一步开始。

"知之者不言，言之者弗知"："知"，知道，了解。"知之者"，知人者。"不言"，不依靠言语。谓以德政感化人民。句意为：知人者不依靠言语；依靠言语教训人的人，不知人。

"闭其兑，塞其门；和其光，同其尘；畜其赂，解其纷；是谓玄同"，"兑"，穴窍。"和"，和谐，统一。"同"，相同，一样。"畜"，同"蓄"。积，积聚。"赂"，财物。"纷"，纠纷。"玄"，玄道。"玄同"，与玄道混同为一。句意为：闭其目，塞其门，静坐守真而忘物我；和谐其光耀无所偏争，与物同尘垢无所偏止；蓄积财物除却争原，这就是与玄道混同为一。

"故不可得而亲，亦不可得而疏；不可得而利，亦不可得而害；不可得而贵，亦不可得而贱，故为天下贵"：句意为：所以，对任何人或事，不可对它特别亲近，也不可对它特别疏远；不可使它特别得利，也不可使它受害；不可使它特别受到尊重，也不可使它受到轻视。因此，与玄道混同为一的佐人主者才能为天下所重视。

以正治邦,①以奇用兵,以亡事取天下。吾何以知其然也?②夫天多忌讳,而民弥叛。民多利器,而邦滋昏。人多智,而奇物滋起。法物滋彰,盗贼多有。③是以圣人之言曰:我无事而民自富,我亡为而民自化,我好静而民自正,我欲不欲而民自朴。④

校:

①今本作"以正治国"。

②帛书本、王弼本作"吾何以知其然也哉"。魏源本作"吾何以知天下之然哉"。

③"夫天多忌讳,而民弥叛",今本作"天下多忌讳,而民弥贫"。"人多智",今本作"人多伎巧"。"法物滋彰,盗贼多有",王弼本、魏源本作"法令滋章,盗贼多有"。

④帛书本作"是以圣人之言曰:我无为而民自化,我好静而民自正,我无事而民自富,我欲不欲而民自朴"。王弼本、魏源本"是以圣人之言曰"一句作"故圣人云"。

释:

此章言以正治邦,以奇用兵,以亡事取天下。

"以正治邦,以奇用兵,以亡事取天下":"正",不偏邪,此处指不偏邪的正道。"邦",诸侯封国。"奇",出人意料,此处指出制胜的战略战术。"亡事",即"无事",没有战事。"天下",指中国范围内的全部土地和人民。句意为:以不偏邪之正道可以治邦(诸侯国),以出奇制胜的策略可以用兵,然而这些却不能取天下(为天下君)。要想取天下,只有使老百姓安居乐业不受战事的祸害,老百姓才能拥护你,你才能取天下。

"吾何以知其然也?夫天多忌讳,而民弥叛。民多利器,而邦滋昏。人多智,而奇物滋起。法物滋彰,盗贼多有":"天",指君王。"弥",益,更加。"叛",背离。"器",有形的具体事物。"滋",表示程度,相当于"愈益"、"更加"。"智",机谋。"物",事,事情。"法物",犹法事,指法律、政令。"彰",盛,繁。句意为:我何以知道是这样的?君王多禁令,老百姓愈益背离而行。老百姓取利己之物越多,国家越陷于昏乱。人们越是善用机谋,千奇百怪的事情越是发生得多。法律、政令越繁杂,盗贼反倒越多。

"是以圣人之言曰：我无事而民自富，我亡为而民自化，我好静而民自正，我欲不欲而民自朴"："无事"，即前引"安民无事"之"无事"，与"有事于民"相对。"亡为"，对"民"无所求取。"化"，随顺，仿效。"静"，安定。"正"，听从。"欲不欲"，以没有贪欲为其所欲。"朴"，本真之性。句意为：因此，圣人曾经说：我不用战事扰民，老百姓自然富足；我对老百姓无所求取，老百姓自然随顺；我努力求得社会安定，老百姓自然听从；我以没有贪欲为其所欲，老百姓自然能保有本真之性。

含德之厚者，比于赤子。① 魄虿虫蛇弗螫，攫鸟猛兽弗敏，骨弱筋柔而捉固。② 未知牝牡之合然怒，精之至也；③ 终日乎而不忧，和之至也。④ 和曰常，知和曰明，⑤ 益生曰祥，心使气曰强。物壮则老，是谓不道。⑥

校：

①王弼本、魏源本作"含德之厚，比于赤子"。

②帛书甲本作"蜂虿蝎蛇弗螫，攫鸟猛兽弗搏，骨弱筋柔而握固"。帛书乙本"蝎"作"虫"，"攫"作"据"。王弼本作"蜂虿虺蛇不螫，猛兽不据，攫鸟不搏，骨弱筋柔而握固"。魏源本"蜂虿虺蛇不螫"作"毒虫不螫"。

③帛书本作"未知牝牡之合而朘怒，精之至也"。王弼本作"未知牝牡之合而全作"。

④帛书本作"终日号而不嗄，和之至也"。王弼本、魏源本"嗄"作"嘎"。

⑤王弼本、魏源本作"知和曰常，知常曰明"。

⑥传世本作"物壮则老，谓之不道，不道早已"。帛书甲本"物壮则老"之"则"作"即"。

释：

此章言含德之厚者，比于赤子。

"含德之厚者，比于赤子"："含德"，怀藏德行。句意为：怀藏柔弱冲和之德深厚的人，比得上无知无欲的婴儿。

"螝蚕虫蛇弗蠚，攫鸟猛兽弗敂，骨弱筋柔而捉固"："螝"，同"虺"。传说中一身两口的怪蛇。"蚕"，音 chài，蝎子一类的毒虫。"蠚"，音 hē，螫痛。"攫鸟"，鸷鸟，一种凶猛的鸟。"敂"，音 kòu，击也。"捉"，握，持。句意为：（他无知无欲，对万物无所求取）螝、蚕以及一般的虫蛇不去螫痛他，凶猛的鸷鸟野兽不去击打他，他虽然骨弱筋柔却握持得牢固。

"未知牝牡之合然怒，精之至也；终日乎而不忧，和之至也"："合"，匹配。"然"，连词，表转折。"怒"，勃起。"精"，真气。古人认为宇宙间的一种灵气。"至"，达，行。"乎"，同"呼"，呼唤，"呼"的古字。"和"，平和，和顺。句意为：他还不知道雌雄匹配之事，然而他的生殖器官却自然萌动勃起，这是宇宙真气已至的表现。他整天呼唤而无忧愁，这是心气平和任其自然之真的表现。

"和曰常，知和曰明，益生曰祥，心使气曰强"："常"，本质。"明"，明察。"益"，过分。"生"，财物。"祥"，特指凶兆。"心"，内心。"气"，意气。"使气"，犹争气。恣逞意气。"强"，音 qiǎng，不顺从，倔强。句意为：什么是"和"？"和"是事物的本质。认识事物的本质就是明察，过分地追求物质享受就是凶兆，内心恣逞意气就是不顺从。

"物壮则老，是谓不道"："壮"，旺盛。句意为：事物旺盛就会走向衰老，由壮而老便会失去赤子之性，没有生命力，这叫作不合乎道。

名与身孰亲？身与货孰多？得与亡孰病？甚爱必大费①，厚藏必多亡。故知足不辱，知止不怠②，可以长久。

校：

①王弼本作"是故甚爱必大费"。帛书本无"是故"二字。
②今本《老子》作"知止不殆"。

释：

此章言知足不辱，知止不怠。

"名与身孰亲？身与货孰多？得与亡孰病"："名"，名声，声誉。"身"，生命。亡身，失去生命。"货"，财物，金钱珠玉布帛的总称。句意为：名声与生命，哪一个亲哪一个疏？生命与财货，哪一个重哪一个轻？得名得利与失去生命哪一个更有害？

"甚爱必大费，厚藏必多亡"："爱"，吝惜，舍不得。"费"，用去钱财。句意为：过分的吝惜必然会有更大的浪费，丰厚的贮藏必然会有更严重的损失。

"故知足不辱，知止不怠，可以长久"："怠"，坏，败。句意为：所以，知道满足而无所求，不会遭到困辱；知道适可而止，不会遇到危亡。这样，自然可以长久安宁。

返也者，道动也；弱也者，道之用也。① 天下之物生于有、生于亡。②

校：

①帛书本作"反也者，道之动也。弱也者，道之用也"。王弼本、魏源本作"反者道之动，弱者道之用"。

②帛书本作"天下之物生于有，有生于无"。王弼本、魏源本作"天下万物生于有，有生于无"。

释：

此章言弱也者，道之用也。

"返之者，道动也；弱也者，道之用也"："返"，还，往返。此谓循环往复。"动"，运动。"弱"，柔弱。此谓柔弱胜刚强。句意为：循环往复是"道"的运动，柔弱胜刚强是"道"所施为。

"天下之物生于有、生于亡"："有"与"无"相对，指可感觉的实物，最普遍的存在。"亡"，同"无"，与"有"相对，指物质的隐微状态。句意为：（由于道的运动和作用）天下之物有的由可状之体演化而生，有的由隐微之体聚合而生。

困而盈之，不不若已。① 湍而群之，不可长保也。② 金玉盈室，莫能守也。③ 贵富骄，自遗咎也。④ 功遂身退，天之道也。⑤

校：

①帛书本作"持而盈之，不若其已"。"持"，从扌从直。王弼本、魏

源本作"持而盈之，不如其已"。"困"，简文此字从木从止（朱）。《说文》云："朱，古文困。"

②帛书本作"揣而允之，不可长葆也"，帛书甲本"长葆也"作"常葆之"。王弼本作"揣而梲之，不可长保"。魏源本作"揣而锐之，不可长保"。

③帛书甲本作"金玉盈室，莫之守也"。帛书乙本"莫之守也"作"莫之能守也"。王弼本、魏源本作"金玉满堂，莫之能守"。

④帛书本作"贵富而骄，自遗咎也"。王弼本、魏源本作"富贵而骄，自遗其咎"。

⑤帛书本作"功遂身退，天之道也"。王弼本、魏源本作"功遂身退天之道"。

释：

此章言功遂身退，天之道也。

"困而盈之，不不若已"："困"，窘迫。"盈"，满，圆满。"不不若"，第一个"不"，助词，加强语气。"不若"，不如。"已"，止，停止。句意为：处于窘迫的境地而想使之圆满，不如停止。

"湍而群之，不可长保也"："湍"，湍流，急流的水。"群"，联合，会合。句意为：像湍流般迅急而使之联合，这种联合难保长久。

"金玉盈室，莫能守也"，句意为：金珠宝贝多藏必厚亡，谁能守而不失？

"贵富骄，自遗咎也"："贵"，崇尚，重视。"富"，财物。"骄"，放纵，横暴。"遗"，音wèi，加给。"咎"，灾祸。句意为：只重视财物并且放纵妄为，必然给自己带来灾祸。

"功遂身退，天之道也"："功"，事功，工作。"遂"，就，成。"身"，自己，自身。"退"，谦让。句意为：事业有所成自己应知道谦让，这是自然的规律。

老子乙

《老子乙》存简18枚，约390字。以为道、守道为中心"言道家之用"。全篇可分为8章，归并为两部分。第一部分（1—4章）论述为道者要自损、自重；第二部分（5—8章）论述守道治国必须坚持"清静"的原则。第1章（01—03简）言莫知其极可以有国（用无穷的道治国可以把国家治理好）。第2章言为道者日损（从事于道的人应一天比一天更严格地自我贬损）。第3章言绝学亡忧（绝弃上对下的教化而顺其自然则无忧）。第4章言贵以身为天下，爱以身为天下（为天下而重视自身，为天下而爱护自身）。第5章言道亡名，善始且善成（道虽然无可名状，然而它却能善于开始且能善于完成）。第6章言守道之要（如何守道？防守事欲对人发生影响的门径，堵塞产生事欲的视听，只有这样才能守道，才能终身不产生思念错乱）。第7章言事物相反而相互为用。第8章言清静为天下定（清廉恬淡能克服贪欲使天下安定）。

治人事天，莫若啬。夫唯啬，是以早（备）。①是以早备是谓（重积德）。②（重积德则无）不克，（无）不克则莫知其极，莫知其极可以有国。③有国之母，可以长（久）。④（长久是谓深根固柢），长生久视之道也。⑤

校：

①帛书本《老子》作"治人事天，莫若啬。夫唯啬，是以早服"。王弼本"是以早服"作"是谓早服"。简文"是以早备"脱"备"字。

②帛书本作"早服是谓重积德"。王弼本"是谓"作"谓之"。简文"重积德"三字缺佚，据帛书本补出。

③今本《老子》作"重积德则无不克，无不克则莫知其极，莫知其极可以有国"。简文"重积德则无"、"无"六字缺佚，据帛书本补出。

④今本《老子》作"有国之母，可以长久"。简文残去"久"字。

⑤今本《老子》作"是谓深根固柢，长生久视之道也"。简文残去"长久是谓深根固柢"八字，现根据上下文、参考帛书本补出。

释：

此章言莫知其极可以有国。

"治人事天，莫若啬。夫唯啬，是以早备"："治"，处理。"人"，指人情事理。"事"，事奉。"天"，上天，万物的主宰者。"啬"，农夫之治田务。"唯"，副词。以，因为。"是以"，因果连词。相当于"因此"，"所以"。"早"，与"迟"、"晚"相对。"备"，慎也。句意为：处理人情事理，事奉上天，莫过于农夫治田务。因为治田务必去其殊类归于齐一，所以先要慎之又慎。

"是以早备是谓重积德。重积德则无不克，无不克则莫知其极"："谓"，通"为"，表原因，相当于"因为"。"重"，多。"德"，通"得"。"极"，王弼《老子》五十九章注："道无穷也。"句意为：所以先要慎之又慎是因为要多积累行之所得。多积累行之所得则无往而不胜，无往而不胜是因为得"道"，道的力量是无法估计的。

"莫知其极可以有国。有国之母，可以长久"：王弼《老子》五十九章注："以有穷而莅国非能有国也。国之所以安谓之母。重积德是唯图其根，然后营末乃得其终也。"句意为：用无穷的道治国可以把国家治理好。有了治国的根本，以本营末才可以得其终。

"长久是谓深根固柢，长生久视之道也"："长生"，永久存在。"久视"，长寿，不老。句意为：以本营末可以得其终是因为深根固柢，这是永葆青春的法则。

学者日益，为道者日损。[①]损之或损，以至亡为也。亡为而亡不为。[②]

校：

[①]帛书本《老子》作"为学者日益，闻道者日损"。王弼本、魏源本《老子》作"为学日益，为道日损"。

[②]今本《老子》作"损之又损，以至于无为，无为而无不为"。后有"取天下常以无事，及其有事，不足以取天下"（王弼本）。

释：

此章言为道者日损。

"学者日益，为道者日损"："学"，音jiào，通"教"。"益"，骄傲自满，后作"溢"。"损"，贬损。句意为：教育别人的人往往一天比一天骄傲自满，从事于"道"的人往往一天比一天更严格地自我贬损。

"损之或损，以至亡为也。亡为而亡不为"："或"，副词，表示相承，相当于"又"。"亡为"，即"无为"，清静自守。句意为：贬损再贬损，最后达到清静自守而合于道。清静自守合于道则无所不能为。

绝学亡忧。① 唯与呵，相去几何？美与恶，相去何若？② 人之所畏，亦不可以不畏。③

校：

① 今本《老子》作"绝学无忧"。

② 帛书本《老子》作"唯与呵，其相去几何？美与恶，其相去何若？"王弼本、魏源本《老子》作"唯之与阿，相去几何？善之与恶，相去何若？""何若"，王弼本作"若何"。

③ 帛书本《老子》作"人之所畏，亦不可以不畏人"。王弼本、魏源本《老子》作"人之所畏，不可不畏"。

释：

此章言绝学亡忧。

"绝学亡忧"："绝"，弃绝。"学"，音jiào，指教化。句意为：绝弃上对下的教化而顺其自然则无忧。

"唯与呵，相去几何？美与恶，相去几何"："唯"，应答声，用于对尊长，表示恭敬。"呵"，音hē，同"诃"，大声呵斥，斥责。"美"，善。"恶"，不善，罪过。句意为：应诺与呵斥，相差有多少？美善与罪过，相差有多少？

"人之所畏，亦不可以不畏"："畏"，害怕，畏惧。句意为：大家所害怕的，任何人（当然包括以教化者自居的人）也不能不害怕。

人宠辱若惊，贵大患若身。① 何谓宠辱？宠为下也。得之若惊，失之若惊，是谓宠辱（若）惊。②（何谓贵大患）若身？吾所以有大患者，为吾有身。及吾亡身，或何（患）？③（故贵以身）为天下，若可以讬天下矣；爱以身为天下，若可以举天下矣。④

校：

①今本《老子》作"宠辱若惊，贵大患若身"。

②今本《老子》作"何谓宠辱若惊？宠为下，得之若惊，失之若惊，是谓宠辱若惊"。"宠为下"帛书本《老子》作"宠之为下"。"何谓宠辱若惊"魏源本《老子》无"若惊"二字。"是谓宠辱若惊"魏源本《老子》作"是为宠辱若惊"。"是谓宠辱若惊"，简文作"是谓宠辱惊"，裘先生认为："'辱'字下有一类似句读的符号，也许是校读者所加，表示抄脱一字。"可从。现根据今本补一"若"字。

③今本《老子》作"吾所以有大患者，为吾有身，及吾无身，吾有何患？""为吾有身"，帛书本《老子》多一"也"字，魏源本《老子》作"惟吾有身"。简文"何谓贵大患若身"、"或何患"中"何谓贵大患"、"患"六字缺佚，原整理者参照帛书本《老子》补出。

④帛书本《老子》作"故贵为身于为天下，若可以托天下矣。爱以身为天下，如可以寄天下矣。"魏源本《老子》"若可以寄天下"作"则可寄于天下"，"若可托天下"作"乃可托于天下矣。"简文"故贵以身"四字参考今本《老子》，结合上下文补出。简文第六、七简下半残缺，与第五简相比，第六简下缺佚五字，第七简与第六简相对应的位置是一个"可（何）"，其下宜应只缺佚五字。原整理者认为缺六字，恐不确。简文"若可以举天下"之"举"，从辵去声，疑读为"举"。去，古音溪纽鱼部；举，古音见纽鱼部。去、举古音韵部相同，同为喉音，音近可通。

释：

此章言贵以身为天下，爱以身为天下。

"人宠辱若惊，贵大患若身"："宠"，恩宠。"辱"，侮辱。"宠辱"，宠，用为以动；辱，作"宠"的宾语。世人不知辱之为辱，反以辱为宠。"贵"，重视。"大"，极。"患"，忧虑。"大患"，极度的忧虑。所忧虑者，乃恩宠之得失也。"贵大患"，犹重视恩宠之得失，乃患得患失之义。"身"，自身。句意为：世人以侮辱为恩宠，受宠若惊；患得患失，重视恩宠之得失若自身一样。

"何谓宠辱？宠为下也"："谓"通"为"。"何谓"，何为，为什么。句意为：为什么世人会以侮辱为恩宠？因为这些人是承受恩宠的下人，他们分不清侮辱或恩宠，即使是侮辱也当作"恩宠"。

"得之若惊，失之若惊，是谓宠辱若惊"："得之"，得到恩宠。"失之"，失去恩宠。句意为：得到恩宠（哪怕是侮辱），感到惊恐；失去恩宠（哪怕是侮辱），感到惊恐。这就叫作"宠辱若惊"。

"何谓贵大患若身？吾所以有大患者，为吾有身。及吾亡身，或何患"："有身"，有自身。有自身，则必私其身，私其身则有欲。有身，乃有私己之心之义。"及"，连词，表假设，可译为"如果"。"或"，疑问代词，可译为"哪"，"哪里"。句意为：为什么世人患得患失、重视恩宠之得失若自身？人之所以有极度的忧虑，是因为有私己之心。如果没有私己之心，哪有什么可忧虑的？

"故贵以身为天下，若可以托天下矣；爱以身为天下，若可以举天下矣"："以身"之"以"，代词，相当于"其"。"若"，副词。表示承接，相当于"乃"、"才"。"托"，托付。"举"，振兴、复兴。句意为：因此，只有不患得患失，为天下而重视自身的人，才可以把天下托付给他；只有为天下而爱护自身的人，才可以使天下振兴。

上士闻道，堇能行于其中；中士闻道，若闻若亡；下士闻道，大笑之，弗大笑，不足以为道矣。① 是以建言有之：明道如孛，夷道（若类，进）道若退；② 上德如谷，大白如辱，广德如不足，建德如（偷；质）真如愉；③ 大方亡隅，大器慢成，大音祇声，天象亡形。④ 道（亡名，善始且善成）。⑤

校

① 帛书本《老子》作"上士闻道，堇能行之；中士闻道，若存若亡；下士闻道，大笑之，弗笑，不足以为道"。王弼本、魏源本《老子》作"上士闻道，勤而行之；中士闻道，若存若亡；下士闻道，大笑之，不笑不足以为道"。

② 帛书本《老子》作"是以建言有之曰：'明道如费，进道如退，夷道

如类'"。王弼本、魏源本《老子》作"故建言有之，明道若昧，进道若退，夷道若纇"。简文"若类"、"进"三字缺佚，原整理者依据帛书本《老子》补出。

③帛书本《老子》作"上德如谷大白如辱，广德如不足，建德如输，质真如渝"。王弼本、魏源本《老子》作"上德若谷，大白若辱，广德若不足，建德若偷，质真若渝"。简文"偷"、"质"二字缺佚，原整理者补出。

④帛书本《老子》作"大方无禺，大器晚成，大音希声，大象无形"。

⑤帛书本《老子》作"道隐无名，夫唯道，善始且成"。王弼本《老子》作"道隐无名，夫唯道，善贷且成"。"道隐无名"魏源本《老子》作"道德无名"。简文"亡名""善始且善成"七字缺佚，参考帛书本《老子》补出。

释：

此章言道亡名，善始且善成。

"上士闻道，堇能行于其中；中士闻道，若闻若亡，下士闻道，大笑之。弗大笑，不足以为道矣"："士"，士民，学习道艺者。"闻"，知闻。"堇"，音jǐn，通"仅"，少。"若"，副词，表示不肯定，相当于"好像"、"似乎"。"道"，宇宙万物的本原、本体。句意为：上等士民知闻"道"，对其中的道理很少能实施；中等士民知闻"道"，似知而似非知；下等士民闻知"道"，却大笑以"道"为非。这并不奇怪，因为下等士民知彰而不知微，如果下等士民不以"道"为非，那"道"就不是真正的"道"了。

"是以建言有之：明道如孛，夷道若类，进道若退"："建言"，指古语或古谚。古人所立之言。"明"，明显。"孛"，音bèi，混乱，后作"诗"或"悖"。"夷"，平易。"夷道"，平易之道。"类"，通"纇"，偏颇，不公平。"进"，向前。句意为：因此，古语曾说：明显的"道"，反而好似言乱而不明；平易的"道"，反而好似偏颇而不平；前进的"道"，反而好似后退而不进。

"上德如谷，大白如辱，广德如不足，建德如偷，质真如愉"："上德"，至德，盛德。"谷"，水流会聚的地方。"白"，洁净。"辱"，污浊。

"广",广远。"建",通"健",刚健。"偷",苟且,怠惰。"愉",音 yǔ,劳苦而病。句意为:至盛之德好似水流会聚的深谷,极其洁净却好似污浊,广远之德却好似不足,刚健之德却好似偷惰,质朴真纯却好似劳苦而病。

"大方亡隅,大器慢成,大音祇声,天象亡形":"方",方正。"隅",斜角。"大器",贵重的器物。"慢",缓慢。"慢成",犹言长时间制成。"大音",美妙的音乐。"声",乐器单出的音。"祇",相当于"适",只,仅。"天象",天空所垂之象。"无形",没有形体。句意为:方正之极没有斜角,贵重的器物需要长时间制成,美妙的音乐中只有单出的声音,天空所垂之象有象无形。

"道无名,善始且善成":"无名",无可名状。"善始",善于开始。"善成",善于完成。句意为:道,虽然无可名状,然而它却能善于开始,并且能善于完成。

闭其门,塞其兑,终身不瞀。①启其兑,赛其事,终身不逨。②

校:

①帛书甲本《老子》作"塞其闷,闭其门,终身不勤"。"塞其闷"之"闷",帛书乙本《老子》作"阅";王弼本、魏源本《老子》作"兑"。以上各本此三句前,均有"天下有始,以为天下母。既得其母,以知其子。既知其子,复守其母,没身不殆"。简文"终身不瞀"之"瞀",从山矛声,疑借为"瞀"。矛、瞀,古音同为明纽幽部,音同可通。

②帛书甲本《老子》作"启其闷,济其事,终身不救"。"启其闷",帛书乙本《老子》作"启其阅",王弼本、魏源本《老子》作"开其兑"。以上各本此三句后均有"见小曰明,守柔曰强。用其光,复归其明,毋遗身殃,是谓袭常"("毋",其他各本作"无";"袭",王弼本、魏源本作"习")。

释:

此章言守道之要。

"闭其门,塞其兑,终身不瞀":"闭",防守。"门",门径,关键。

"塞"，堵塞。"兑"，音duì，耳目鼻口。"眘"，乱，错乱。句意为：防守事欲对人发生影响的门径，堵塞产生事欲的视听，终身不会思念错乱。

"启其兑，赛其事，终身不逨"："启"，打开。"赛"，比，竞争。"逨"，音lài，就，成。句意为："打开产生事欲的视听，遇事与人相夸胜，终身不可能有成。"

大成若缺，其用不敝。①大盈若盅，其用不穷。②大巧若拙，大成若诎，大直若屈。③

校：

①帛书本《老子》与简文同。"其用不敝"之"敝"，王弼本《老子》作"弊"。

②帛书甲本《老子》作"大盈若盅，其用不窘"。帛书乙本《老子》作"大盈如冲，其用不穷。"王弼本、魏源本《老子》作"大盈若冲，其用不穷"。

③帛书甲本《老子》作"大直如诎，大巧如拙，大赢如纳"。帛书乙本《老子》作"大直如诎，大辩如讷，大巧如拙，大赢如绌"。王弼本、魏源本《老子》作"大直若屈，大巧若拙，大辩若讷"。

释：

此章言事物相反而相互为用。

"大成若缺，其用不敝"："大"，极，最。"成"，完备。"缺"，不足，欠缺。"敝"，衰败，坏败。句意为：最完备好似不足，完备与不足相互为用，其作用不会坏败。

"大盈若盅，其用不穷"："盈"，充足，足够。"盅"，音chōng，空虚。"穷"，穷尽，穷竭。句意为：最充足好似空虚，充足与空虚相互为用，其作用不会穷竭。

"大巧若拙，大成若诎，大直若屈"："巧"，灵巧。"拙"，笨拙。"成"，成就。"诎"，音qū，言语钝诎。"直"，正直。"屈"，枉屈，屈尊就卑。句意为：最灵巧的人，不自我炫耀，外似笨拙；最有成就的人，不自以为是，外似言语钝诎；最正直的人，不傲视他人，外似枉屈。

燥胜沧，清胜热，清静为天下定。①善建者不拔，善保者不脱，子孙以其祭祀不屯。②修之身，其德乃真；修之家，其德有余；修之乡，其德乃长；修之邦，其德乃丰；修之天下，（其德乃溥。③以家观）家，以乡观乡，以邦观邦，以天下观天下，吾何以知天（下然哉）？（以此）。④

校：

①帛书本《老子》作"躁胜寒，静胜炅，清静可以为天下正"，王弼本、魏源本《老子》作"躁胜寒，静胜热，清静为天下正"。"清静"，简文作"清清"。裘按："简文'清静'似当读为'清青（静）'或'青（清）清（静）'。"现以上下文义读为"清静"。

②帛书本《老子》作"善建者不拔，善抱者不脱，子孙以祭祀不绝"。王弼本《老子》作"善建者不拔，善抱者不脱，子孙以祭祀不辍"。"子孙以祭祀不辍"，魏源本无"以"字。

③帛书本《老子》作"修之身，其德乃真；修之家，其德有余；修之乡，其德乃长；修之国，其德乃丰；修之天下，其德乃溥。""修之国"魏源本《老子》作"修之邦"；"其德乃溥"，魏源本《老子》作"其德乃普"。王弼本《老子》"修之"下多"于"字；"修之国"为"修之于国"；"其德乃溥"为"其德乃普"。简文"其德乃溥"四字缺佚，原整理者根据帛书本《老子》补出。

④帛书本《老子》作"以身观身，以家观家，以乡观乡，以国观国，以天下观天下，奚以知天下之然哉？以此"。"奚以知天下之然哉"，王弼本《老子》作"吾何以知天下然哉"。魏源本《老子》作"吾何以知天下之然哉"。"以国观国"魏源本《老子》作"以邦观邦"。简文"以家观""下然哉""以此"八字，缺佚，依据帛书本《老子》补出。

释：

此章言清静为天下定。

"燥胜沧，清胜热，清静为天下定"："燥"，燥热。"沧"，音 cāng，寒冷。"清"，清凉。"清静"，清廉恬淡。"清"，廉洁，不贪求。"静"，恬淡，无为。"为"，使。"定"，安定。句意为：燥热能克服寒冷，清凉能克服暑热,清廉恬淡能克服贪欲使天下安定。

"善建者不拔,善保者不脱,子孙以其祭祀不屯":"建",建立。"拔",动摇。"保",保持。"脱",脱落。"以",因此。"祭",陈物供奉祖先。"祀",相嗣不已。"屯",困屯。句意为:(对清静这一原则)善于建立的,不可动摇;善于保持的,不会脱落;子孙因此世祀相继而不困屯。

"修之身,其德乃真;修之家,其德有余;修之乡,其德乃长;修之邦,其德乃丰;修之天下,其德乃溥":"修",实行。"家",卿大夫及其家族或封地。"乡",周制"五家为比","五比为闾","四闾为族","五族为党","五党为州","五州为乡"(见《周礼·地官·大司徒》)。"邦",诸侯封国。"长",通"张",张扬。"丰",扩大。"溥",音pǔ,普遍。句意为:个人实行清静这一原则,其"德"于是更加纯真;在一家实行清静这一原则,其"德"于是丰足有余;在一乡实行清静这一原则,其"德"于是得到张扬;在一邦实行清静这一原则,其"德"于是得到扩大;在天下实行清静这一原则,其"德"于是可以普遍。

"以家观家,以乡观乡,以邦观邦,以天下观天下,吾何以知天下然哉?以此":"观",观察。"然",代词,如此。"以",介词,根据。"此",指代"清静"这一原则。句意为:以家、以乡、以邦、以天下观察家、乡、邦、天下,我何以知道天下如此呢?就是根据清静这一原则。

太一丙

《太一丙》(《太一生水》及《老子丙》)存简28枚,约575字。论述"道"和"为道"。全篇可分为7章,归并为两部分。第一部分(1—4章)对《老子甲》所提出的"道"进行解说;第二部分(5—7章)论述"为道",指出为道者应顺乎民意而贵言,应"辅万物之自然"。

第1章(《太一生水》10—14简。以下简称《太》)言道亦其字也,请问其名。提出什么是"道"的问题。第2章(《太》01—08简)言君子知"大一"之谓"道",具体解说什么是"道"。第3章(《太》09简)言天道贵弱,以天道明"道",指出"削成者以益生者"是"道"的本质特征。第4章(《老子丙》04—05简。以下简称《丙》)言道之出言淡呵其无味也。指出"道"的形上性质。第5章(《丙》01—03简)言猷乎其贵言,成事遂功。第6章(《丙》06—10简)言乐杀,不可得志于天下。第7章(《丙》11—14简)言圣人能"辅万物之自然而弗敢为"。

大一生水。水反辅大一,是以成天。天反辅大一,是以成地。天地(复相辅)也,是以成神明。①神明复相辅也,是以成阴阳。阴阳复相辅也,是以成四时。四时复(相)辅也,②是以成沧热。沧热复相辅也,是以成湿燥。湿燥复相辅也,成岁而止。故,岁者湿燥之所生也。湿燥者沧热之所生也。沧热者(四时之所生也)。③四时者阴阳之所生(也)。④阴阳者神明之所生也。神明者天地之所生也。天地者大一之所生也。是故,大一藏于水,行于时,周而或(始),(以己为)万物母;⑤一缺一盈,以己为万物经。此天之所不能杀,地之所不能厘,阴阳之所不能成。君子知此之谓(道)。⑥

校:

① "天地复相辅也","复相辅"三字由原整理者补出。
② "四时复相辅也",简文脱"相"字。
③ "沧热者四时之所生也",简文脱"四时之所生也"六字。
④ "四时者阴阳之所生也",简文脱"也"字。
⑤ "周而或始,以己为万物母",简文缺佚"始"、"以己为"四字,依裘按补出。
⑥ 简文"君子知此之谓"之后残佚。上文有"大一藏于水,行于时,周而或始,以己为万物母"数句。帛书本《老子》云:"道,可道也,非恒道也。名,可名也,非恒名。无名,万物之始也。有名,万物之母也。"所谓"君子知此",应是知"周而或始,以己为万物母"的"大一",故在"谓"字之后补一"道"字以足句。"大一"之谓"道",乃君子所知也。

释:

此章言君子知"大一"之谓"道"。

"大一生水。水反辅大一,是以成天。天反辅大一,是以成地":

"大",音 tài,通"太"。"大一生水"之"大一"是无形和有形的统一。无形者,即是"道";有形者,即是"混沌"。"混沌"是"大一"的具象,"道"是"大一"的抽象。"大一生水"之"生",产生。生水之"大一",乃"大一"之具象——混沌。"混沌"运动而"生水"。"道",是"大一"的抽象,"周行而不殆","旷荡,无不制围,括囊万有,通而为一"(《淮南子》)。"水反辅大一"、"天反辅大一"之"大一",乃"大一"之抽象——道,即"昆成"(混然自成)之"道"。"辅",佐助。句意为:"气遂而大通冥冥"的混沌("大一"的具象)产生大水,大水反转佐助"括囊万有,通而为一"的道("大一"的抽象),因此,清阳之气上升而成为天。天反转佐助"括囊万有,通而为一"的道,因此,重浊之气凝滞而成为地。

"天地复相辅也,是以成神明。神明复相辅也,是以成阴阳。阴阳复相辅也,是以成四时。四时复相辅也,是以成沧热。沧热复相辅也,是以成湿燥。湿燥复相辅也,成岁而止":"复",表频度,相当于"又"。"相",表示一方对另一方有所动作。"神明",犹"神祇",天地所具有的生成万物的能力。"阴阳",宇宙中通贯物质和人事的两大对立面,或曰阴阳二气。"四时",四季。"沧热",寒冷与炎热。"湿燥",潮湿与干燥。"岁",四时一终为"岁"。岁,星名,即木星。句意为:(天地既成)天地又相辅"大一",因此天地具有生成万物的能力(神明)。天地所具有的生成万物的能力(神明)又相辅"大一",因此生成通贯物质和人事的阴阳二气。阴阳二气又相辅"大一",因此春夏秋冬四时变化而能久成。春夏秋冬四时变化又相辅"大一",因此生成寒冷与炎热。寒冷与炎热又相辅"大一",因此生成潮湿与干燥。潮湿与干燥又相辅"大一",成为一年而终止。

"故,岁者湿燥之所生也。湿燥者沧热之所生也。沧热者四时之所生也。四时者阴阳之所生也。阴阳者神明之所生也。神明者天地之所生也。天地者大一之所生也","生",发生。句意为:所以,一年在潮湿和干燥中发生。潮湿和干燥在寒冷和炎热中发生。寒冷和炎热在四时中发生。四时在阴阳二气中发生。阴阳二气在天地所具有的生成万物的能力(神明)中发生。天地所具有的生成万物的能力(神明)在天地之间发生。天地在混沌（"大一"的具象）中发生。

"是故，大一藏于水，行于时，周而或始，以己为万物母；一缺一盈，以己为万物经。此天之所不能杀，地之所不能厘，阴阳之所不能成。君子知此之谓道"："藏于水"之"大一"，是无形的"大一"，是有形的"大一"（混沌）的抽象，即"水反辅大一"、"天反辅大一"的"大一"；也是"天地"、"神明"、"阴阳"、"四时"、"沧热"、"湿燥""复相辅"的"大一"；也是"成天"、"成地"、"成神明"、"成四时"、"成沧热"、"成湿燥"、"成岁"的"大一"。"藏"，蕴藏。"水"在"大一"的具象——混沌中产生，"大一"的抽象——道，又蕴藏在水之中。"时"，四时。"或"，表示相承，相当于"又"。"经"，法则、根据。"杀"，灭，除去。"厘"，改变。"成"，变成。句意为：因此，"旷荡，无不制围，括囊万有，通而为一"的"大一"蕴藏在混沌（"大一"的具象）所产生的水之中，运行于四时，周而又始，以自己为万物的根本；一缺一盈，以自己为万物变化的根据。这是天所不能除去，地所不能改变，阴阳所不能变成的。君子知道这就是所谓"道"。

天道贵弱，削成者以益生者；①**伐于强，责于（坚），（以辅柔弱）。**②

校：

①"削成者以益生者"，"削"，简文作"雀"，借为"削"。雀，古音精纽药部；削，古音心纽药部。雀、削，古音韵部相同，同为齿头音，音近可通假。

②"伐于强，责于坚，以辅柔弱"，"坚，以辅柔弱"五字缺佚。今本《老子》七十六章："人之生也柔弱，其死也坚强。万物草木之生也柔脆，其死也枯槁。"根据上下文，联系道家的"贵弱"思想试补。

释：

此章言天道贵弱。

"天道"，自然之道，指自然变化的规律。"削"，删，除。"成者"，已成熟的。"益"，助。"生者"，正在生长的。"伐"，铲除。"强"，音jiàng，僵硬，僵直，属于死亡一类的事物。"责"，犹处置。"坚"，坚硬，强劲，属于干枯一类的事物。"柔弱",幼嫩软弱,属于新生一类的事物。句意为:自然之道以柔弱为贵,除去已成熟的以助正在生长的;对僵硬的属于死亡一类的事物进行铲除,对坚硬的属于干枯一类的事物进行处置,以佐助新生的幼嫩软弱的事物。

下,土也,而谓之地。上,气也,而谓之天。道亦其字也,请问其名。以道从事者必托其名,故事成而身长;圣人之从事也,亦托其名,故功成而身不伤。天地名字并立,故过其方,不思相(当。①天不足)于西北,其下高以强;②地不足于东南,其上(低以弱。③不足于上)者有余于下,不足于下者有余于上。④

校：

①"不思相当",简文缺佚"当",《郭店楚墓竹简》裘按:"'相'下一字尚残存上端,从残画及上下文韵脚及文义看,必是'尚'字或从'尚'声之字,当读为'当'。"裘按可从。

②"天不足于西北","天不足"三字简文缺佚,现从裘按补出。

③"其上低以弱","低以弱"三字,简文缺佚,此句前有"其下高以强",前后似相对为文。现根据"高以强",试补"低以弱"。

④"不足于上者有余",简文缺佚"不足于上"四字,现根据上下文补出。

释：

此章言道亦其字也,请问其名。

"下,土也,而谓之地。上,气也,而谓之天。道亦其字也,请问其名":"字",表字,亦即别名。"名",事物的名称。"而",因果连词。相当于"因而"。"亦",副词,相当于"不过","只是"。句意为:在下面的是土,因而称它为"地"(命名为"地")。在上面的是气,因而称它为"天"(命名为"天")。"道"只是字(别名),请问它的名称是什么呢(如何名实事使分明)?

"以道从事者必托其名,故事成而身长;圣人之从事也,亦托其名,故功成而身不伤":"托",凭借,依凭。"从事",行事,办事。"身",自身,自己。"长",音 zhǎng,尊敬,尊重。"伤",诋毁。句意为:以"道"行事的人,必定依凭对所行之事的明确认识(名事实使分明),所以,行事有成而自己受到尊重;圣人行事,也必定依凭对所行之事的明确认识(名事实使分明),所以,功成而自己不会受到诋毁。

"天地名字并立,故过其方,不思相当。天不足于西北,其下高以强;地不足于东南,其上低以弱。不足于上者有余于下,不足于下者有余于上":"名",用为动词。"名字",命名。"并立",同立。"故",表因果,相当于"因而"。"过",失,不得也。"过其方",不得其方。"相当",适合,对等。"不足",不完备。"强",有余,略多。"弱",不足,略少。"余",有多余,多出来。句意为:天地命名同立,难以名实事使分明,因而不得其方,没有考虑是否对等。天的西北不完备("天倾西北"),那里下面高而略多;地的东南不完备("地不满东南"),那里上面低而略少;上面不完备,下面就有多出来的;下面不完备,上面就有多出来的。

执大象,天下往。往而不害,安平大。乐与饵,过客止。① 故道(之出言),淡呵其无味也。视之不足见,听之不足闻,而不可既也。②(自此以下为《老子丙》)

校:

①帛书本《老子》作"执大象,天下往。往而不害,安平大。乐与饵,过客止"。"安平大",王弼本《老子》作"安平太",魏源本《老子》作"安平泰"。

②帛书本《老子》作"故道之出言也,曰:淡呵其无味也。视之不足见也,听之不足闻也,用之不可既也"。王弼本《老子》作"道之出口,淡乎其无味。视之不足见,听之不足闻,用之不足既"。"用之不足既",魏源本《老子》作"用之不可既"。简文"故道之出言"中"之出言"三字缺佚,参考帛书本《老子》补出。

释:

此章言道之出言,淡呵其无味也。

"执大象,天下往。往而不害,安平大。乐与饵,过客止":"执",持守。"象"，与"物"相对。有"形"之谓"物"，无"形"之谓"象"，即"气象"、"天象"之"象"。"大象"，广大无比之象，喻指"道"。"往"，音 wàng，归向。"害"，妨碍。"大"，音 tài，通"太"，也作"泰"。顺利，康泰。"饵"，糕饼之类的食物。"过客"，过路的行人。句意为：若能持守"道"，天下人无不归向。不管多少人归向，都不会互相妨碍，人们生活安定、平等、康泰。音乐与美食，使过路的行人留恋而不愿离去。

"故道之出言，淡呵其无味也。视之不足见，听之不足闻，而不可既也"："出言"，发而为言，即被说出来。"淡"，味道不浓。"既"，失，失掉。句意为：如果"道"被说出来，它淡得就没有味道了。虽然看它看不见，听它听不到，但是却不能失去它！

大上下知有之，其次亲誉之，其次畏之，其次侮之。信不足，安有不信。① 猷乎其贵言也，成事遂功，而百姓曰我自然也。② 故大道废，安有仁义；六亲不和，安有孝慈；邦家昏（乱），安有正臣。③

校：

①帛书本《老子》作"大上下知有之，其次亲誉之，其次畏之，其次侮之。信不足，安有不信"。"大上"，王弼本《老子》、魏源本《老子》作"太上"。"安有不信"，王弼本《老子》作"焉有不信焉"，魏源本《老子》作"有不信"。

②帛书本《老子》作"猷呵其贵言也，成功遂事，而百姓谓我自然"。王弼本《老子》作"悠兮其贵言，功成事遂，百姓皆谓我自然"。"悠兮"，魏源本《老子》作"犹兮"。

③帛书甲本《老子》作"故大道废，安有仁义；知识出，安有大伪；六亲不和，安有孝慈；邦家昏乱，安有贞臣"。"知识出"，帛书乙本作"智慧出"；"邦家昏乱"，帛书乙本作"国家昏乱"。王弼本《老子》作"大道废，有仁义；慧智出，有大伪；六亲不和，有孝慈；国家昏乱，有忠臣"。"慧智出"，魏源本《老子》作"智慧出"。简文"邦家昏乱"，"乱"字缺佚，据帛书《老子》补出。

释：

此章言猷乎其贵言，成事遂功。

"大上下知有之，其次亲誉之，其次畏之，其次侮之。信不足，安有不信。猷乎其贵言也，成事遂功，而百姓曰我自然也"："大"，音 tài。"大上"即"太上"。"下"，百姓，地位低的人。"亲"，亲近。"誉"，赞誉。"畏"，畏避。"侮"，轻慢。"信不足"之"信"，诚信。"有不信"之"信"，信任。"猷"，顺。"贵言"，慎言，不轻易发表意见。"遂"，就，成功。句意为：三皇五帝的太古之世，百姓只知有君；其次德衰，仁义为治，百姓被其仁怀其义，亲之誉之；其次以刑法为治，百姓畏而避之。诚信不足，于是百姓不信任。顺乎民意，不轻易发表意见，让百姓自遂其意，办好事情，成就功业，因而百姓说我自然如此。

"故大道废，安有仁义；六亲不和，安有孝慈；邦家昏乱，安有正臣"："故"，助词，用于句首，相当于"夫"。"大道"，太古有德之君所行之道。"废"，废止，停止施行。"安"，连词，表示承接，相当于"乃"，"于是"。"有"，呈现，出现。"正臣"，正直之臣。句意为：大道废止而不行，于是出现了仁义；六亲不和，于是出现了孝慈；国家昏乱，于是出现了正直之臣。

君子居则贵左，用兵则贵右。故曰兵者，（非君子之器，不）得已而用之，恬淡为上，弗美也。美之，是乐杀人。夫乐（杀，不可）以得志于天下。①故吉事上左，丧事上右。是以偏将军居左，上将军居右，言以丧礼居之也。故杀（人众），则以哀悲莅之；战胜则以丧礼居之。②

校：

①帛书本《老子》作"君子居则贵左，用兵则贵右。故曰兵者，非君子之器也。兵者不祥之器也，不得已而用之，銛袭为上；勿美也！若美之，是乐杀人也。夫乐杀人，不可以得志于天下矣"。王弼本《老子》作"君子居则贵左，用兵则贵右。兵者不祥之器也，非君子之器，不得已而用之，恬淡为上。胜而不美。而美之者，是乐杀人。夫乐杀人者，则不可以得志于天下矣"。"恬淡为上"，魏源本《老子》作"恬憺为上"。简文

"兵者，非君子之器，不得已而用之"，"非君子之器，不"六字，因简残，缺佚，现参考帛书本《老子》补出。"夫乐杀，不可以得志于天下"，"杀，不可"三字缺佚，现参考帛书本《老子》补出。

②帛书本《老子》作"是以吉事上左，丧事上右；是以偏将军居左，上将军居右，言以丧礼居之也。杀人众，以哀悲莅之；战胜，以丧礼处之"。王弼本《老子》作"吉事尚左，凶事尚右；偏将军居左，上将军居右，言以丧礼处之。杀人之众，以哀悲泣之；战胜，以丧礼处之"。"偏将军居左"，魏源本《老子》为"是以偏将军居左"。简文"故杀人众，则以哀悲莅之"，因简残，"人众"二字缺佚，据帛书本《老子》补出。

释：

此章言乐杀，不可以得志于天下。

"君子居则贵左，用兵则贵右。故曰兵者，非君子之器，不得已而用之，恬淡为上，弗美也"："居"，平时家居，犹日常生活中。"兵"，兵器，武器。"故"，连词，表转折。表示说完一事又另说一事，相当于"至于"。"恬"，安然。"淡"，淡漠。"恬淡为上"，以安然淡漠的态度为上。"美"，赞美。"弗美"，不要去赞美，更不要去炫耀武力。句意为：君子在日常生活中以左为上，用兵打仗的时候以右为上。至于说兵器，这不是君子所使用的器械，如果不得已而使用兵器，最好以安然淡漠的态度去处理，不要去赞美，更不要去炫耀武力。

"美之，是乐杀人。夫乐杀，不可以得志于天下"："乐"，喜乐，快乐。"乐杀人"，以杀人为乐。"乐杀"，乐于杀伐。"可以"，表示可能或能够。句意为：赞美使用兵器，这就是以杀人为快乐。乐于杀伐，不可能得志于天下。

"故吉事上左，丧事上右。是以偏将军居左，上将军居右，言以丧礼居之也"："故"，助词，相当于"夫"。"吉"，古代祭祀鬼神的礼仪，为五礼（吉、凶、宾、军、嘉）之一。此处指"凶礼"以外的礼仪。"吉事"、"丧事"相对。吉事，即吉礼；丧事，即丧礼。吉事，祭祀、冠、取（娶）之属。丧事，人死后殓奠殡葬等事宜。"上"，通"尚"。"上左"，崇尚"左"，即以左边的位置为正位、上位。"上右"，崇尚"右"，即以右边的位置为正位、上位。正位、上位，受尊敬的席位，尊者居之。"偏将军"，副将。"上将军"，行军作战时军中的主帅。句意为：举行祭祀以左边为正位，办丧事以右边为正位。这样，行军作战时副将处于左边的位置，主帅处于右边的位置，就是说打仗要依照凶丧的礼仪处理。

"故杀人众，则以哀悲莅之；战胜则以丧礼居之"："故"，助词，相当于"夫"。"莅"，参加。"则"，连词，表示顺承关系，相当于"就"、"便"。句意为：战争杀人众多，便以哀痛的心情参加，战胜了便以凶丧的礼仪处理。

为之者败之，执之者失之。① 圣人无为，故无败也；无执，故（无失也）。慎终若始，则无败事矣。人之败也，恒于其且成也败之。② 是以圣人欲不欲，不贵难得之货；学不学，复众之所过。③ 是以能辅万物之自然，而弗敢为。④

校：

①楚简《老子甲》作"为之者败之，执之者远之"。帛书乙本《老子》作"为之者败之，执之者失之"。王弼本、魏源本《老子》作"为者败之，执者失之"。

②楚简《老子甲》作"是以圣人亡为故亡败，亡执故亡失。临事之纪，慎终如始，此亡败事矣"。帛书乙本《老子》作"是以圣人无为也，故无败也；无执也，故无失也。民之从事也，恒于其成而败之。故曰：'慎终若始，则无败事矣'"。王弼本、魏源本《老子》作"是以圣人无为故无败，无执故无失。民之从事，常于几成而败之，慎终若始，则无败事"。简文"无执，故无失也"，"无失也"三字缺佚，参照帛书本补出。

③楚简《老子甲》作"圣人欲不欲，不贵难得之货；教不教，复众之所过"。帛书乙本《老子》作"是以圣人欲不欲，而不贵难得之货；学不学，复众人之所过"。王弼本、魏源本与帛书乙本同。

④楚简《老子甲》作"是故圣人能辅万物之自然，而弗敢为"。帛书乙本《老子》作"能辅万物之自然，而弗敢为"。王弼本《老子》作"以辅万物之自然，而不敢为"。魏源本《老子》作"以恃万物之自然而不敢为"。

释：

"为之者败之，执之者失之。圣人无为，故无败也；无执，故无失也"："为"，谋也，求也。"败"，（事情）失败，即不能成功。"执"，守也，持也。"失"，控制不好，把握不住。句意为：有所求取（有某种企图）去办一件事，这事一定不会成功；有所持守（有某种目的）去做一件事，这事一定把握不住。圣人办事无所求取（没有个人企图），所以一定会成功；无所持守（没有个人目的），所以能把握住事情发展变化的规律。

"慎终若始，则无败事矣。人之败也，恒于其且成也败之"："慎终若始"与"慎终如始"同，结束的时候仍然慎重，就同开始的时候一样慎重。"恒"，副词。经常，常常。"且"，副词，将要。"且亡"，将要灭亡。"且成"，将要成功。句意为：结束的时候像开始一样慎重，就没有不能成功的事。人们的失败，常常是在将要成功的时候失败的。

"是以圣人欲不欲，不贵难得之货；学不学，复众之所过。是以能辅万物之自然，而弗敢为"："欲"，欲望。"不欲"，没有欲望，即没有贪欲。"欲不欲"，以不欲为欲。"学"，学习。"不学"，不学习，即顺应自然。"学不学"，以不学为学，即以顺应自然为学习。"复"，返。"过"，过失。"复众……"，使众……返。"众之所过"中的"之"，介词，相当于"于"。"复众之所过"，直译为：使众人于所犯过失中自返。"辅"，佐助。"为"，求，索取。句意为：因此圣人以没有贪欲为其所欲，不以稀有的物品为珍贵，以不学为学而顺应自然，使有过失的人闻过而自返。所以（圣人）能帮助自然发展，而不敢妄为。

英国伦敦大英博物馆藏唐抄本老子《道德经》残卷释文

（前缺，存者相当于今本第三十八至第八十一章）

实，不居其华，故去彼取此。

昔之得一者。天得一以清，地得一以宁，神得一以灵，谷得一以盈，万物得一以生，侯王得一以为天下政①。其致之②，天无以清，将恐裂；地无以宁，将恐废③；神无以灵，将恐歇；谷无以盈，将恐竭；万物无以生，将恐灭；侯王无以贵④，将恐蹶。故贵以贱为本，高以下为基。是以侯王自谓孤、寡、不穀⑤，此其以贱为本耶⑥？非，故致数誉无誉⑦，不欲禄禄如玉⑧，落落如石⑨。

反者⑩，道之动；弱者，道之用。天下之物生于有⑪，有生于无。

上士闻道，勤能行⑫；中士闻道，若存若亡；下士闻道，大笑之。不笑不足以为道。是以建言有之⑬，明道若昧，进道若退，夷道若颣，上德若谷，大白若辱⑭，广德若不足，建德若偷，质真若渝，大方无隅，大器免（晚）成，大音希声，大象无形，道隐无名。夫唯道，善贷生成⑮。

道生一，一生二，二生三，三生万物。万物负阴而抱阳，冲气以为和。人之所恶，唯孤、寡、不穀，而王公以自名⑯。故物或损之而益，益之而损⑰。人之所教，亦我义教之⑱。强梁者不得其死，吾将以为学父⑲。

天下之至柔，驰骋天下之至坚。无有入无闻（间）⑳。是以知无为有益㉑。不言之教，无为之益，天下希及之。

名与身熟（孰）亲？身与货熟（孰）多？得与亡熟（孰）病？是故甚爱必大费㉒，多藏必厚亡。故知足不辱，知止不殆，可以长久。

大成若缺，其用不弊。大满若冲㉓，其用不穷。大直若屈，大巧若拙，大辩若呐（讷），躁胜寒，静胜热㉔，清净为天下正。

天下有道，却走马以粪。天下无道，戎马生于郊。罪莫大于可欲㉕，祸莫大于不知足，咎莫甚于欲得。知足之足，常足。

不出户，知天下，不窥牖，见天道。其出弥远，其知弥少㉖。是以圣人不行而知，不见而名（明）㉗，不为而成。

为学日益，为道日损。损之又损之，以至于无为。无为无不为。取天下常以无事，及其有事，不足以取天下。

圣人无心㉘，以百姓心为心。善者，吾善之；不善者，吾亦善之；得善㉙。信者，吾信之；不信者，吾亦信之；得信㉚。圣人在天下，惵惵为天下混其心，百姓皆注其耳目，圣人皆□之㉛。

出生入死，生之徒什有三，死之徒什有三。人之生，动之死地，什有三。夫何故？以其生生之厚。盖闻善摄生者，陆行不遇兕虎，入军不被钾（甲）兵；兕无所驻其角㉜，虎无所措其狐（爪）㉝，兵无所容其刃。夫何故？以其无死地。

道生之，德畜之，物形之，势成之。是以万物莫不尊道而贵德。道尊德贵，夫莫之爵而常自然㉞。故道生之，（德）畜之㉟，长之育之，成之熟之㊱，养之覆之。生而不有，为而不恃，长而不宰，是谓玄德。

天下有始，以为天下母。既得其母，以知其子㊲；既知其子，复守其母，没身不殆。塞其兑，闭其门，终身不勤；开其兑，济其事，终身不救。见小曰明，用柔曰强㊳。用其光，复归其明，无遗身殃，是为袭常㊴。

使我介然有知，行于大道，唯施甚畏㊵。大道甚夷，其民好径㊶。朝甚除，田甚芜，仓甚虚；服文彩，带利剑，餍饮食，资货有余㊷。是谓盗誇，盗誇非道㊸。

善建不拔㊹，善抱不脱㊺，子孙祭祠不餟（辍）㊻。修之身，其德能真㊼；修之家，其德能有余㊽；修之乡，其德能长㊾；修之国㊿，其德能丰(51)；修之天下，其德能普(52)。故以身观身，以家观家，以乡观乡，以国观国(53)，以天下观天下。吾何以知天下之然？以此。

含德之厚，比于赤子。毒虫不螫，猛兽不据，玃鸟不搏㊾。骨弱筋柔而握固，未知牝牡之含㊻，而□作㊼，精之至。终日号而不嗄，和之至。知和曰常，知常曰明。益生曰详，心使气曰强。物壮则老，谓之非道㊽，非道早已㊾。

知者不言，言者不知。塞其兑，闭其门，挫其锐，解其忿㊾，和其光，同其尘，是谓玄同。故不可得亲，不可得疏，不可得利，不可得害，不可得贵，不可得贱，故为天下贵。

以政治国㊿，以奇用兵，以无事取天下。吾何以知天下之然㉑？以此。天下多忌讳，而民弥贫㉒；民多利器，国家滋昏；民多知巧㉓，奇物滋起；法物滋章㉔，盗贼多有。故圣人云：我无为，民自化；我无事，民自富㉕；我好静，民自正；我无欲，民自朴。其政闷闷，其民醇醇㉖；其政察察，其民缺缺㉗。祸，福之所倚；福，祸之所伏。熟（孰）知其极？其无正，正复为奇㉘，善复为訞㉙。人之迷，其日固久。是以圣人方而不割，廉而不秽㉚，直而不肆，光而不耀㉛。治人及天㉜，莫若式㉝。夫唯式，是以早伏㉞；早伏谓之重积德㉟；重积德则无不刻㊱，无不克莫知其极。能知其极㊲，可以有国；有国之母，可以长久；是以深根固蒂㊳，长生久视之道。

治大国若亨（烹）小腥㊴。以道莅天下，其鬼不神；非其鬼不神，其神不伤人；非其神不伤人，圣人亦不伤人。夫两者不相伤，故德交归㊵。

大国者㊶，下流。天下之郊（牝）㊷，天下之郊，牝常以静胜牡㊸。故大国以下小国，则取小国；小国以下大国，则取大国。故或下而（以）取㊹，或下而取。夫大国不过欲兼畜人，小国不过欲入事人。夫两者各得所欲，故大者宜为下。

道者，万物之奥。善，人之宝；不善，人所不保㊺。美言可以市尊，（美）行可以加人㊻。人之不善，奚弃弃之有？故立天子，置三公，虽有供（拱）璧以先驷马，不如坐进此道。古之所以贵此道者何？不曰求以得，有罪以免㊼？故为天下贵。

为无为，事无事，味无味。大小多少，报怨以德。图难于易，为大于细；天下难事，必作于易，大事必作于小㊽。夫轻诺必寡信，多易必多难。是以圣人犹难之，故终无难。

其安易持，其未兆易谋，其脆易破㊾，其微易散。为之于未有，治之于未乱。合抱之木，生于豪（毫）末；九重之台㉚，起于累土；千里之行，始于足下。为者败之，执者失之。是以圣人无为故无败；无执故无失。民之从事，常于几成而败之。慎终如始，则无败事。是以圣人欲不欲，不贵难得之货；学不学，备众人之所过㉛，以辅万物之自然，而不敢为。

古之善为道者，非以明民㉜，将以愚之。民之难治，以其多智㉝。故以智治国，国之贼；不以智治国，国之德㉞。知此两者，亦揩式㉟。常知揩式，是谓玄德。玄德深远，与物反，然后洒至大顺。

江海所能为百谷王者，以其善下之，故能为为百谷王㊱。是以圣人欲上民㊲，以其言下之㊳；欲先民，以其身后之㊴。是以处上而民不重，处前而民不害。是以天下乐推而不厭。以其无争，故天下莫能与之争㊵。

天下皆以我大不笑（肖）㊶。夫大，故不笑（肖）㊷；若笑（肖），久其细。我有三宝，宝而持之㊸。一曰慈，二曰俭，三曰不敢为天下先。夫慈，故能勇；俭，故能广；不敢为天下先，故能成器长。今舍其慈且勇，赦（舍）其俭且广，赦（舍）其后且先，死矣！夫慈，以陈（战）则胜㊹，以守则固。天将救之，以慈卫之。

古之善为士者㊺，不武；善战㊻，不怒；善胜敌，不争㊼；善用人㊽，为下。是谓不争之德，是谓用人之力㊾，是谓配天古之极。

用兵有言：吾不敢为主，而为客；不敢进寸，而退尺。是谓行无行，攘无臂，执无兵，仍无敌㊿。祸莫大于侮敌⑪，侮敌则几亡⑫吾宝。故抗兵相若⑬，则哀者胜。

吾言甚易知，甚易行。天下莫能知，莫能行。言有宗，事有君。夫唯无知，是以不吾知。知我者希，则我者贵。是以圣人被褐怀玉。

知不知，上⑭；不知知，病。是以⑮圣人不病。以其病病⑯，是以不病。

民不畏威，则大威至。无狭其所居⑰，无厭其所生。夫唯不厭，是以不厭。故圣人自知不自见⑱，自爱不自贵。故去彼取此。

勇于敢则煞，勇于不敢则活。此两者⑲，或利或害。天之所恶，熟（孰）知其故？天之道，不争而善胜，不言而善应，不召而自来，不言而善谋⑳。天网恢恢，疏而不失㉑。

民常不畏死㉒，奈何以死惧之？若使常不畏死㉓，而为奇者，吾执得而煞（杀）之[124]。熟（孰）敢？常有司煞（杀）者煞（杀）。夫代司煞（杀）者[125]，是谓代大匠刘（斫）[126]。夫代大匠刘（斫），希不伤其手[127]。

人之饥[128]，以其上食税之多，是以饥。百姓之难治[129]，以其上有为，是以难治。民之轻死[130]，以其生生之厚[131]，是以轻死。夫唯无以生为者，是贤于贵生。

人之生柔弱，其死坚强。万物草木[132]，生之柔毳[133]，其死枯槁。故坚强者死之徒，柔弱者生之徒。是以兵强则不胜[134]，木强则共[135]。故坚强居下[136]，柔弱处上。

天之道，其犹张弓。高者抑之，下者举之；有馀者损之，不足者与之[137]。天之道，损有馀补不足。人道则不然，损不足奉有馀。熟（孰）能有馀以奉天下，其唯有道。是以圣人为而不恃，成功不处[138]，斯不贵贤[139]。

天下柔弱，莫过于水[140]，而攻坚强者[141]，莫之能先[142]，其无以易之。故柔胜刚，弱胜强[143]，天下莫能知，莫能行。是以圣人言[144]：受国之垢，是谓社稷主；受国不祥，是谓天下主[145]。正言若反。

和大怨，必有馀怨；安可以为善？是以圣人执左契，不贵（责）于人[146]。故有德司契，无德司撤（彻）。天道无亲，常与善人。

小国寡民，使有什伯之器而不用[147]；使民重死而不远徙[148]。虽有舟舆[149]，无所乘之；有钾（甲）兵，无所陈之。使民复结绳而用之。甘其食，美其服，安其居，乐其俗。邻国相望，鸡狗之声相闻，使民至老[150]，不相往来。

信言不美，美言不信。善者不辩，辩者不善。知者不博，博者不知。圣人不积，既以与人巳（己）愈有[151]，既以与人巳（己）愈多[152]。天之道，利而不害；圣人之道[153]，为而不争。

老子道德经。

说明：此件首缺尾全，起"实，不居其华"，迄"老子道德经"，存三十八章之末至八十一章。原件上有朱笔校改。大渊忍尔《敦煌道经·目录篇》以及程南洲《伦敦所藏敦煌老子写本残卷研究》都有校勘。今以朱谦之《老子校释》为甲本，陈鼓应《老子注译及评介》为乙本参校。

校记

① "政"，甲本作"正"。

② "其致之"，甲本无，乙本作"其致之也，谓"。

③ "废"，乙本同，甲本作"发"。

④ "贵"，甲本作"贵高"，乙本作"正"。

⑤ "谓"，甲本同，乙本作"称"。

⑥ "其"，乙本作"非"。

⑦ "致数誉无誉"，甲本作"致数车无车"，疑误。

⑧ "禄禄"，甲乙本皆作"王录"。

⑨ "落落"，乙本作"珞珞"。

⑩ "反"，甲乙本皆作"返"。

⑪ "之"，甲乙本皆作"万"。

⑫ "勤能行"，甲乙本皆作"勤而行之"。

⑬ "是以"，甲乙本皆作"故"。

⑭ "大白若辱"，乙本将其移至"大方无隅"前。

⑮ "生成"，甲本作"且善"，乙本作"且成"。

⑯ "以自名"，甲乙本皆作"以为称"。

⑰ "益"，甲乙本皆作"或益"。

⑱ "亦我义教之"，甲乙本皆作"我亦教之"，近是。

⑲ "学"，甲乙本皆作"教"。

⑳ "闻"，甲本同，当作"间"，据乙本改。

㉑ "是以"，乙本作"吾是以"。

㉒ "是故"，乙本无。

㉓ "满"，甲乙本皆作"盈"。

㉔ "躁胜寒，静胜热"，甲本作"躁胜塞，静胜热"，乙本改作"静胜躁，寒胜热"。

㉕ "罪莫大于可欲"，乙本无。

㉖ "少"，甲本作"近"。

㉗ "名"，当作"明"，据乙本改。

㉘ "无"，乙本作"常无"。

㉙ "得",乙本作"德"。
㉚ "得",乙本作"德"。
㉛ "□",甲乙本皆作"孩"。
㉜ "驻",甲乙本皆作"投"。
㉝ "狐",当作"爪",据甲、乙二本改;"措",甲本作"揩",乙本作"用"。
㉞ "爵",甲乙本皆作"命"。
㉟ "德",底本原缺,据甲、乙二本补。
㊱ "成之熟之",乙本作"亭之毒之"。
㊲ "以",甲本作"又"。
㊳ "用",甲乙本皆作"守"。
㊴ "袭",甲本作"习"。
㊵ "甚",甲乙本皆作"是"。
㊶ "其民",甲乙本皆作"而人"。
㊷ "资货",甲乙本皆作"财货"。
㊸ "盗誇",甲乙本皆无。
㊹ "善建",甲乙本皆作"善建者"。
㊺ "善抱",甲乙本皆作"善抱者"。
㊻ "祭祠",甲乙本皆作"祭祀";"餟",当作"辍",据甲乙二本改。
㊼ "能",甲乙本皆作"乃"。
㊽ "能有",甲本无"能",乙本作"乃"。
㊾ "能",甲乙本皆作"乃"。
㊿ "国",乙本作"邦"。
� "能",甲乙本皆作"乃"。
� "能",甲乙本皆作"乃"。
㊾ "以国观国",乙本作"以邦观邦"。
㊾ "玃",乙本作"攫"。
㊾ "含",甲乙本皆作"合"。
㊾ "□",乙本作"胺";甲本缺,诸本有作"全"。

(57)"非道",甲乙本皆作"不道"。
(58)"非道",甲乙本皆作"不道"。
(59)"忩",乙本作"纷"。
(60)"政",甲乙本皆作"正"。
(61)"知天下之然",甲乙本皆作"知其然"。
(62)此章"民",甲乙本皆作"人"。
(63)"知",甲乙本皆作"伎"。
(64)"物",乙本作"令"。
(65)"我无事,民自富",甲乙本皆在"人自化"之后。
(66)"醇醇",乙本作"淳淳";"民",甲本作"人"。
(67)"民",甲本作"人"。
(68)"正",甲本作"政"。
(69)"訞",甲乙本皆作"妖"。
㊿"秽",甲本作"害",乙本作"剚"。
�"耀"甲本作"曜"。
㊄"及",甲乙本皆作"事"。
㊎此章两处"式",甲乙本皆作"啬"。
㊍"是以早伏",甲乙本皆作"是谓早服"。
㊏"伏",甲乙本皆作"服"。
㊐"刻",甲本作"克",乙本作"克"。
㊑"能",甲乙本皆作"莫"。
㊒"蒂",乙本作"柢"。
㊓"腥",甲乙本皆作"鲜"。
㊔"德",甲本作"得"。
㊕此章"国"字,乙本皆作"邦"。
㊖"天下之郊,天下之郊",甲本作"天下之交,天下之牝";乙本作"天下之牝,天下之交也"。乙本有帛书为据,故改"郊"为"牝"。
㊗"牝常以静胜牡",甲本作"牡常以静胜牝";甲乙本此句后皆有"以静为下"。
㊘"而",当作"以",据甲乙本改。

(85)“善，人之宝；不善，人所不保”，乙本作“善人之宝，不善人之所宝”。

(86)“美”，据乙本补。

(87)“免”，甲本作“勉”，疑误。

(88)“小”，甲乙本皆作“细”。此句后底本脱“是以圣人终不为大，故能成其大”。

(89)“破”，乙本作“泮”。

(90)“重”，甲乙本皆作“层”。

(91)“备”，甲乙本皆作“复”。

(92)“民”，甲本作“人”。

(93)“多智”，乙本作“智多”。

(94)“德”，甲乙本皆作“福”。

(95)此章两处“揩式”，乙本皆作“稽式”。

(96)“为为”，据甲乙二本，后一“为”字为衍文，当删。

(97)此章“民”字，甲本皆作“人”。

(98)“以其”，甲乙本皆作“必以”。

(99)“以其”，甲乙本皆作“必以”。

(100)“能”，甲本无。

(101)此章“笑”，甲乙本皆作“肖”。又，“天下皆以我大不笑（肖）”，甲本作“天下皆谓我大，不肖”，乙本作“天下皆谓我：道大，似不肖”。

(102)“夫大，故不笑（肖）”，甲本作“夫唯大，故不肖”；乙本作“夫唯大，故似不肖”。

(103)“宝而持之”，甲本作“持而宝之”，乙本作“持而保之”。

(104)“陈”，疑当作“战”，据甲乙本改。

(105)“古之”，乙本无。

(106)“善战”，甲乙本皆作“善战者”。

(107)“善胜敌，不争”，甲本作“善胜敌者不争”，乙本作“善胜敌者，不与”。

(108)“人”，甲本作“仁”。

(109)“谓”，甲本作“以”。

⑩ "执无兵,仍无敌",甲乙本皆作"仍无敌,执无兵"。
⑪ 此章两处"侮敌",甲乙本皆作"轻敌"。
⑫ "亡",甲乙本皆作"丧"。
⑬ "若",甲本作"加",底本"若"字旁亦有朱笔所书"加"字。
⑭ "上",乙本作"尚"。
⑮ "是以",乙本无。
⑯ "以其病病"后,乙本有"夫唯病病"。
⑰ "狭",乙本作"狎",疑误。
⑱ "故",甲乙本皆作"是以"。
⑲ "此",甲本作"知此"。
⑳ "不言"旁原有小字"怛然",甲本作"□然",乙本作"繟然"。
㉑ "失",甲本作"漏"。
㉒ "常",甲乙本皆无。
㉓ "若使常不畏死",甲本作"若使常畏死",乙本作"若使民常畏死",疑底本"不"字为衍文,当删。
㉔ "执得",乙本作"得执"。
㉕ "者",乙本作"者杀"。
㉖ "刘",当作"斫",据甲乙二本改。
㉗ "希",甲乙本皆作"稀有"。
㉘ "人",甲乙本皆作"民"。
㉙ "百姓",甲乙本皆作"民"。
㉚ "民之",甲本作"人之",乙本作"民者"。
㉛ "生生",乙本作"上求生"。
㉜ "万物",乙本无。
㉝ "毳",甲乙本皆作"脆"。
㉞ "不胜",乙本作"灭"。
㉟ "共",乙本作"折"。
㊱ "故坚强居下",甲本作"故坚强处下",乙本作"强大处下"。
㊲ "与",乙本作"补"。
㊳ "成功",甲乙本皆作"功成"。

⑬⑨ "斯不贵贤"，甲本作"斯不见贤"，乙本作"其不欲见贤"。

⑭⓪ "天下柔弱，莫过于水"，乙本作"天下莫柔弱于水"。

⑭① "攻"，甲本作"功"。

⑭② "先"，乙本作"胜"。

⑭③ "柔胜刚，弱胜强"，甲乙本次序皆为"弱胜强，柔胜刚"。

⑭④ "言"，甲乙本皆作"云"。

⑭⑤ "谓"，乙本作"为"。

⑭⑥ "贵"，当作"责"，据甲乙二本改。

⑭⑦ "伯"，甲本作"人百"，误。

⑭⑧ "民"，甲本作"人"。

⑭⑨ "辇"，乙本作"舆"。

⑮⓪ "老"，甲乙本作"老死"。

⑮① "与"，甲乙本皆作"为"；"巳"，当作"己"，据甲乙二本改。

⑮② "巳"，当作"己"，据甲乙二本改。

⑮③ "圣"，乙本无。

参考文献

［英］翟林奈：《英国博物馆藏敦煌汉文写本注记目录》，第218页。

［日］大渊忍尔：《敦煌道经·目录编》，福武书店，第52页，第194—196页。

黄永武：《敦煌宝藏》第二册，第181—185页。

程南洲：《伦敦所藏敦煌老子写本残卷研究》，文津出版社，第5页。

朱谦之：《老子校释》，中华书局，1984年。

陈鼓应：《老子注译及评介》，中华书局，1984年。

［英］马尔克·奥莱尔·斯坦因携来伦敦大英博物馆藏《敦煌文献分类目录·道教之部》，第25—26页。

伦敦大英博物馆藏《敦煌文献》第一卷，第70—73页。